国家社科基金项目最终成果（编号：20181314）
宁夏大学民族学一流学科出版资助项目成果
宁夏大学优秀学术著作出版基金资助成果

西部地区农村社会保障和民生改善问题调查研究

王　锋　王莉娜　著

中国社会科学出版社

图书在版编目(CIP)数据

西部地区农村社会保障和民生改善问题调查研究 / 王锋，王莉娜著. —北京：中国社会科学出版社，2020.9
ISBN 978-7-5203-6947-3

Ⅰ.①西… Ⅱ.①王…②王… Ⅲ.①农村—社会保障—研究—西北地区②农村—社会保障—研究—西南地区 Ⅳ.①F323.89

中国版本图书馆 CIP 数据核字(2020)第 146822 号

出 版 人	赵剑英
责任编辑	王莎莎
责任校对	张爱华
责任印制	张雪娇
出　　版	中国社会科学出版社
社　　址	北京鼓楼西大街甲 158 号
邮　　编	100720
网　　址	http://www.csspw.cn
发 行 部	010-84083685
门 市 部	010-84029450
经　　销	新华书店及其他书店
印　　刷	北京君升印刷有限公司
装　　订	廊坊市广阳区广增装订厂
版　　次	2020 年 9 月第 1 版
印　　次	2020 年 9 月第 1 次印刷
开　　本	710×1000　1/16
印　　张	18.5
插　　页	2
字　　数	302 千字
定　　价	118.00 元

凡购买中国社会科学出版社图书，如有质量问题请与本社营销中心联系调换
电话：010-84083683
版权所有　侵权必究

目 录

上篇 现状分析与理论探索

导论 ……………………………………………………………（ 3 ）
 第一节 选题缘由和研究的特殊意义 ……………………（ 3 ）
 第二节 国内外研究现状述评 ……………………………（ 9 ）
 第三节 基本构架和特色 …………………………………（ 17 ）

第一章 新时期西部地区社会保障和民生事业发展状况 ……（ 27 ）
 第一节 新时期西部地区农村社会养老保险事业的起步
    与发展状况 ………………………………………（ 27 ）
 第二节 西部地区新型农村医疗保险事业的发展状况 …（ 33 ）
 第三节 西部地区农村的社会救助和社会福利事业 ……（ 40 ）
 第四节 慈善事业在西部地区农村的发展 ………………（ 47 ）
 第五节 宁夏黄河善谷：西部地区慈善事业发展的创新模式 ……（ 51 ）
 第六节 西部地区农村的民生事业发展状况 ……………（ 56 ）
 第七节 西部地区农村的反贫困事业 ……………………（ 64 ）

第二章 推进和完善西部地区农村社会保障体系建设的
   愿景目标 ……………………………………………（ 73 ）
 第一节 当前西部地区农村社会保障制度实施中存在的
    主要问题 …………………………………………（ 73 ）
 第二节 西部地区农村社会保障制度的路径选择 ………（ 79 ）
 第三节 需要正确处理的几个关系 ………………………（ 90 ）

第三章 期望目标下的西部地区农村居民生活改善与
   实现收入倍增难点 …………………………………（ 94 ）

第一节　宁夏农村居民收入增长与生活改善对比分析 …………（94）
第二节　宁夏农村惠民教育与全国对比分析 ………………（111）
第三节　城乡居民收入差距与养老保障 ……………………（118）
第四节　居民收入现状与实现倍增难点 ……………………（127）

下篇　个案研究与对策建议

第四章　西部地区新型农村养老保险与城乡居民基本养老保险研究 …………………………………………………（137）
第一节　西部地区新型农村养老保险运行现状 ……………（137）
第二节　村民参加新型农村社会养老保险需求行为和影响因素 …………………………………………（149）
第三节　村民对城乡居民基本养老保险制度的意愿与潜在需求分析 ……………………………………（158）
第四节　完善西部地区城乡居民基本养老保险的对策建议 …（166）

第五章　西部地区新型农村医疗保险制度研究 ……………（172）
第一节　西部地区新型农村合作医疗的实施状况 …………（172）
第二节　西部地区城乡居民大病保险运行分析 ……………（175）

第六章　西部地区农村社会救助制度研究 …………………（183）
第一节　研究西部地区农村社会救助制度的特殊性 ………（183）
第二节　我国农村社会救助制度的历史考察 ………………（185）
第三节　西部地区农村社会救助存在的问题：以宁夏为例 …（196）
第四节　完善西部地区农村社会救助制度的对策建议 ……（202）

第七章　西部地区农民工与失地农民的社会保障异地转移接续问题研究 …………………………………………（209）
第一节　研究背景和研究对象 ………………………………（210）
第二节　社会保障转移接续的重要性 ………………………（214）
第三节　基本养老保险转移接续的现状、问题与对策 ……（216）
第四节　基本医疗保险转移接续的现状、问题与对策 ……（228）

第八章　西部地区农村特困民族社会保障制度研究 ………（241）
第一节　特困民族的范围与现状 ……………………………（241）
第二节　村民意愿与访谈分析 ………………………………（245）

第三节　特殊扶持政策与保障措施 …………………（250）
第四节　建立特殊保障的重要意义 …………………（256）
附录 ……………………………………………………（259）
参考文献 ………………………………………………（267）
结语 ……………………………………………………（277）

上篇
现状分析与理论探索

导　　论

建立具有中国特色的社会保障体系和解决民生改善问题，历来是党和国家及社会各界十分关注的问题。"共同团结奋斗，共同繁荣发展"是新时期民族工作的主题。进行民族地区农村社会保障和民生改善问题调查研究，目的是在贯彻落实科学发展观、全面建成小康社会、构建社会主义和谐社会的大背景下，探索具有中国特色的社会保障体系，为建立同民族地区农村经济发展水平相适应的社会保障体系提供借鉴。

第一节　选题缘由和研究的特殊意义

社会保障制度是在政府的管理之下，以国家为主体，依据一定的法律和规定，通过国民收入的再分配，以社会保障基金为依托，制定的社会保险、社会救助、社会福利、社会优抚等一系列制度的总称，是现代国家最重要的社会经济制度之一。这一制度的基本作用在于保障全体社会成员基本生存与生活需要，特别是保障公民在年老、疾病、伤残、失业、生育、死亡、遭遇灾害、面临生活困难时的特殊需要。社会保障的本质是改善民生，维护社会公平，进而促进社会和谐与稳定发展。

从我国的实际情况来看，新时期以来社会保障制度经过多年的改革探索，已取得突破性进展，基本形成了覆盖城乡居民的社会保障体系框架，为社会保障事业加快发展提供了理论与实践基础。但是，我国的社会保障体系还不完善，存在着城乡社会保障发展不平衡，农村地区社会保障发展严重滞后等问题，尤其是在西部地区表现得更为突出。如何实现真正意义上的"保基本、全覆盖、有弹性、可持续"，是我国社会保障制度的关键所在。

西部地区经济社会发展相对落后，贫困问题可以说是西部地区最大的民生问题。党的十七大报告首次提出"加快推进以改善民生为重点的社会建设""要加快建立覆盖城乡居民的社会保障体系，要以社会保险、社会救助、社会福利为基础，以基本养老、基本医疗、最低生活保障制度为重点，以慈善事业、商业保险为补充，加快完善社会保障体系"。胡锦涛同志2009年5月22日在中央政治局专题讨论研究加快推进社会保障体系建设会议上强调指出："社会保障与人民幸福安康息息相关，社会保障工作事关改革开放和社会主义现代化事业全局。要加快建立覆盖城乡居民的社会保障体系，这是坚持立党为公、执政为民的具体体现，是推动科学发展、促进社会和谐的重要工作，是保增长、保民生、保稳定的重要任务。各级党委和政府要深刻认识加快完善社会保障体系、深刻认识社会保障工作的重要性和紧迫性，把加快完善社会保障体系作为实现好、维护好、发展好最广大人民根本利益的重要工作扎实推进，努力使全体人民学有所教、劳有所得、病有所医、住有所居、不断促进社会和谐。"党的十八大报告又进一步指出："加强社会建设，必须以保障和改善民生为重点。要多谋民生之利，多解民生之忧，解决好人民最关心、最直接、最现实的利益问题，在学有所教、劳有所得、病有所医、老有所养、住有所居上持续取得新进展，努力让人民过上更好生活。"党的十八届五中全会继续坚持了党的十八大、十八届三中四中全会精神，将"保障"和"民生发展"放在了更加突出的位置。全会审议通过的《中共中央关于制定国民经济和社会发展第十三个五年规划的建议》，是在"四个全面"战略思想指导下制定的首个五年规划，对于今日的中国，既是全面建成小康社会进入攻坚阶段的"收官"性规划，也是为在中华人民共和国成立一百年时建成社会主义现代化国家的"奠基"性规划，更是关系到13亿多中国人民民生发展的关键性规划。全会指出，"十三五"时期是全面建成小康社会决胜阶段，实现"十三五"时期发展目标，破解发展难题，厚植发展优势，必须牢固树立并切实贯彻创新、协调、绿色、开放、共享的发展理念。

切实贯彻创新、协调、绿色、开放、共享的发展理念，需要走出发展的新路径。新的发展路径是什么？"创新"和"改革"作为两个重要发展路径，贯穿于"十三五"规划实施落实的始终。同样，发展是民生保障的基础，这是改革开放40多年来全党和全国人民的共识，尽管今天中国经济已经进入"新常态",但"发展"仍然是第一要务。"十三五"的发展相对于过往的"发展"是在"新理念"指导下的民生发展,它是在深刻把握世界经济发展新趋向新态势,深刻把握我国经济发展新特点新要求,深刻把握我国经济社会发展新目标新任务,深刻把握我们面临的新挑战新机遇上的"发展",是搞好统筹兼顾、更好地惠及民生的"发展"。发展思路、发展方向、发展方式、发展着力点和发展行动,紧紧围绕着民生发展质量和效益的提升,并注入了全新的内容。① 这就是确保人民主体地位实现的民生发展,是协调、绿色的民生发展,是创新、和谐的民生发展,更是补短板、抓脱贫的民生发展。发展的根本目的,就是实现好、维护好、发展好最广大人民群众根本利益;"十三五"民生发展的主体思想,就是坚持人民是推动发展的根本力量,坚持以人民为中心;"增进人民福祉、促进人的全面发展",是中国共产党的宗旨和使命,也是"十三五"规划的核心。

进入"十三五"新的发展起点,为了促进西部地区和人口较少民族发展,确保到2020年西部地区和人口较少民族与全国人民一道同步进入全面小康社会,2016年3月24日,由国家民委牵头,国家发展改革委等部门共同参与编制,经国务院同意,《"十三五"促进西部地区和人口较少民族发展规划》纳入国家"十三五"重点专项规划,充分体现了党中央、国务院对民族工作的高度重视,对少数民族和西部地区的特别关怀。《"十三五"促进西部地区和人口较少民族发展规划》是深入贯彻习近平同志关于"全面实现小康,少数民族一个都不能少,一个都不能掉队"重要思想,认真贯彻落实中央民族工作会议精神,坚持"四个全面"战略布局,坚持创新、协调、绿色、开放、共享发展理念,坚定不移走中国特色解决民族问题的正确道路,坚持全面贯彻落实党的民族政策,坚持和完善民族区域自治制度,坚持各民族交往交流交融,把加快西部地区发展和脱贫攻坚摆在突出位置,更加注重民族因素和区域因素相结合,更加注重发展经济与改善民生相结合,更加注重释放政策动力与激发内生潜力相结合,更加注重推动改革创新和对外开放相结合,完善体制机制和扶持政

---

① 唐任伍:《"十三五"时期民生发展进入新境界》,人民网—中国共产党新闻网,http://theory.people.com.cn/n/2015/1029/c148980-27755546.html。

策，增强自我发展能力，进一步提高民族事务治理法制化水平，进一步巩固和发展平等团结互助和谐的社会主义民族关系，确保到2020年西部地区和人口较少民族与全国人民一道同步进入全面小康社会。①

由此可见，目前我国已整体进入全面建成小康社会和加快转变经济发展方式的攻坚时期，切实保障和改善民生对于促进经济长期平稳较快发展和社会和谐稳定，实现各民族共同繁荣进步，为全面建成小康社会打下坚实的基础具有十分重要的意义。加快推进覆盖城乡居民的社会保障体系建设，是社会公平正义和共享经济社会发展成果的必然要求，也是贯彻党中央科学发展观的具体体现。民生不仅事关民众的基本生活质量，而且事关社会公正、社会安全以及经济内需拉动等重大事项，保障和改善民生在全面建成小康社会中是极其重要的内容。脱贫是小康社会刚性目标中比较大的难题。按照现行标准，到2020年全部贫困县都要摘帽，贫困人口基本脱贫，这两个量化指标能不能完成关键在农村，特别是西部地区和偏远少数农村地区。

从这个意义上看，西部地区农村社会保障和民生改善问题，无论是理论视角还是操作层面都有诸多的问题需要探索。比如，如何根据党和国家的总体规划制定西部地区农村社会保障制度体系的愿景目标？如何站在新的历史起点上，从实践层面探索西部地区农村社会保障和民生改善的重点、难点问题？以及农村居民对目前正在实施的社会保障制度的满意度如何？这一系列问题都需要从更高的角度、更宽的领域、更深的层次去思考，去进行科学研究。

因此，关注我国西部地区农村社会保障和民生改善问题，即是关注社会问题。客观判断西部地区农村贫困状况和分布特征，探索西部地区扶贫政策的基本方针、对象和重点，结合西部地区农村社会保障的现状和实施效果，分析急需解决的难点问题，进而提出进一步完善西部地区农村社会保障与改善民生的路径选择，这些都赋予了本书重要的理论与现实意义。

一 相关概念内涵的界定

要探讨西部地区农村社会保障和改善民生问题，首先必须要认识到，

---

① 国务院：《"十三五"促进西部地区和人口较少民族发展规划》，2016年3月27日。

西部地区少数民族人口众多，地域发展不平衡。

中华民族作为历史形成的多民族共同体，既是国家领土疆域的共同体，也是国家历史文化的共同体。"中华民族"不等于汉族，"中华民族的文化"也不等于汉族文化，它不仅仅是56个群体各自传统文化的总和，也是所有群体在历史的长期交流融合中发展出来的具有"多元一体"特征的文化。今天，当我们意识到西部民族地区农村社会保障与民生改善的紧迫性和重要性时，更需要彰显作为不可分割的中华民族全体的共同体意识。因为，不仅历史使中华民族形成了一个不可分割的整体，而且现实同样需要我们中华民族所属的各个民族能够"各美其美，美人之美"，成为不能分割的命运共同体。

本书在后文选择以宁夏作为分析研究的基础，主要考虑到宁夏是我国五个少数民族自治区之一，不仅对自治区农村社会保障制度的构建和改善民生具有重要的意义，而且对西部地区乃至全国也有一定的借鉴作用。

二 党的民族理论与政策对保障和改善民生的重要作用

对西部地区农村社会保障和改善民生问题进行研究，理应包括对党的民族理论与政策考察这一重要内容。因为事实是，马克思主义民族理论是马克思主义理论体系的重要组成部分，是揭示民族和民族问题发展规律的科学，是无产阶级及其政党处理和解决民族问题的理论。

中国共产党的民族理论，是对马克思列宁主义民族理论的继承和发展，我国的民族政策是党和政府依据马克思主义的民族理论，结合我国多民族的基本国情和民族问题长期存在的客观实际制定的，其本质是促进各民族平等团结、发展进步和共同繁荣，是我们正确认识和处理民族问题的重要行为准则，是我国政策体系的重要组成部分。中国共产党诞生以后，开始逐步形成党的民族观和处理民族问题的理论与政策，党的领导集体在不同的历史阶段提出并在社会主义革命和社会主义建设中逐步发展完善，毛泽东、邓小平、江泽民、胡锦涛、习近平等党和国家领导人对民族理论和民族政策作过很多论述，尤其是在社会主义制度确立以后，我国采取了民族区域自治制度，制定了一系列加快西部地区发展的优惠政策和措施，实现了各民族的一律平等和当家作主，发展成为促进西部地区繁荣进步的第一要务。周恩来总理在1957年召开的民族工作座谈会上指出:"我们这个多民族的大家庭要建设成为一个强大的社会主义国家,必须在民族繁荣的基础上前进。"① 他认为,我们要帮助各兄弟民族繁荣,"我们对各民族既要平等,又要使大家繁荣。各民族繁荣是我们社会主义在民族政策上的根本立场"。"我们社会主义民族政策,就是要使所有的民族得到发展,得到繁荣。所以,我们国家的民族政策,是繁荣各民族的政策。"②

进入新时期以来,党和政府进一步制定了一系列的政策措施,主要包括民族专项照顾、实施综合扶贫开发、民族贸易照顾,兴边开放政策等。针对保障和改善民生问题,习近平同志曾多次强调:"保障和改善民生是一项长期工作,没有终点站,只有连续不断的新起点。""没有贫困地区的小康,就没有全面建成小康社会。"李克强总理在十二届全国人大四次会议《政府工作报告》中指出:中华民族是一个大家庭,促进各民族和睦相处、和衷共济、和谐发展,是各族人民的根本利益和共同责任。要坚持中国特色解决民族问题的正确道路,坚持和完善民族区域自治制度,严格执行党的民族政策,深入开展民族团结进步创建活动,推动建立各民族相互嵌入式的社会结构和社区环境,促进各民族交往交流交融。落实促进西部地区发展的差别化支持政策,保护和发展少数民族优秀传统文化及特色村镇,加大扶持人口较少民族发展力度,大力实施兴边富民行动,让全国各族人民共同迈向全面小康社会。

因此,无论是在历史上还是在现实中,推进和完善符合西部民族地区实际的社会保障制度,是贯彻落实党的民族理论与政策的重要内容,而"落实促进西部地区发展的差别化支持政策",可以有效地解决和改善西部地区少数民族的生活和发展问题。党的民族平等政策和民族区域自治制度之所以充满活力,就是因为它所体现的公平正义理念和符合国情的政策措施,始终与西部地区的实际相结合,充分展现了"差别化支持政策"的精髓。而只有"差别化支持政策",才能保证全国各族人民共同实现小康梦想。

---

① 国家民族事务委员会:《中国共产党关于民族问题的基本观点和政策》,民族出版社2002年版,第248页。

② 同上书,第250页。

第二节　国内外研究现状述评

从国外情况来看，现代社会保障制度是市场经济和工业化的产物，1883年出现于德国，1935年美国参、众两院通过《社会保障法》，最先使用社会保障的概念。目前，全世界已有170多个国家建立了社会保障制度。

纵观西方国家现代社会保障制度的变迁和发展，各国的情况虽不尽完全相同，但可以发现，在社会保障制度建立的初期，该制度并没有惠及全体国民，主要是覆盖雇佣劳动者，而农村社会保障制度则是在社会不断发展的过程中逐步建立和完善的，西方发达国家目前已实现了对公民的全覆盖。但各国在社会保障制度设计时，针对不同民族和种族的研究并不多见。显然，国外社会保障的基本原则、运行体制、机制难以解决中国社会保障领域的问题。因此，构建符合中国实际的社会保障体系的核心是确立社会保险核心价值观。

从我国的实际情况来看，早在新中国成立之初，我国就在城镇国营企业中建立了职工失业保险制度，但这种社会保障制度是与当时的计划经济体制相适应的。经济体制改革以后，我国陆续推出了城镇下岗职工最低生活保障制度，城镇职工养老保险、失业保险、医疗保险和工伤保险制度；随后，又建立了城镇社会救助、城镇居民最低生活保障制度。进入新时期，随着城镇居民社会保障制度的不断完善，国家开始把注意力转向农村。目前，城乡居民基本养老保险制度已全面启动，新型农村合作医疗制度和农村居民最低生活保障制度正在实施。有关农村社会保障和民生问题的研究，呈现出由浅入深、由表及里、由理论探讨转向实践探索的过程。

一　研究著述日渐增多

著述初期，主要以重要性、必要性等方面的论述居多，后来逐步发展到体系建设、模式选择、单项制度的研究等方面，如郑功成《中国社会保障制度变迁与评估》《关注民生》《变革中的就业环境与社会保障》；庹国柱、王国军《农业保险与农村社会保障制度研究》；王国军《中国社会保障制度一体化研究》；杨翠迎《中国农村社会保障制度研究》；卢海元

《走进城市——农民工的社会保障》；李迎生《社会保障与社会结构转型——二元社会保障体系研究》；王越《中国农村社会保障制度建设研究》；邓大松《中国社会保障若干重大问题研究》《可持续发展的中国新型农村社会养老保险制度研究》；廖小军《中国失地农民研究》；多吉才让《中国最低生活保障制度研究与实践》；谢冰《贫困与保障——贫困视角下的中西部西部地区农村社会保障研究》；杨团、毕天云、杨刚《21世纪中国农民的社会保障之路》《中国农村养老保障制度研究》；周秋光、王猛《中国农村社会保障的理论与实践》；孙文基《建立和完善农村社会保障制度》；李强《农民工与中国社会分层》；赵曼《社会保障学》；乔亨瑞《90年代云南农村社会保障研究》；李和森《中国农村医疗保障制度研究》；宋健《中国农村人口收入与养老》；林义《农村社会保障国际比较及启示研究》；许文兴《农村社会保障》；刘书鹤、刘广新《农村老年保障体系理论与实践》；劳动和社会保障部调研组《农民工社会保障问题研究报告》；唐新民《西部地区农村社会保障研究》；朱合理、谢冰《新型西部地区农村社会保障研究》；黄瑞芹《西部地区农村社会保障难点问题研究》；苏东海《西部西部地区城市化进程中失地农民问题研究》；胡鞍钢《中国民生与发展》；张曼《农村社会保障关注农村民生问题》；潘允康《中国民生问题中的结构性矛盾研究》；邓伟志、徐新《论民生》等。

  与著作相比，论文的数量更多，研究视角、涉及领域更加深入具体。如宋丽华、普雁翔、赵梅、暴云英《云南边疆西部地区农村居民民生改善问题研究——基于对J县和T县农村的调查及比较分析》；丁国峰《我国西部地区农村低保制度的特殊价值探讨》；杨文顺《试论云南西部地区突出的民生问题及解决对策》；王洛忠、常慧慧《中国解决民生问题的基本经验与改善对策》；张会萍、马茜、刘振亚《农村民生服务满意度研究——基于宁夏回族自治区的农户调查》；陈锦太、郭忠宁《西部欠发达地区民生问题的现状与对策探析》；张会萍、惠怀伟、刘振亚《欠发达地区农村民生服务需求及其均衡分析——基于宁夏回族自治区的农户调查》；马汉贵、惠怀伟《贫困地区农村民生服务满意度现状及预期需求分析——基于宁夏同心县和甘肃镇原县的调查研究》；林芳兰《新型城镇化进程中民生改善问题研究》；唐寅《云南西部地区民生评价指标体系的构建及评价分析》等文。劳动和社会保障部创办的《中国社会保障》、湖北省财政厅主办的《社保财务》等刊物专门刊载社会保障研究成果，其他很多报刊也对农村社会保障和民生问题研究给予高度关注，发表了很多具有真知灼见的研究文章。中国人民大学书报资料中心专门创办《社会保障制度》，收录转载社会保障的研究成果，其中农村社会保障研究的成果占有一定的比例。应该说，这些研究成果对于党和政府的科学决策，对于探索具有中国特色的社会保障体系具有开创性的价值。

二 主要学术观点

目前学术界对社会保障和西部地区农村社会保障制度和民生改善问题的研究，主要围绕以下几个方面展开：

（一）关于社会保障概念的界定

改革开放以来，我国已出版的社会保障论著十分丰富，学术界对社会保障的含义有着诸多论述，从不同的层面和角度对社会保障进行界定和论述。如郑功成认为："社会保障是各种具有经济福利性的、社会化的国民生活保障系统的统称。"[1] 赵曼将社会保障的界定概括为："社会保障指国家通过立法和行政措施设立的保护社会成员基本生活安全项目的总和。它是国家为了保持经济和社会稳定，依据保护与激励相统一的原则，对公民在年老、疾病、遭遇灾害而面临生活困难的情况下，通过国民收入分配和再分配，由政府和社会依法给予物质帮助和社会服务，以保障公民的基本生活需要的制度。"[2] 阮凤英等搜集了我国理论界九种有代表性的观点。[3]

（二）关于重要性和必要性问题的研究

有关重要性、必要性和紧迫性的问题，过去还存在一些不同看法，近年来学术界已经形成了比较一致的观点。部分学者从保护人权，实现社会公平正义，缩小贫富收入差距，改善民生，维护社会稳定，促进经济发展，全面建成小康社会等方面对建立农村社会保障制度和改善民生的重要性、必要性和紧迫性作了比较全面的论述。郑功成认为，社会保障是国家

---

[1] 郑功成：《社会保障学》，商务印书馆2004年版，第11页。
[2] 赵曼、刘恒庆：《社会保障学》，中国财政经济出版社2003年版，第2页。
[3] 阮凤英：《社会保障通论》，山东大学出版社2004年版，第3—6页。

对每个公民应尽的责任,其中包括对广大农民的社会保障。建立农村社会保障制度,既是保障社会弱势群体和维护社会稳定的安全网,更是衡量一个社会是否公正与公平的一把尺子。从法律意义上看,一个国家内,每个公民的权利应是相同的,不能因为种族、性别、居住地域或户籍身份而区别对待,没有农村的社会保障,城镇社会保障也不可能健康运行。[①] 社会保障对社会公平正义的追求,恰恰是构建和谐社会的核心价值取向。申曙光、谢林认为和谐社会的最低要求和基础条件是人民的基本生活得到保障,社会保障事业的发展对于构建社会主义和谐社会具有核心意义与作用。[②] 杨翠迎认为,建立与完善农村社会保障制度,是农村形势的迫切需要,是顺应时代发展的必然。[③] 相关的论著还很多,都从不同角度论述了建立农村社会保障制度的重要性和必要性。一些学者还从不同角度设计了农村社会保障的目标模式。

(三) 关于统筹城乡社会保障体系问题的研究

有关统筹城乡社会保障体系问题,杨玉民认为从中国目前的经济发展看,已经完全达到英美等发达国家开始建立统一社会保障制度的水平,统一社会保障制度已当其时。[④] 樊小刚提出,应当构建城乡社会保障制度之间的衔接通道,实现农村社会保障制度创新。[⑤]

(四) 关于加快推进农村社会保障体系建设问题的研究

国内部分专家学者认为,当前我国农村社会保障面临的主要问题是:社会保障制度存在覆盖面小、保障水平低、运行模式单一、资金严重不足、管理不到位、社会化程度低、区域发展不均衡、缺乏指导保障等。如江治强、李将军提出,目前我国农村社会保障的框架还不够成型和完善,区域差别比较大,保障范围有限,保障水平较低,还存在制度上需要加以系统设计和完善,体系上需要加以科学健全与规划等问题。[⑥] 王国军认

---

① 郑功成:《中国社会保障制度变迁与评估》,中国人民大学出版社2002版,第261页。
② 申曙光、谢林:《构建和谐社会与发展社会保险事业》,《社会保障研究》2005年第1期。
③ 杨翠迎:《中国农村社会保障制度研究》,中国农业出版社2003年版。
④ 杨玉民:《统一社保制度已当其时》,《中国改革报》2002年8月19日。
⑤ 樊小刚:《土地的保障功能与农村社会保障制度创新》,《财经论丛》2003年第4期。
⑥ 江治强、李将军:《我国农村社会保障制度的发展议题与政策取向》,《甘肃社会科学》2008年第2期。

为，中国农村社会保障总体上并没有一个较为成型的制度，区域性的社会保障远远满足不了农村社会的迫切需求，①他认为城乡社会保障制度的有机衔接应按不同地区的社会、经济发展水平分别采用过渡模式和目标模式，建立多层次、分阶段、与经济发展水平相适应、农村与城市社会保障体系有机衔接的"三位社会保障体系"。②李迎生认为农村社会保障体系改革的目标是在全国范围内形成以社会保险为核心的，外加社会福利、社会救助、社会互助及其他保障方式的科学、合理、系统、规范的城乡居民实质同一的，同时又极具中国传统文化特色的新型的现代社会保障体系。农村社会保障体系的现实选择，应当采取家庭养老、集体帮助和国家补助相结合的方式，同时实施个人养老储蓄计划，疾病保障可以选择大病费用社会统筹模式，对农村贫困人口实施最低生活保障，失业津贴或救济目前尚无全面推广的必要。③杨翠迎提出了构建农村社会保障制度的目标模式、市场模式及转型模式。她认为，社会保障制度的目标模式应该是城乡一体化的统一模式。④郑功成认为农村固然需要完善的社会保障体系，但对大部分地区和绝大部分农民来说，最急需的是医疗保障、老年保障及低收入保障。⑤赵曼、刘恒庆等认为从长期发展趋势看，我国农村逐步建立起以社会保险为主、社会救助为辅，以社会福利提供必要的设施和服务，以优抚保障对特殊社会群体提供特殊保障，以社会互助作必要补充的社会保障制度框架结构。⑥不少学者从"生有所靠，病有所医，老有所养"的基本保障要求出发，设计农村社会保障制度的范围重点。

对单项的农村社会保障问题已有很多研究成果，尤其以农村养老保险、新型农村合作医疗和农村最低生活保障制度研究成果居多。杨翠迎、

---

① 王国军：《中国农村社会保障制度的变迁》，《浙江社会科学》2004年第1期。

② 王国军：《社会保障：从二元到三维——中国城乡社会保障制度的比较与统筹》，对外经贸大学出版社2005年版，第146页。

③ 李迎生：《社会保障与社会结构转型——二元社会保障体系研究》，中国人民大学出版社2001版，第177—178页。

④ 杨翠迎：《中国农村社会保障制度研究》，中国农业出版社2003年版，第116页。

⑤ 郑功成：《中国社会保障制度变迁与评估》，中国人民大学出版社2002年版，第267页。

⑥ 赵曼、刘恒庆：《社会保障学》，中国财政经济出版社2003年版，第307页。

王国军、卢海元等学者在研究农村社会保障问题中，实际上都把农村养老保险作为重点加以论证分析。熊思远认为农村最低生活保障、农村养老保险和农村医疗保险三项制度是农村社会保障制度建设的重点。[①]

（五）关于西部地区农村社会保障问题的研究

有关西部地区农村社会保障问题研究。学术界主要集中在关于西部地区农村社会保障制度存在的主要问题、制约因素、解决途径、实现模式的选择，政府在西部地区农村社会保障制度中的角色定位与责任等方面。唐新民在分析中西方社会保障制度基本理论的基础上，全面总结了西部地区农村社会保障制度的历史变迁，对农村社会保障制度的构建、路径选择、农民工和失地农民的社会保障、特困民族的社会保障，提出了政策建议，尤其是在对比城乡社会保障制度后发现，两者之间存在着法规依据不一致、制度设计不统一、支付标准差距大等问题，从财政学的角度对构建农村社会保障制度的时间表进行了比较翔实的科学分析。[②] 黄瑞芹认为，目前关于农村社会保障的研究可以归纳为两类：一类是关于农村社会保障制度建设普遍性问题的研究，这类研究主要集中在农村社会保障存在的问题、管理模式、法律制度等；另一类是针对农村社会保障各个子项目的研究，这类研究主要围绕新型农村社会养老保险、新型农村合作医疗和农村最低生活保障三项制度展开。[③] 李琼则根据对湖南湘西土家族苗族自治州的调查，认为制度不健全、覆盖面小、保障水平低、管理不规范、立法滞后等是当前西部地区农村社会保障的主要问题。[④] 乔亨瑞的《90年代云南农村社会保障研究》一书，在对云南农村社会保障进行历史回顾的基础上，对改革开放以来云南农村社会保障的现状进行了分析，并把贫困、民族、边境线等问题作为建立云南农村社会保障制度的特殊问题进行研究，认为在研究建立云南农村20世纪90年代社会保障问题时，既要考虑一个云南普遍的贫困问题，又必须重视各民族文化、习俗、传统生产生活方式所带来的影响，提出建立云南农村社会保证制度的对策与建议，认为云南

---

① 熊思远：《当代中国社会保障导论》，云南科技出版社2002年版，第308页。
② 唐新民：《西部地区农村社会保障研究》，人民出版社2008年版，第166—170页。
③ 黄瑞芹：《西部地区农村社会保障难点问题研究》，人民出版社2015年版。
④ 李琼：《西部地区农村社会保障问题研究——以向西土家族苗族自治州农村为例》，《湖北民族学院学报》2007年第4期。

农村社会保障制度的基本格局是建立与扶贫工作相结合的社会救济网络和推行以养老保险为重点的社会保险网络。①

（六）有关西部地区农村民生改善问题的研究

学者普遍认为，民生是涉及人类生存和发展的两个基本问题。民生问题不仅是一个经济问题，也是一个社会问题，更是一个政治问题。在我国，由于经济发展不平衡，地区之间的贫富差距、分配不公等社会问题明显，特别是西部地区多是经济欠发达地区，经济发展、民族关系、社会稳定等因素影响民族地区社会经济的发展。民生之改善是少数民族地区实现社会和谐的基本条件之一，社会和谐有赖于政府对民生的有力保障，如周竞红的《民族关系和谐的保障——加快推进以改善民生为重点的社会建设》②，李晓东的《民生，民族地区如何迈过这道坎》③，钱丽的《"五难"入手关注"民生"》④，针对构建和谐社会过程中如何解决民族地区民生问题，结合我国西部地区的实际发展现状，将研究视角主要集中在问题的探讨与解决方面。在如何解决西部地区民生改善的重点、难点问题方面，吕白羽的《经济欠发达民族地区农村社会保障体系建设——以民生问题为视角》⑤ 针对经济欠发达民族地区农村民生困难问题，提出了民族地区农村社会保障建设的基本模式、多元化的农村社会保障投入体制、多层次的社会保障运行机制、一体化的社会保障管理体制以及社会保障机构体系等对策。白关峰、谢冰雪认为，改革开放四十多年来，特别是西部大开发实施十多年来，西部地区经济飞速发展，社会稳定，文化繁荣。改革和发展给西部人民带来了切身的利益，但同时由于地理环境、发展基础等因素的影响，西部地区民生问题更加突出。民生问题不仅是个人安全和整体社会安全的连接点，而且是和谐社会建设最基本的必要条件，是社会矛盾多发凸现最基本的根源。宋丽

---

① 乔亨瑞：《90年代云南农村社会保障研究》，云南民族出版社1999年版，第49、51、74页。

② 周竞红：《民族关系和谐的保障——加快推进以改善民生为重点的社会建设》，《民族研究》2008年第5期。

③ 李晓东：《民生，民族地区如何迈过这道坎》，《中国民族报》，2008第1期。

④ 钱丽：《"五难"入手关注"民生"》，《贵阳日报》，2008年4月3日。

⑤ 吕白羽：《经济欠发达民族地区农村社会保障体系建设——以民生问题为视角》，《湖南农业大学学报》2008年第3期。

华、普雁翔、赵梅、暴云英认为①，民生问题历来是我们党和国家关注的重点。近年来，在国家各项民族政策扶持下，西部地区克服区位劣势和基础落后的影响，经济、社会发展速度明显加快，农村地区民生状况得到了明显改善。马汉贵、惠怀伟的《贫困地区农村民生服务满意度现状及预期需求分析——基于宁夏同心县和甘肃镇原县的调查研究》②，基于宁夏同心县和甘肃镇原县的实地调研数据，利用比较分析法，通过对宁夏同心县和甘肃镇原县的调研数据进行比较研究，分析出贫困地区的农村民生服务满意度现状及其预期需求。张会萍、马茜、刘振亚的《农村民生服务满意度研究——基于宁夏回族自治区的农户调查》③，选择欠发达地区的宁夏回族自治区农户为研究对象，以农村民生服务的满意度为研究内容，运用实证分析方法，构建指标评价体系，分析了欠发达地区农户对农村民生服务的满意度及其影响因素。提出，西部地区农户对农村民生服务现状总体满意，影响满意度的主要因素为农户民族、农户年龄、所在村的偏远程度以及区域经济发达程度四个变量。潘允康的《中国民生问题中的结构性矛盾研究》④，选取当下人们最关心的"收入分配""劳动就业""教育""医疗""住房""养老"六个问题进行研究，为六大民生问题的研究提供了相关理论依据和实证数据的参考。如何进一步改善西部地区的民生问题？西部地区民生问题的难点到底在哪里？改善西部地区民生问题要采取什么措施？黄禹康的《关于改善民族地区民生问题的难点及对策》⑤就此问题进行了分析和探索。

三　需要进一步研究的问题

通过以上的分析，我们可以看出，目前学术界的研究各有侧重，模式

---

① 宋丽华、普雁翔、赵梅、暴云英：《云南边疆民族地区农村居民民生改善问题研究——基于对J县和T县农村的调查及比较分析》，《经济研究导刊》2016年第3期。

② 马汉贵、惠怀伟：《贫困地区农村民生服务满意度现状及预期需求分析——基于宁夏同心县和甘肃镇原县的调查研究》，《知识经济》2014年第8期。

③ 张会萍、马茜、刘振亚：《农村民生服务满意度研究——基于宁夏回族自治区的农户调查》，《宁夏社会科学》2013年第1期。

④ 潘允康：《中国民生问题中的结构性矛盾研究》，北京大学出版社2015年版。

⑤ 黄禹康：《关于改善民族地区民生问题的难点及对策》，《贵州民族宗教》2008年第2期。

设计不尽相同，实践探索也各有千秋。如对农村社会保障制度的研究从全国性的普遍问题入手较多。然而，在中国这样一个幅员辽阔，人口众多，经济社会发展不平衡，各方面差异较大的国家，如何正确处理普遍性和特殊性的关系，针对特殊性问题，在基本制度思路统一的前提下，对不同地区构建有差别的保障模式和保障水平，有的学者虽然提出了一整套的保障模式和框架，但对现实可操作性具体分析不够，现有的研究结论缺乏实践的支撑。有的学者虽然对体系的建设提出了有建设意义的构想，但对体系内部各个子系统的保障制度还缺乏周密的层次分析，特别是从农村社会保障和改善民生问题的实际出发，还需要进一步深入研究。鉴于此，我们选择"西部地区农村社会保障和民生改善问题调查研究"，主要考虑到当前构建农村社会保障制度的模式，其目的是在实证调查的基础上，对西部地区农村社会保障和改善民生问题的现状、制度框架、管理模式，民生改善中的重点、难点问题进行研究，指出其存在的问题和不足，为党和政府提供事实理论依据和可操作性对策与建议。它与人口普查以及其他资源的调查一样，是重要的国情、国力调查。

第三节 基本构架和特色

本书以马克思主义的世界观和方法论为指导，在借鉴学术界已有的研究成果的基础上，注重理论研究与实证分析、比较研究和个案分析、定性研究与定量分析相结合的方法，重点研究民族地区农村社会保障和民生改善问题。

一 研究目标与技术路线

本书的目标是实证研究西部地区农村社会保障和改善民生问题的重要性、必要性和紧迫性，提出构建西部地区农村社会保障制度体系的指导思想、基本原则、总体框架及其路径选择，并以宁夏回族自治区为个案分析，对现行制度实施中发现的问题与缺陷提出对策和建议，为改革和完善具有中国特色的社会保障体系和改善民生问题提出参考依据。本书技术路线如下图所示：

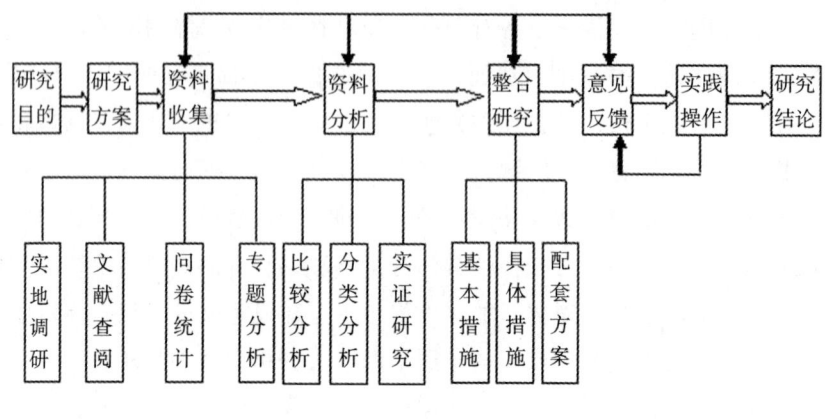

本书技术路线图

二 研究内容与研究方法

（一）研究内容

本书的研究内容以西部地区农村社会保障和民生改善问题为主要研究对象，由上、下两篇构成（共九章）。上篇"现状分析与理论探索"，在实证调查研究的基础上，探本溯源、由表及里全面分析探讨了新时期西部地区社会保障和民生事业发展状况，西部地区农村社会保障和改善民生的重要性、必要性和紧迫性，西部地区农村社会保障和改善民生的指导思想、基本原则、总体框架、路径选择，对期望目标下的民族地区农村居民民生改善现状与实现倍增难点进行了科学分析。下篇"个案研究与政策建议"，侧重就西部地区新型农村养老保险问题、新型农村合作医疗的实施状况、西部地区农村社会救助制度问题、西部地区农民工与失地农民社会保障异地转存接续问题、西部地区农村特困民族社会保障制度等问题进行了研究，对现行制度实施中发现的问题与缺陷提出了对策建议。具体内容如下：

导论部分。主要阐述了西部地区农村社会保障和改善民生的特殊意义，党的民族理论与政策对保障和改善民生的重要作用。在比较视阈的语境中，梳理、评述、分析了学术界已有研究成果的主要学术观点和需要进一步研究的问题，由此提出了本书的重点、难点和可能的创新。

第一章：新时期西部地区社会保障和民生事业发展状况。本章侧重就新时期西部地区农村社会养老保险事业的起步与发展状况，西部地区新型农村医疗保险事业的发展状况，西部地区农村的社会救助和社会福利事业，慈善事业在西部地区农村的发展，西部地区慈善事业发展的创新模式，西部地区农村的民生事业发展状况，西部地区农村的反贫困事业进行了客观分析。

第二章：推进和完善西部地区农村社会保障体系建设的理论探索。本章在分析西部地区农村社会保障制度实施中存在的主要问题的基础上，提出了推进和完善西部地区农村社会保障制度体系建设的指导思想、基本原则、路径选择。研究认为，在推进西部地区农村社会保障制度建设中，既要从普惠的角度考虑，又必须充分考虑农村居民的承受能力和潜在需求。制度建设的重点应包括：养老保险制度、医疗保险制度、最低生活保障制度和特困民族社会保障制度。这一体系结构可用四个层次来表述：第一层次是全国统一的法定基本保障，包括城乡基本养老保险、医疗保险、最低生活保障、社会救助等制度；第二层次是除中央统一规定外，民族地区各省（区）根据经济社会发展水平和财政收支情况统筹制定的各种社会保障项目；第三个层次是以商业性保障为主的附加保障，即商业保险；第四个层次是充分吸收少数民族的传统养老方式、医疗方式和社会救助方式的有益成分，是中华多民族交融互动，共同发展的历史和现实需要。

第三章：期望目标下的西部地区农村民生改善现状与实现倍增难点。本章运用期望效用理论和统计学的方法，侧重就宁夏农村居民收入增长与生活改善、农村惠民教育，宁夏与全国农民收入水平及实际增长情况及其城镇居民人均可支配收入差距进行了比较分析。研究认为，近年来，宁夏城乡居民收入增长已经走上快车道。但是，与全国平均水平相比仍有差距，城乡居民高低收入户之间收入还存在较大差距，特别是宁夏农村低收入者以种植业收入为主，种植业收入增长明显不力，直接影响到农村低收入者收入倍增。能否实现城乡居民收入倍增战略目标，在很大程度上取决于工资性收入和农业收入持续稳定增长。而随着工资水平的提高，企业用工成本势必要增加，如果企业"增薪提价"，则工资、物价上涨的成本将会影响收入增加效应。从目前看，农民收入增长的稳定性还不强，收入水平还比较低，农民缴纳社会保险的能力不强，积极性不高，在很大程度上影响着社会保障水平的提高。因此，从西部地区经济社会发展实际出发，建立经济发展与社会保险缴费联动机制，适时适当调整社会保险缴费基数及费率，对增加城乡居民收入、减轻企业和个人缴费负担、稳定就业、促进经济发展、提高社会保险参保率、增加社保基金总量、维护社保基金平稳运行、可持续发展具有积极的作用。

第四章：西部地区新型农村养老保险与城乡居民基本养老保险研究。本章分析了西部地区新型农村养老保险运行现状，村民参加新型农村社会养老保险需求行为和影响因素，村民对城乡居民基本养老保险制度的意愿与潜在需求，就进一步完善西部地区城乡居民基本养老保险提出了八点政策建议，以期为我国西部地区农村养老保险制度的进一步完善提供参考依据。

第五章：西部地区新型农村医疗保险制度研究。本章侧重就新型农村合作医疗的实施状况，城乡居民大病保险运行情况进行分析。针对西部地区新型农村医疗保险制度运行中存在的问题，提出了进一步完善相关医疗保险制度、建立社保与商保合署办公模式、建立重大疾病保障机制、倡导生态失衡下预防性医疗保障制度的对策建议。

第六章：西部地区农村社会救助制度研究。本章在对我国农村社会救助制度考察和分析的基础上，探讨了农村社会救助制度的意义、现状和存在的问题，提出了完善西部地区农村社会救助制度的对策。研究认为，西部地区农村社会救助体系的制度涉及农村贫困居民的基本生活、医疗、教育、就业以及法律援助等各方面的救助，科学、合理、有效的制度衔接不仅能更加全面、具体地保障农村弱势群体的各种权益，而且也有助于救助资源的整合利用，避免制度设计的重复，可以节约有限的救助资源，减轻救助事业的压力，有助于实现救助效益最大化。

第七章：西部地区农民工与失地农民社会保障异地转移接续问题研究。本章就农民工与失地农民基本养老保险、基本医疗保险转移接续问题进行了分析，提出通过完善相关制度安排和采取有效措施解决农民工与失地农民社会保障异地转移接续问题。研究认为，农民工在务工过程中形成的劳动关系，无疑是最迫切需要规范和恢复平衡的社会关系，而失地农民社会保护机制与维权机制的缺失则成为中国社会和谐发展不可忽视的现象。因此，高度重视农民工与失地农民问题，理性思考解决农民工与失地农民社会保障异地转移接续问题至关重要。

第八章：西部地区农村特困民族社会保障制度研究。本章分析了西部地区农村特困民族的现状和分布特征，在深入了解村民意愿与访谈分析的基础上，提出了在推进和完善社会保障制度中，除建立普遍覆盖农村地区的相关制度以外，还应针对西部地区的少数民族进行特殊的制度安排，特别是对少数民族中的特困群体，应制定特殊的保障政策。研究认为，西部地区农村社会保障制度实施以来，为农村特困民族提供了基本养老保险、医疗保险和最低生活保障，在改善特困民族生活状况、促进西部地区经济社会发展方面起到了重要的作用。但是，在现有的条件下，我国的社会保障制度，还无法承担起社会保障的全部职能，尤其是西部地区农村特困民族所处的自然环境恶劣、经济基础薄弱、民间习俗特殊、生活水平较低，这就决定了西部地区农村特困民族社会保障制度，应遵循统一性与差异性相结合的原则。允许农村特困民族在全国统一的制度框架内，根据自身经济社会发展的实际情况，建立与之相适应的保障机制，做到二者相互结合，互为补充。

（二）采用的主要研究方法

在研究方法上，本书主要采用民族社会学、社会保障学和经济学等多学科的理论、方法和分析技术，重点突出理论研究与实证分析、定性研究与定量分析、比较分析和个案分析相结合的研究方法，注重从西部地区农村社会保障和民生改善运行实践中，总结和凝练出西部地区农村社会保障和民生改善面临的重点和难点问题，以问题和建议为导向，提出完善西部地区农村社会保障和改善民生的政策建议。

1. 理论研究与实证分析相结合

采用民族社会学、社会保障学、人口学和经济学等学科理论，综合分析西部地区农村社会保障和民生改善问题。书中除了借鉴国内外社会保障理论的前沿成果外，更注重通过深入访谈和入户调查等实证分析方法，从西部地区实际出发，构建能够解决目前西部地区农村社会保障和民生改善面临的重点、难点问题、基本政策框架，确保研究成果的科学性和可操作性。

2. 定性研究与定量分析相结合

通过定性研究与定量分析相结合的方法，对西部地区农村社会保障和改善民生若干重要问题进行分析与评价。运用定性研究，科学的认识西部地区农村社会保障和改善民生问题的客观规律，采取定量分析方法对政策框架内的各种可能实现目标进行分析和评估，探索有效解决西部地区农村社会保障制度和民生改善中的重点和难点问题。

3. 比较分析和个案研究相结合

在西部地区农村社会保障制度构建与完善过程中，通过比较研究方法，侧重就全国31个省、市、自治区城乡居民收入情况，宁夏与全国农民收入水平及实际增长情况及其城镇居民人均可支配收入差距进行了比较分析。针对西部地区农村特困民族社会保障制度，通过比较分析，因地制宜提出可供参考的决策依据。选择云南怒江傈僳族自治州泸水县老窝白族乡、福贡县石月亮乡和贡山独龙族怒族自治县独龙江乡（镇）村民进行了问卷调查和访谈；选择宁夏回族自治区银川市、固原市、平罗县、盐池县、贺兰县、永年县等市、县进行典型个案调查，提出推进和完善农村社会保障建设愿景目标的指导思想、基本原则、总体框架、路径选择和政策建议，进而实现预期研究目标。

三　研究成果的重点和难点

毛泽东同志曾精辟地指出："科学研究的区分，就是根据科学对象所具有的特殊的矛盾性。因此，对于某一现象的领域所特有的某一矛盾的研究，就构成某一门科学研究的对象。"[①]

从西部地区农村社会保障和民生改善若干问题研究为主要调查切入点，是本书研究的重中之重。在研究中，以研究西部地区农村社会保障制度建设的特殊性为视角、以民生改善调查为目的，运用马克思主义矛盾普遍性和特殊性原理，把西部地区农村社会保障制度放在全国经济社会大背景下进行分析，注重建设有中国特色的社会保障制度的总体要求，又综合考虑农村社会保障体系同城镇社会保障体系的共性和差异，在研究构建农村社会保障的框架和模式时，突出西部地区农村社会保障制度和改善民生的特殊性。初步形成的观点在于：提出建立和完善我国西部地区社会保障制度是改善民生的重点，科学发展是改善民生的主要途径，城乡统筹协调是解决民生最突出的目标要求，加快西部地区社会保障体系建设是改善民生最基本的制度安排。

[①]　毛泽东：《毛泽东选集》（第1卷），人民出版社1991年版，第297页。

难点在于如何合理地进行制度设计，如何最大限度地提高西部地区农村群众对社会保障与民生改善的满意度。

四 研究步骤与数据采集

本书的研究步骤主要通过实地调查、交流访谈、实证分析、专家讨论、研究结论五个阶段。

（一）课题批准立项后，为了确定调查方案的可行性，课题组先后多次召开专家座谈会，就课题研究的总体框架、意义、路径和目标进行了充分讨论，在确定重点内容的基础上，课题组成员利用寒暑假先后分五次赴西藏、新疆、内蒙古、广西、宁夏、云南、贵州、青海八省（区）进行实地调查。本次调查主要围绕农户基本情况、农户收支情况，村民最需要建立的社会保障制度，村民参加养老保险、医疗保险情况，村民受教育情况，劳动力务工情况、家庭经济状况、所在村基础设施情况、惠农政策落实情况和群众的主要诉求等方面进行。

（二）以访谈的形式走访了宁夏回族自治区人力资源与社会保障厅、民政厅，自治区扶贫办和自治区统计局农村社会经济调查队相关负责人，了解宁夏农村社会保障与改善民生基本情况。在此基础上，对村民进行了问卷调查和访谈，问卷调查主要由基本情况、参保状况和贫困原因三部分组成。基本情况问卷是对性别、年龄、民族、学历、职业、家庭户口类型等人口学变量的调查；村民参与社保活动程度，重点考察了新型农村养老保险制度、新型农村合作医疗制度、农村最低生活保障制度的整体运行现状，村民对三项制度的需求和满意度；贫困状况主要涉及村民贫困原因、是否是低保户及对农村最低生活保障制度的评价。在年龄结构上，涵盖了从16岁到65岁各年龄的人群，其中以中青年人群为主。访谈前，课题组向访谈对象解释访谈的目的。在确认村民愿意配合之后，由村民开始填答问卷，问卷填答完毕之后，将问卷装入信封密封。

（三）调查结束后，对调查问卷进行复核检查，对调查数据集中录入到统计软件中，以利于后期进行实证分析。

（四）在实地调查、交流访谈、实证分析的基础上，征求同行专家的意见和建议，对预期研究成果进行修改、补充和完善，使其能够解决西部地区农村社会保障和民生问题面临的重点、难点问题。

数据采集主要来源于课题调查问卷,民族地区农村特困民族贫困监测调查数据;国家统计局宁夏调查总队《宁夏调查年鉴》(1980年—2013年)数据,国家统计局农村社会经济调查总队《中国农村住户调查年鉴》(中国统计出版社,相关年份),中国农业年鉴编辑委员会《中国农业年鉴》(中国农业出版社,相关年份),宁夏回族自治区统计局《宁夏统计年鉴》(中国统计出版社,相关年份)。

五 可能的创新和不足

研究过程中,在借鉴学术界已有研究成果的基础上,把创新作为重要目标,力求有新的突破。

(一)从理论和实践相结合的角度思考制度创新。针对西部地区的现状,通过综合分析与个案比较,科学、客观地对农村社会保障和民生改善中出现的一些现象和问题提出了新的看法。如第一章在对新时期西部地区农村社会养老保险、农村新型医疗保险制度、社会救助和社会福利事业、慈善事业在西部地区的创新模式、西部地区农村的民生发展状况和社会保障在反贫困的重要作用等方面作了全面梳理的基础上,力求从理论和实践相结合的角度思考制度创新。第三章期望目标下的西部地区农村民生改善现状与实现倍增难点,基于国家统计局宁夏调查总队调查数据,注重定性研究与定量分析相结合,运用期望效用理论和统计学的方法,侧重就全国31个省、市、自治区城乡居民收入情况,宁夏与全国农民收入水平及实际增长情况及其城镇居民人均可支配收入差距进行了比较分析,从中得出期望实效下的民族地区农村民生改善现状与实现倍增难点的客观判断。

(二)探讨通过完善相关制度安排和采取有效措施,解决西部地区农村社会保障和改善民生发展中的重点、难点问题。如本书第六章,通过分析西部地区农民工与失地农民的社会保障异地转移接续问题,提出农民工和失地农民作为城市的边缘群体和农民的特殊人群,具有很大的特殊性,农民工在务工过程中形成的劳动关系是最迫切需要规范和恢复平衡的社会关系,而失地农民社会保护机制与维权机制的缺失则构成了中国社会和谐发展的重要屏障。因此,高度重视农民工与失地农民社会保障问题,理性思考解决农民工与失地农民社会保障异地转移接续问题,就需要创新保障模式。本书不仅从以上两个群体的共性出发,而且着重分析了西部地区农民工和失地农民的特殊性，提出了西部地区农民工与失地农民的社会保障异地转移接续问题应分层次研究，分类施保等有针对性的保障模式和政策措施。

（三）针对人口较少民族、"直过"民族和居住在边境地区特困民族的实际情况，提出构建特困民族社会保障的政策选择和对策。研究认为，对于特困民族农村社会保障制度，无论是目前正在实施的城乡基本养老保险制度、新型农村合作医疗保险制度，还是农村最低生活保障制度，都应以特困民族实际需求为导向。按照"落实促进民族地区发展的差别化支持政策"和"小民族、大政策"的思路，建议国家加强顶层设计和整体谋划，加大资金和项目投入，围绕特困民族面临的实际困难和深层次矛盾，研究制定新的优惠政策，实行特殊的保障措施。在制度安排上，以缩小差距、促进发展为目标，在覆盖范围和保障标准上适当照顾，针对特困民族的扶贫，要克服过去输血式的扶贫或救济式的扶贫方式，按照"精准扶贫"的工作要求，力求更加贴近特困民族的实际，进而缩小民族差距，促进民族团结繁荣与社会和谐。

（四）研究视角的典型性。选择以宁夏作为分析研究的基础，主要是考虑到宁夏是我国五个少数民族自治区之一，不仅对自治区农村社会保障制度的构建和改善民生具有重要的意义，而且对西部地区乃至全国也有一定的借鉴作用。

（五）针对西部地区农村民生改善中存在的问题，提出了"基本民生""底线民生""重点民生"和"规划到户、责任到人"的对策建议。如第四章以宁夏农村民生改善现状与实现倍增难点为个案，侧重就宁夏农村民生改善的基本情况、群众满意度和存在问题进行了实证分析，提出了不断创新民生问题的长效机制。

（六）研究方法新颖，研究角度独特。在研究方法上，本书主要采用民族学社会学、社会保障学和经济学等多学科的理论、方法和分析技术，重点突出理论研究与实证分析、定性研究与定量分析、比较分析和个案分析相结合的研究方法，注重从西部地区农村社会保障和民生改善运行实践中，总结和凝练出西部地区农村社会保障和民生改善面临的重点和难点问题，以问题和建议为导向，提出完善农村社会保障和改善民生的政策措施。课题进行中，除了借鉴国内外社会保障理论的前沿成果外，更注重运用深入访谈和入户调查等实证分析方法,确保研究成果的科学性和可操作性。通过定性研究与定量分析相结合的方法,科学的认识西部地区农村社会保障和改善民生问题的客观规律,对政策框架内的各种可能实现目标进行分析和评估,探索可以有效解决西部地区农村社会保障制度和民生改善中的重点和难点问题的方法。

研究成果存在的不足或欠缺,主要表现在个别统计数据的误差。尽管课题组在数据方面下了比较大的工夫,但统计数据可能仍有被低估或高估的现象存在。例如在第四章西部地区新型农村养老保险与城乡居民基本养老保险研究调查中,由于受调查数据的局限性,难免有主观的成分,这一点给调查结果带来一定的缺陷。对本书欠妥、不当的学术观点,诚请专家学者批评指正,以利以后的补充和修改。

第一章 新时期西部地区社会保障和民生事业发展状况

随着我国社会保障体系的逐步完善，西部地区的社会保障和民生事业取得了长足的发展。但是西部地区是我国贫困人口比重较大、民族成分众多、民族文化差异明显的地区，其社会保障事业和民生事业仍存在许多问题。所以，必须发展符合少数民族特点、具有民族地区特色的社会保障体系，让西部地区人口在因年老、疾病或丧失劳动力而失去基本生活保障时，可以获得社会保障权利，充分享受改革开放带来的发展成果。所有这些都关系到少数民族群众的根本利益和社会主义和谐社会的健康发展。

第一节 新时期西部地区农村社会养老保险事业的起步与发展状况

我国养老保险制度经历了从无到有、从小到大、从城镇到农村、从职业人群到城乡居民，从基本保险到多层次保险，不断改革、发展和完善的过程。建立更加公平更可持续的社会保障制度，切实处理好"政府与市场、基本与补充、公平与效率"的关系，是我国养老保险制度改革的政策目标。农村社会养老保险，作为农村社会保障体系的重要组成方面，是农村居民民生的制度性保障与社会和谐发展的"稳定器"。在紧密结合西部地区实际情况的基础上，逐步推进和完善农村社会养老保险工作，解决农村居民的养老问题，意义重大。

一 农村社会养老保险的理论基础

养老从某种程度上说也是一种消费分配行为，不同于普通的消费支出,养老消费的是生命。从个人角度来说,养老是一种对自己生命周期的跨时性的消费安排,就是说一个人在年轻具有充沛劳动力的时候,把工作期间的一部分收入进行储蓄,以备年老无劳动能力时消费,从而实现个人生命周期内消费效用的最大化;从社会的角度来说,制度性养老是一种对收入进行再分配的手段,通过政府采取措施,保证当前工作的劳动力人口在年老时能够得到供养。因此,社会养老保险作为十分有效的制度化养老模式,能在时间和空间上对代内和代际不同个体之间的收入进行再分配,从而实现整个社会的健康运行,保证老年人的生活需求。关于社会养老保险,国外有诸多理论和流派,我们选取其中较为重要的作为理解农村社会养老保险以及我国的新型社会养老保险的理论切入点。

马斯洛有关需求层次的理论是农村社会养老保险的重要理论基础。马斯洛将人类的需要分成五个层次:第一层次是生理上的需要,就是维持个人生存的最基本的要求;第二层次是安全上的需要,就是人类保障自身安全免受威胁等方面的要求;第三层次是感情上的需要,就是对友爱、归属等感情的渴望;第四层次的需要是期望得到自己、他人和社会承认和认可的要求;第五层次是自我实现的需要,就是对于实现自己理想的要求。正是基于这样的理论基础,农村社会养老保险可以保障农村老年人的基本生存需求,在此基础之上,才有可能去满足和实现更高层次的需求。

马克思曾提出为丧失劳动能力的人建立基金的思想;列宁认为国家保险才是最好的社会养老保险;毛泽东思想和邓小平理论中都包含了丰富的社会养老保险思想,江泽民、胡锦涛、习近平等党的领导人都强调要建设社会养老保险制度。因此,建立社会主义国家的养老保险制度,是马克思主义政党执政理念的重要体现。

建立养老保险制度是以英国著名经济学家庇古为代表的福利经济学思想的重要内容。他将个人得到可以直接用货币计量的某种效用称为经济福利,他认为经济福利边际效用具有随收入增加而递减的规律。因此,政府想要增加全社会货币的边际效用,就必须采取一些社会福利措施,将货币收入从富人那里转移给穷人。

福利国家理论是社会保障的重要理论基础。这一理论认为国家除了维护社会秩序和国家安全之外,还需要发展文化和福利事业,应该由国家兴办一些公共事业以增进国民的福利,例如实行社会保险,发展公共教育等。

凯恩斯在对社会保障制度深入分析的基础上，提出了有效需求不足理论和国家干预思想。他认为，资本主义国家最主要的社会问题是失业，政府需要通过征税政策实现收入的再分配，要借助社会保障制度来提高普通消费者的消费能力和消费需求，并且对生活在贫困线以下的人群进行救济，从而促进消费，促进有效需求，实现充分就业。

二 中国农村社会养老保险事业的发展历程

新中国建立初期，由于百废待兴，经济处于恢复阶段，农村养老主要是由农村家庭自己承担，政府和社区只提供适当扶助。"人民公社"时期，农村的养老方式将集体养老与家庭养老相结合，同时由国家适当扶助。

从20世纪80年代开始，国家迈出对农村社会养老保险探索的步伐，这一过程可以概括为五个阶段：第一阶段是试点探索阶段，时间是1986年到1992年。这一时期，国家一方面确定社会保障的层次和主要任务；另一方面开始在农村经济较为发达的地区尝试以单位为主的农村养老保险。第二阶段是制度化阶段，时间是1993年到1998年。这一时期，国家制定并实施《县级农村社会养老保险基本方案》，确定了以县为基本单位开展农村社会养老保险和资金个人筹集为主、集体补助为辅、国家予以政策扶持的基本原则。第三阶段是从1998年到2003年，由于政府开始转变职能，这一时期的农村养老保险有所衰退，只是在个别经济发达地区有所开展。第四阶段是从2004年至2011年，我国的农村社会养老保险制度不断提高和完善。一方面是由于国家逐渐重视"三农"问题，加大了对农村社会保障制度的扶持；另一方面，开始确立在"保基本、广覆盖、有弹性、可持续"原则基础上的新型农村社会养老保险制度。第五阶段是从2012年至今，我国社会养老保险制度实现城镇与农村的并轨，走向城乡一体化的新方向。从此，我国的居民养老保险制度进入一个新的阶段。[①]

---

① 陈珊珊：《我国新型农村养老保险制度的研究》，硕士学位论文，武汉科技大学，2009年，第14—16页。

三 宁夏农村社会养老保险发展概况

宁夏农村社会养老保险的发展是我国农村社会养老保险发展历程的一个部分。宁夏的农村社会养老保险同样经历了五个阶段，与我国整体的农村社会养老保险发展进程是基本一致的。

第一个阶段是从1992年到1998年的起步阶段。1992年，宁夏的农村社会养老保险工作启动，实行以个人缴费为主、集体补助为辅、国家予以政策扶持的筹资方式。该制度于1996年在整个宁夏回族自治区全面铺开，到1998年底覆盖了全区18个市、县。

第二个阶段是从1999年到2004年的管理混乱阶段。1999年，宁夏民政部门将农村社会养老保险业务划归到劳动保障部门，使农村社会养老保险陷于"民政不管，社保不接"的尴尬境地，相继有12个市县停止了业务办理并将收取的养老保险费全部退还给了投保者本人。[1]

第三个阶段是从2005年到2008年的新旧农保承接阶段。2005年，宁夏农村社会养老保险明确移交劳动保障部门，随即宁夏开展了以村干部和被征地农民为主的农村社会养老保险工作。与此同时，宁夏个别地区开始尝试城乡社会养老保险一体化建设，统筹城乡发展。

第四个阶段是从2008年到2010年的新型农村社会养老保险阶段。2009年9月，自治区出台《宁夏回族自治区新型农村社会养老保险试点实施意见》，逐步启动从试点推广到覆盖全区的新型农村社会养老保险制度建设工作。2010年末，宁夏全区22个市、县（区）全部实现了新农保制度，提前10年在全国率先实现了新农保制度的全覆盖，走在了全国前列。[2]

第五个阶段是从2011年至今的统筹城乡社会养老保险阶段。2011年，宁夏财政厅协同宁夏人力资源和社会保障厅起草了《宁夏回族自治区城乡居民社会养老保险试点实施意见》，宁夏回族自治区共有22个县（市、区）经国务院批准，纳入了国家城镇居民社会养老保险试点范围。

---

[1] 贺亚曼：《宁夏农村社会养老保险问题的几点思考》，《宁夏社会科学》2008年第1期。
[2] 杜倩：《宁夏基本养老保险保障能力评价研究》，硕士学位论文，宁夏医科大学，2013年，第10—12页。

城乡居民都能享受到统一的缴费标准,统一的政策优惠和统一的待遇支付,这一工作比国家预定的目标任务提前了一年。新制度在坚持保基本、广覆盖、有弹性、可持续和能转移的原则基础上,实施城乡居民社会养老保险基金由个人缴费、集体补助和政府补贴相结合的方式。个人缴费的标准设定为每年 100 元、200 元、300 元、400 元、500 元、600 元、700 元、800 元、900 元、1000 元、1500 元和 2000 元 12 个档次。自治区政府对参保人员的补贴根据不同的缴费档次而不同,并适时调整。2012 年 4 月,在全国新农保和城居保经办座谈会上,宁夏作了《高起点实施社会保障一卡通工程 主推城乡居民社会养老保险一体化发展》的经验交流发言,分析了试点制度运行情况,总结交流了工作经验和做法。统筹城乡居民养老保险以来,城乡居民养老保险参保率逐年提升。以银川市为例,2011 年市辖三区城乡居民养老保险应参保率 84%,2012 年参保率 92%,2013 年参保率达到 97%。三年内参保率逐年提升。与此同时,参保的人数逐年增加。银川市 2011 年 16—59 周岁应缴费人员 3.9 万人,已缴费人数 3.1 万人,缴费金额 669 万元,征缴率 79%。2012 年 16—59 周岁应缴费人员 4.2 万人,已缴费人数 3.6 万人,缴费金额 942 万元,征缴率为 86%。2013 年 16—59 周岁应缴费人员 4.7 万人,已缴费人数 4.4 万人,缴费金额 1150 万元,征缴率 94%。2013 年人数、缴费金额均比上年增长了 22%,缴费人数逐年增加。人均选择缴费档次和缴费金额也逐年增加。2012 年银川市 100 元缴费档次人数 1.8 万人,500 元缴费档次人数 0.59 万人,2000 元缴费档次人数 0.1 万人。2013 年 100 元缴费档次人数 2.4 万人,500 元缴费档次人数 0.61 万人,2000 元缴费档次人数达 0.1 万人。2013 年缴纳 100 元和 500 元缴费档次的人数比上年分别增长了 33%和 3%。在人均缴费金额方面,2011 年银川市城乡居民养老保险人均缴费 216 元,2012 年为 260 元,2013 年为 262 元,城乡居民养老保险人均缴费金额逐年增加。截至 2014 年底,全区统筹城乡居民社会养老保险参保人数为 182.8 万人。

四 其他地区的新型农村社会养老保险概况

2009 年内蒙古自治区启动新型农村社会养老保险工作。同年,国务院在内蒙古自治区确定了 10 个试点旗县,内蒙古自治区自选确定了 3 个试点旗县,开始新型农村社会养老保险的试点工作。2010年,国务院又增加了11个试点旗县,2011年又增加了40个试点旗县。三批试点共61个旗县,占内蒙古101个旗县的61%,可以说试点范围已经覆盖了内蒙古自治区大部分地区。内蒙古自治区的新型农村社会养老保险,在遵循"保基本、广覆盖、有弹性"的基本原则上,确定了100元到500元五个档次,并且不限制参保人员的缴费上限。而且,财政补贴根据农牧民收入情况进行调整,各旗县还可以根据自身财政状况提高补贴标准。内蒙古自治区新型农村社会养老保险各项措施实施后,2009年到2011年,参保人数和基金都连年增加。2011年内蒙古自治区将新农保和城镇居民社会养老保险合并实施,建立了城乡居民社会养老保险制度,并于2012年覆盖全区。[1]

同样是2009年,新疆维吾尔自治区的新型农村养老保险的试点工作正式展开,有13个县市列入国家新型农村社会养老保险试点县市,[2] 2010年试点范围从43增加到56个,2011年新疆实现了新农保的全区覆盖。新疆的新型农村社会保险缴费标准从100元起步,在100到1000元之间设有10个档次。政府对不同的档次给予最低50元的补贴,各地县市也根据自身财政状况予以适当补贴,此外对南疆49个贫困县和边境县给予60%—80%的补助。实施新农保以来,新疆参保人数逐年增加,2009年参保人数为170万,2012年为497万,截至2013年11月,新疆新农保共有495.64万人参保,参保率达到98%。[3] 新疆维吾尔自治区还积极完善新型农村社会保险信息系统的建设工作,于2010年9月10日完成了全区56个试点县的新农保信息系统推广实施工作,并且开发了新农保信息系统的"双语"功能,极大地提高了政府部门的经办能力。2011年新疆又加快建立了覆盖城乡居民的社会保障体系,抓紧城乡养老保险的衔接和规范农民工参加养老保险的政策。

---

[1] 刘春:《新中国成立以来内蒙古农村养老保障制度变革》,中国农业大学出版社2014年版,第57—64页。

[2] 沈阳:《新疆农民参加农村社会养老保险的影响因素分析》,《特区经济》2011年第2期。

[3] 王雪芹:《欠发达地区新型农村社会养老保险执行状况分析——以新疆为例》,《经济师》2014年第4期。

2009年广西壮族自治区启动新型农村社会养老保险的试点工作，2012年初开始实施新农保的全覆盖工作，2014年广西实现农村和城镇居民养老保险制度正式并轨，全区范围内建立起统一的城乡居民基本养老保险制度。新的城乡居民养老保险的个人缴费标准目前设为12个档次，政府对较高缴费档次适度提高补贴标准。并且，城乡居民养老保险经办机构为每个参保人建立了终身记录的养老保险个人账户，实现了"个人账户永远不变、支付终身"。①

第二节　西部地区新型农村医疗保险事业的发展状况

在我国经济高速发展的同时，社会管理问题日益凸显，民生问题成为转型期中国不可忽视的重要内容。农村医疗保险制度对于保障农村居民的医疗卫生权利，促进农村社会保障制度的建设以及国民经济的健康发展具有重要现实意义。建立健全农村医疗保险制度，改善农村尤其是贫困和边疆地区农村的医疗卫生状况，构建和谐的城乡关系是党和国家亟待解决的问题。目前，全国各地都在开展新型农村合作医疗的建设工作，并呈现出不同的参与形式、补偿方案和方针政策。

一　新型农村医疗保险的理论基础

国外社会保障方面的理论比较多，对于新型农村医疗保险制度来说，比较重要的理论是马克思的社会保障理论、福利经济学理论、公平与效率理论、健康人权理论和公共物品理论。

马克思理论中有关阶级、社会生产力发展和产品分配等方面的理论是社会保险制度的重要理论基础。一方面，通过社会保障制度可以保障社会成员的基本消费需求，从而保证劳动力再生产；另一方面，社会保险制度是实现社会总产品再分配的有效途径，是社会主义国家得以健康发展的必要条件。

福利经济学的理论产生于资本主义工业时期，是社会保障制度的重要理论基础。其中亚当·斯密的福利经济学思想、威廉·汤姆逊的福利经济

---

① 广西壮族自治区人力资源和社会保障厅，http://www.gx.lss.gov.cn/。

学理论和帕累托的"最大福利理论"对于社会保障制度有重要影响。亚当·斯密在《国富论》中强调供给和需求的重要性,而社会的稳定和有序发展,就必须要保障社会成员的基本需求。威廉·汤姆逊认为通过建立个人保障和社会保障,可以实现大多数人的幸福,而这优于少数人的幸福。帕累托认为存在一种状态,这一状态下每个人的福利都有所增进,能实现最大的福利。

公平与效率方面的理论众多,功利主义、正义论、权利论、统一论等。功利主义重视结果的公平,而效率就蕴含在结果中;罗尔斯的正义论则认为正义要优先于效率;诺齐克的权利论则认为在财产分配中,要遵循个人自由优先、权利至上的原则;统一论则认为在社会和政治领域中,公平优先于效率,在经济领域中,则是效率优先,社会在保障公平和效率的条件下,可以牺牲效率实现公平。

1948年12月10日联合国大会通过的 Universal Declaration of Human Rights 中规定"人人有权享受为维持他本人和家庭的健康和福利所需的生活水准,包括食物、衣着、住房、医疗和必要的社会服务。在遭到失业、疾病、残废、守寡、衰老或在其他不能控制的情况下丧失谋生能力时,有权享受保障"。《中华人民共和国宪法》也明确规定"中华人民共和国公民在年老、疾病或者丧失劳动能力的情况下,有从国家和社会获得物质帮助的权利,国家应发展为公民享受这些权利所需要的社会保障、社会救济和医疗卫生事业"。保障每一个社会成员享受健康医疗的权利是政府治理的目标。公共经济学将消费品分为公共物品和私人物品两类,卫生保健和社会保障都是公共物品的一部分,而政府为社会成员提供完善的医疗保障能够取得长远的社会效益和经济效益,尤其对于农村地区和弱势群体,由政府统筹医疗保险,可以保障他们的最基本权利。[1]

二 我国新型农村医疗保险事业发展历程

农村合作医疗制度是指在各级政府支持下,按"风险分担、互助共济"原则在农村范围内筹集资金,用来补偿农民群众的预防、医疗、保健等服务费用的医疗保障措施。新型农村合作医疗,简称"新农合",是

---

[1] 王海荣:《统筹城乡医疗保障制度研究》,硕士学位论文,江苏大学,2010年。

指由政府组织、引导、支持，农民自愿参加，个人、集体和政府多方筹资，以大病统筹为主的农民医疗互助共济制度，采取个人缴费、集体扶持和政府资助的方式筹集资金。

合作医疗起源于抗日战争年代陕甘宁边区的"医药合作社"。1955年，卫生部在调查总结山西省高平县米山乡成功经验的基础上，在全国范围内推广合作医疗制度。1965年，党中央决定普及农村合作医疗。1978年第五届人大将合作医疗载入宪法。1979年出台章程规范了合作医疗制度。20世纪80年代，我国农村合作医疗有所衰落，到20世纪90年代初，只有上海和苏南还留存有合作医疗制度。从90年代起，国家又开始重视农村医疗卫生工作，并逐步重新恢复和完善农村合作医疗制度。1996年起，国家进行农村合作医疗试点和重建，但是直到1998年，农村合作医疗的覆盖率依然很低，效果不尽如人意。[1]

新型农村合作医疗制度起步于2002年。2002年国务院提出建立以大病统筹为主要内容的新型农村合作医疗制度和农村特困医疗救助制度。[2] 2003年，卫生部、财政部和农业部联合发布《关于建立新型农村合作医疗制度的意见》，要求各地在试点基础上开展新型农村合作医疗制度的建设工作。随后全国各地开始新农保的试点和推广工作。2006年国务院决定增加农村卫生事业的投入。在第十届全国人民代表大会第四次会议上，温家宝总理又强调加快推进新型农村合作医疗制度的建设。2009年强调以农村为重点发展医疗卫生事业，建设覆盖城乡居民的基本医疗卫生制度。[3] 2010年国务院发布通知要求巩固新型农村合作医疗覆盖面，参合率稳定在90%以上。2011年国务院要求进一步巩固新型农村合作医疗覆盖面，开展新农合门诊统筹，提高保障水平。[4]

---

[1] 敖杰：《西部农村地区医疗保险制度研究》，硕士学位论文，四川师范大学，2012年，第24页。

[2] 尹乐民：《我国农村合作医疗保险制度研究》，硕士学位论文，西南政法大学，2008年，第11页。

[3] 袁萍：《我国城乡医疗保险制度比较及统筹机制研究》，硕士学位论文，山东经济学院，2010年，第15页。

[4] 王海荣：《统筹城乡医疗保障制度研究》，硕士学位论文，江苏大学，2010年，第29页。

三 宁夏新型农村医疗保险事业发展概况

2003年，宁夏开展新型农村合作医疗（简称"新农合"）。2007年基本实现全区覆盖。2007年，银川、石嘴山和中卫市被确定为国家城镇居民基本医疗保险首批试点城市，先行启动城镇居民基本医疗保险，到2008年8月，宁夏全区实现城镇医疗保险制度全覆盖。2010年初宁夏回族自治区政府提出统筹医疗保险管理的战略，决定将新型农村医疗保险的管理职能由卫生系统划转到人力资源社会保障系统，实现城乡居民基本医疗保险事业的统一管理。2010年年末，宁夏回族自治区政府将新型农村合作医疗制度与城镇居民医疗保险合并实施，统一为一个制度，从而率先创建了"一制三档"的统筹城乡居民基本医疗保险制度，并于当年在石嘴山市、固原市试点。2011年宁夏在试点基础上，实现了城乡基本医疗保险制度的全区覆盖，走在了全国城乡医疗保险工作的前列。这对打破城乡二元结构，破除条块分割，提高筹资水平和统筹层次，缩小城乡保障水平差距，促进社会和谐稳定具有重要意义，受到国家有关部委的充分肯定。

2012年宁夏实现了统筹城乡居民医保制度框架、管理体制、政策标准、支付结算、信息系统、经办服务的"六统一"，并积极调整全区医疗保险和新型农村合作医疗经办机构管理体制。2015年初，宁夏回族自治区社会保险事业管理局进一步规范全区城乡居民大病保险业务经办、结算、基金管理、统计分析、费用稽核监管、档案管理、处罚等工作。

宁夏统筹城乡居民基本医疗保险有六大特点：一是低水平、广覆盖、重点保障住院；二是政府适当补助，居民自愿参保；三是以收定支、收支平衡、略有结余；四是"小病在社区（小病不出村）、大病进医院、康复回社区（乡镇卫生院）"；五是居民持身份证、户口本（以后持社会保障卡），到村、社区登记，按年申报，到银行缴费；六是首次参保人员医疗待遇自参保缴费的次月起享受和买药看病即时结算。在实行城乡医保统筹后，宁夏城乡居民参加基本医疗保险实行"一制多档"。有三个档次供居民选择：一档240元，二档370元，三档500元。其中财政补助200元，个人只需缴纳极少的费用就可参保。与此同时，参保的城乡居民可以享受住院的报销比例与交费档次和医院级别挂钩，住院起付线与医院级别挂钩，年度最高支付限额与交费档次挂钩，以及普通门诊加门诊大病的政策待遇。而且普通门诊、村卫生室、社区卫生服务站报销60%，乡镇卫生院、社区卫生服务中心报销50%，全年每人累计最高支付260元。还可以享受13个病种的大病门诊，其起付标准为300元，一、二、三档分别报销40%、50%、55%，年度最高不超过15000元。[①]

截至2014年年底，宁夏全区城乡居民基本医疗保险参保人数达到462.5万人。以下是2015年度全区城乡居民基本医疗保险个人缴费及政府补助标准，从中可见宁夏统筹城乡居民基本医疗保险具体情况：

表1-1　2015年度宁夏全区城乡居民基本医疗保险个人缴费及政府补助标准

单位：元

序号	人群划分	一档筹资 个人缴费	一档筹资 民政资助	一档筹资 财政补助	二档筹资 个人缴费	二档筹资 民政资助	二档筹资 财政补助	三档筹资 个人缴费	三档筹资 民政资助	三档筹资 财政补助
1	农村成年人	70	——	——	220	——	——	440	——	——
2	农村未成年人	70	——	——	——	——	——	440	——	——
3	农村低保对象（成年人）	20	50	——	110	50	60	440	——	——
4	农村低保对象（未成年人）、低收入家庭中未成年人	20	50	——	——	——	——	440	——	——
5	农村五保对象	——	——	——	——	——	——	——	70	370
6	农村重点优抚对象	——	70	——	90	70	60	440	——	——
7	农村贫困家庭中二级以上重残	——	——	——	——	——	——	——	70	370
8	农村低保对象且三级中度残疾	——	——	——	20	50	150	440	——	——
9	农村三级中度残疾	——	——	——	50	——	170	440	——	——
10	农村享受高龄津贴人员	——	70	——	90	70	60	440	——	——

---

① 宁夏回族自治区社会保险事业管理局，http://www.nx.si.gov.cn/zcfg/tccxjmylbx/308290.shtml。

续表

序号	人群划分	一档筹资 个人缴费	一档筹资 民政资助	一档筹资 财政补助	二档筹资 个人缴费	二档筹资 民政资助	二档筹资 财政补助	三档筹资 个人缴费	三档筹资 民政资助	三档筹资 财政补助
11	城镇成年人	——	——	——	220	——	——	440	——	——
12	城镇未成年人	70	——	——	——	——	——	440	——	——
13	城镇低保对象（成年人）	——	——	——	110	50	60	440	——	——
14	城镇低保对象（未成年人）、低收入家庭中未成年人	20	50	——	——	——	——	440	——	——
15	城镇三无人员	——	——	——	——	——	——	——	70	370
16	城镇重点优抚对象	——	——	——	90	70	60	440	——	——
17	城镇贫困家庭中二级以上重残	——	——	——	——	——	——	——	70	370
18	城镇低保对象且三级中度残疾	——	——	——	20	50	150	440	——	——
19	城镇三级中度残疾	——	——	——	50	——	170	440	——	——
20	城镇享受高龄津贴人员	——	——	——	90	70	60	440	——	——
21	在校大学生	70	——	——	——	——	——	440	——	——
22	家庭经济困难在校大学生	20	50	——	——	——	——	440	——	——
23	无职工医保离休干部遗孀	——	——	——	——	——	——	——	——	440

资料来源：宁夏回族自治区社会保险事业管理局提供数据

四 其他地区新型农村医疗保险事业发展概况

2004年，内蒙古自治区开始新型农村医疗保险的试点工作。首批确定了7个旗（市），2005年增加了5个试点，2006年增加了27个试点，2007年增加了54个试点，并在全区95个试点旗（市）中全面推广新型农村合作医疗制度。从2008年开始，内蒙古新型农村合作医疗制度进入全面推广时期。与其他地区相比，2013年内蒙古新农合人均筹资额在全国排名第十，在5个自治区中排名第四，在西部地区的12个省市中排名第六位，在全国还处于比较落后的水平。2013年，内蒙古各级政府对新农合补助资金从每人每年240元提高到280元，2014年，内蒙古自治区下发《内蒙古自治区2014年新型农村牧区合作医疗补偿方案指导意见》，规定新农合筹资标准不低于390元。内蒙古新农合基金划分为四种，即住院统筹基金、门诊统筹基金（含一般诊疗费支付资金）、重大疾病保障基金、风险基金。与此同时，内蒙古自治区政府鼓励和引导参合人员利用蒙中医药服务，参合人员利用蒙中医药服务的，补偿比例提高10%—15%，但总补偿比例不得高于95%。

2014年9月1日，广西壮族自治区东兴试验区启动城乡基本医疗保险统筹工作，实验区内城镇居民和乡村居民享受同样的医疗保险待遇。统一城乡居民缴费标准为每人每年缴费70元。与此同时，医疗保障水平将"就高不就低"，在一级以下医疗机构的报销比例保持为90%，与目前的新农合报销比例相同；而普通门诊统筹则以城镇居民现行政策规定的每人每年200元为标准，较农村居民目前的每人每年120元提高了80元。

2012年末，西藏自治区新型农村合作医疗基本惠及所有农牧民，筹资率达到了97.12%。2011年西藏农牧区政府医疗补助标准提高到年人均300元，2013年提高到人均340元，2014年提高到380。新型农牧区合作医疗基金是由农牧区合作医疗管理委员会及其经办机构进行管理的，建立了家庭账户、基金专户储存，从收支两方面专项管理。[1]

2003年，新疆启动新型农村合作医疗制度，试点县从5个增加到2012的89个。从2005年到2012年新疆出台了一系列法律法规推进新型农牧区医疗保险制度的开展工作——《进一步完善和推进自治区新型农牧区合作医疗试点工作的意见》《新疆维吾尔自治区新型农牧区合作医疗风险基金管理办法》《进一步加强新型农牧区合作医疗试点工作》《新疆维吾尔自治区新型农牧区合作医疗基金管理办法（试行）》《全面加强新型农牧区合作医疗制度建设的意见》《新疆维吾尔自治区新型农牧区合作医疗门诊统筹指导意见（试行）》《新疆维吾尔自治区新型农牧区合作医疗转诊转院管理暂行办法》《新疆维吾尔自治区新型农牧区合作医疗补偿办法（试行）的通知》《关于进一步做好自治区新型农牧区合作医疗有关

---

[1] 白银娜：《西藏新型农牧区合作医疗的现状及困境对策探析》，硕士学位论文，吉林大学，2014年，第13页。

工作的通知》《关于印发自治区推进新型农牧区合作医疗支付方式改革试点工作实施方案的通知》等，这些政策性文件都对新疆新型农牧区合作医疗制度的建立起到了引导和保障作用。①

第三节 西部地区农村的社会救助和社会福利事业

社会救助制度，是政府通过国民收入再分配，对因自然灾害或其他经济、社会原因而无法维持最低生活水平的公民给予的物质帮助和服务，以保障其基本生活的社会保障制度。社会救助（Social Assistance）作为社会保障制度的一部分，是转型期中国的社会稳定器，在社会发展中具有重要作用。

一 国内外社会救助制度发展历程

社会救助起源于人类早期的互助共济行为，不论是在古代巴比伦王国的法典中，还是在世界各大宗教的教义中，抑或是在儒家经典中，都可以见到这种基于恻隐之心而对贫困者施以救助的思想。学术界公认17世纪时英国开现代社会救济制度之先河，在工业革命期间为了解决社会变迁造成的贫困者增多的问题，英国先后颁布了一系列法律法规，包括著名的《伊丽莎白济贫法》，以及《吉尔伯特法》《斯宾汉姆莱法》、新《济贫法》和《国民救助法》等，从而确立了现代国家社会救助制度。② 到19世纪末期，德国先后颁布《疾病社会保险法》《工伤事故保险法》等，建立了现代社会保险制度，从而由社会保险和社会救助构成社会保障的基本体系。之后，美国在20世纪30年代经济危机时期在社会救助和社会保险之外又增加了社会福利这一部分，现代社会保障制度的基本框架就此形成。③

---

① 罗可曼·司马依：《新型农村合作医疗制度研究——以拜城县为例》，硕士学位论文，陕西师范大学，2014年，第11—12页。

② 尚峰：《当代社会救助制度的理论浅析及启示》，硕士学位论文，重庆师范大学，2008年，第5页。

③ 王锡源：《我国社会救助中政府与非政府组织协作机制研究》，硕士学位论文，上海交通大学，2008年，第8页。

我国的社会救助思想最早可以追溯到儒家经典中的"仁政""大同"和"民本"思想。古代中国在解决自然灾害造成的贫困问题上，形成了一套程序性的手段，包括建立粮仓，开仓赈粮，发放赈灾银等措施，也曾建立过救助贫困人员的养老机构、助残机构和贫困设施等。近代中国知识分子为了拯救国家和改良社会，学习西方国家的社会救助思想，仿效西方国家的社会救助制度，试图建立中国的社会保障体系，民国政府先后出台过《游民习艺所章程》《监督慈善团体办法》《救济院规则》《社会救济法》等，但都没有得到贯彻和执行。[①] 1949 年新中国成立后，国家先后颁布了《救济失业工人的指示》《救济失业工人暂行办法》《中华人民共和国劳动保险条例》《关于劳动就业问题的决定》等，我国的社会救助制度初步建立。1978 年改革开放以后，社会救助制度进入改革阶段，也正是从这一时期开始，社会救助制度进入公众视野，受到社会广泛关注。我国的社会救助制度进程加快。1999 年 9 月，国务院颁布《城市居民最低生活保障制度》，我国才逐步形成了以最低生活保障制度为核心和基础，以灾害、医疗、教育、住房等专项救助制度为补充和保证的社会救助体系。[②] 农村社会救助制度发展历程与中国社会救助制度的发展历程是一致的，我国将农村社会救助制度定义为是与城镇社会救助制度相对的，由国家和集体对农村中的困难对象采取的社会保障制度，[③] 它包括五项基本内容：农村最低生活保障，农村五保供养救助，农村自然灾害救助，农村医疗救助和农村特困户救助。

二 社会救助和社会福利的相关理论

人类社会早期的一些基本思想，对于当今的社会救助理论有重要影响。这些思想主要有三种，即慈善恩赐思想、人权思想和温情主义论。其中慈善恩赐思想对社会保障制度的建立产生了积极作用，而人权思想则是

[①] 贾喆：《甘肃省农村社会救助制度建设问题研究》，硕士学位论文，兰州大学，2009 年，第 10—12 页。

[②] 高娟：《中美社会救助制度比较与借鉴》，硕士学位论文，武汉科技大学，2007 年，第 23 页。

[③] 陶敏：《试论我国农村社会救助制度的健全和完善》，硕士学位论文，西南财经大学，2004 年，第 5 页。

西方国家建立社会保障制度的思想基础之一，温情主义论对于当代以国家为主的社会保障制度的建立有重要影响。现代社会的社会救助思想主要来自于马尔萨斯、福利经济学、凯恩斯、贝弗里奇、新剑桥学派和马克思主义的理论。马尔萨斯主张通过政治制度解决贫困缩小贫富差距；以庇古为代表的旧福利经济学则主张通过国家干预使收入分配均等化；以卡尔多等为代表的新福利经济学则主张，政府通过向得利的社会成员征税补偿受损的社会成员以解决贫困问题；凯恩斯通过分析影响消费的因素，得出消费倾向随着收入递减的规律，主张通过政策使国民收入从富裕阶层向贫困阶层转移从而促进消费；《贝弗里奇报告》则提出了多层次社会保障的思想，以及关于社会救助的资格和资金来源的问题；新剑桥学派主张通过征收遗产税以及进行失业培训缩小贫富差距，从收入再分配的角度制定政策；马克思恩格斯列宁等则从阶级和资本主义的本质角度揭露贫困的根源，批判资本主义社会的社会救助政策。[①]

三 宁夏农村社会救助和社会福利事业概况

（一）宁夏农村居民最低生活保障制度的建立过程

宁夏农村最低生活保障制度的发展可以概括为三个阶段。第一阶段是探索试点。2002年，宁夏首先在银川市金凤区（原郊区）和彭阳县进行探索，2005年，又选择在经济条件较好的银川市兴庆区、金凤区、西夏区，石嘴山市大武口区、惠农区，吴忠市、青铜峡市7个市、区进行农村居民最低生活保障制度试点。第二阶段是提标扩面。一方面从2006年起扩大农村低保制度试点范围，将7个市、县纳入范围；另一方面是提高农村低保补助标准。第三阶段是全面实施。2007年，宁夏在全区实行农村居民最低生活保障制度，将农村家庭年人均收入低于683元的23万农村居民纳入保障范围。2007年5月25日，又颁布实施了《宁夏回族自治区农村居民最低生活保障办法》，并且把保障农村低保列入政府考评工作。2009年，宁夏下发了《关于对农村低保工作进行全面核查清理整顿规范的紧急通知》，开始对农村低保工作进行全面核查和整顿，共清理取消不符合条件的低保对象14698户、21326人。2013年宁夏回族自治区政府又

[①] 钟仁耀：《社会救助与社会福利》，上海财经大学出版社2005年版，第8—20页。

相继下发《自治区人民政府关于进一步加强和改进最低生活保障工作的实施意见》《关于做好调整我区城乡最低生活保障标准有关工作的通知》《宁夏回族自治区最低生活保障审核审批实施办法》等文件，进一步完善农村最低生活保障制度。截至 2014 年第三季度，全区共保障农村低保对象 297571 户、385298 人，人均月补助水平为 184.6 元。

（二）宁夏农村五保供养基本情况

集中敬老院供养和分散在村、组供养是宁夏农村五保供养的两种方式。在税费改革前，农村五保供养人员的供养经费从农民群众"三提五统"中提取。2005 年取消农业税后，给农村五保供养工作和敬老院建设带来了新的发展机遇，农村五保供养经费转变为从政府财政转移支付中列支的国家供养，供养资金有了稳定可靠的渠道。宁夏建设农村敬老院的思路是集中建设，辐射周边。2011 年到 2013 年，宁夏先后出台《宁夏回族自治区农村五保供养办法》《宁夏回族自治区农村五保供养服务机构等级评定办法（试行）》，逐步规范和提升农村五保供养服务和管理水平（见图 1-1）。

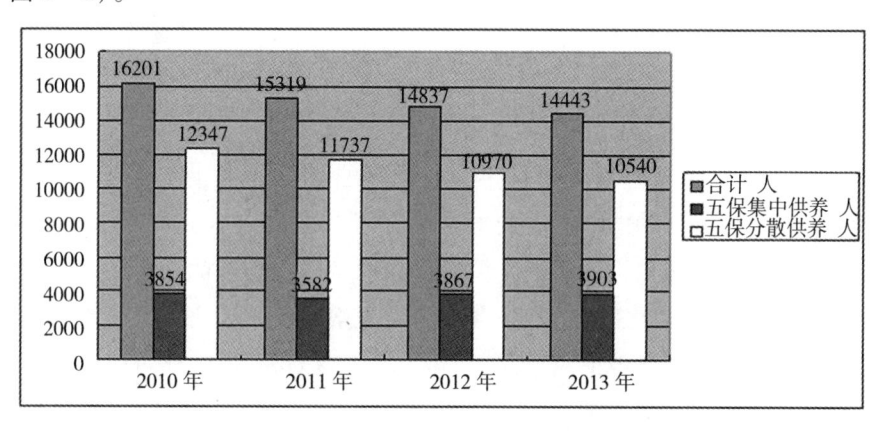

年份	合计 人	五保集中供养 人	五保分散供养 人
2010 年	16201	3854	12347
2011 年	15319	3582	11737
2012 年	14837	3867	10970
2013 年	14443	3903	10540

图 1-1 2011—2013 年宁夏农村五保供养情况

资料来源：依据《宁夏回族自治区统计局 2014 年统计年鉴》绘制

截止到 2014 年第三季度，宁夏全区有农村五保对象 14323 人，其中集中供养五保户 4124 人，占五保户总人数的 28.8%；分散居住供养五保户 10199 人，占五保户总人数的 71.2%。集中供养人员供养标准，每人每月 463.7 元，分散供养人员供养标准，每人每月 307.9 元。

(三) 农村医疗救助制度建立情况

2003 起，宁夏开始探索农村医疗救助制度。2005 年，宁夏回族自治区下发《宁夏回族自治区农村医疗救助实施办法》，对医疗救助的对象进行了具体规定，但因报销比例等诸多条件的限制，部分困难群众还是得不到及时救助。2007 年宁夏出台《宁夏农村特困户和特重大疾病医疗救助实施细则》，使医疗救助政策最大范围、最大限度地惠及困难群众。2009 年，针对农村医疗救助程序烦琐、救助可及性还不够高等问题，提出了《宁夏回族自治区农村医疗救助办法》，2013 年 11 月 5 日，自治区人民政府办公厅发布了《自治区关于建立疾病应急救助制度的实施意见》，进一步健全多层次医疗保障体系，解决了少数需要急救但身份不明、无能力支付医疗费用患者的医疗急救保障问题。

(四) 实施自然灾害应急救助制度

宁夏是全国多种自然灾害频发的省区之一，救灾任务十分繁重。为了确保因自然灾害受灾群众的基本生活，近年来，自治区着力加强应急预案体系和灾害应急管理体制。一是强化救灾综合协调机制和应急指挥系统。调整充实了宁夏减灾委员会，进一步推进市、县（区）二级协调机构体制、机制的建立和完善，制定出台了《宁夏回族自治区自然灾害救助资金管理暂行办法》，为灾害救助工作提供了规范依据。二是完善自然灾害救助应急预案体系建设。修订了《自治区自然灾害救助应急预案》和《民政厅救灾应急工作规程》，指导全区 25 个市、县（区）完成了现有预案的修订工作，重点推进乡镇（街道）和村（居）委会的预案制定工作，做好预案审核和备案工作，保证各级各类预案的衔接，实现区、市、县、乡、村五级自然灾害救助应急预案全覆盖。三是建立覆盖城乡的灾害信息员队伍。组织建立了自治区、市、县、乡镇（街道）、行政村（居委会）五级民政灾害信息员队伍，确保灾情信息快报及时、核报准确、评估科学、发布规范。四是加强应急值守和信息报送工作，建立健全应急值守工作制度。五是加强救灾物资储备体系建设。制定了《全区救灾物资储备库建设规划》，积极组织开展综合减灾示范社区创建活动和应急减灾科普宣传教育。创建国家级综合减灾示范社区 10 个，自治区级 10 个。2012 年宁夏先后遭遇沙尘暴、风雹、洪涝、干旱、低温冷冻等自然灾害，自治区累计下拨救助资金 1.65 亿元，救助 130 万余人次；协调各级财政紧急下拨洪涝灾害救助资金5379万元，紧急转移安置受灾群众2.1万人，共救助8.2万人次。针对宁夏中部干旱带和南部山区自然灾害频发、生产生活条件恶劣、多数困难群众居住在危旧土坯房和窑洞的实际，2013年自治区筹集资金7000万元，将中南部地区2342户重灾民倒损房屋统一纳入到农村危房改造计划，进行恢复重建。

（五）建立住房救助制度，解决困难群众的住房难问题

自2011年起，宁夏为了解决农村极度贫困户的住房问题，在农村危房改造实施过程中，探索建立了农村廉租住房制度。做法是由各级政府实行全额救助，统一建设30平方米左右的住房，由极度贫困群众租住。房屋产权仍归属于各级政府，住房可以循环解决新的极度贫困户住房问题。"十一五"期间，宁夏已累计改造农村危房危窑14.7万户，使60多万群众喜迁新居，但仍有2万户极度贫困群众无法从中受益。2014年6月5日，自治区人民政府印发了《宁夏农村危窑危房改造实施方案（2014—2017年）》，《方案》结合自治区百万贫困人口扶贫攻坚和美丽乡村建设，集中力量消除农村现有危窑危房，全面改善了农村困难群众住房条件和人居环境。2015年财政安排农村危窑危房改造资金3.3亿元，全面贯彻《农村危房改造实施方案（2014—2017）》，争取2017年基本完成23.4万户农村危窑危房和土坯房改造，从根本上解决全区农村困难群众住房安全问题。

（六）建立教育救助制度，解决困难家庭子女上学难问题

建立了惠及农村的九年义务教育期间实行的"两免一补"政策。积极开展救助贫困大学生工作，对在校中小学及大专院校就读的低保对象可享受全额或上浮一定比例的保障。2014年10月13日，自治区政府办公厅下发了教育厅等七部门联合制定的《教育扶贫工程实施方案》，切实落实国家和自治区扶贫攻坚总体部署，把教育扶贫作为扶贫攻坚的优先任务，以提高贫困地区人口基本文化素质和劳动者职业技能为重点，推进教育强民、技能富民、就业安民，为宁夏与全国同步进入全面小康社会奠定坚实的基础。

（七）实施孤儿养育津贴、高龄老人津贴制度和残疾人生活津贴制度

2009年，自治区政府办公厅下发《关于建立80岁以上低收入老年人基本生活津贴制度的通知》，宁夏在全国率先建立高龄老人津贴制度。

2011年,自治区民政厅、财政厅联合下发《关于调整高龄老人津贴发放范围和发放标准的通知》,扩大了发放范围,城市高龄津贴发放范围由原来城市低收入家庭中无固定收入的80岁以上老年人调整为城市家庭中80岁以上无基本养老金收入的老年人。同时,对原来山川有别的津贴发放标准做了合理调整,由原来全区11个标准调整为不分山区川区和5个标准。2015年,自治区再次上调高龄低收入老年人基本生活津贴发放标准,具体为:80—89周岁城市高龄津贴标准由每人每月300元提高到400元;80—89周岁农村高龄津贴标准由每人每月150元提高到220元;90周岁以上城乡高龄津贴标准由每人每月350元提高到450元。①

四 其他地区的社会救助和社会福利工作概况

2014年12月底,内蒙古全区共有五保供养服务机构368所,床位4.7万张,集中供养率达到53.4%。其中,有一星级敬老院85所,二星级敬老院36所,三星级敬老院27所。而且,从2014年起,内蒙古自治区政府对具有内蒙古自治区户籍且录取时为城乡低保家庭子女的新生,考取普通高校本科类的一次性资助4万元,考取专科或高职高专类的一次性资助3万元。截至2014年年底,内蒙古自治区共资助城乡低保家庭大学生18600人,其中本科生9623人、专科生8977人,共计发放资助资金6.54亿元。2015年,内蒙古自治区城乡低保实际保障标准为人均497元/月、3454元/年,增幅达到了5.3%和6.9%。农村牧区五保对象实际集中和分散标准达到人均7513元/年和3916元/年,分别比上年提高843元和273元,增幅为12.6%和7.5%。城镇"三无"对象实际集中和分散供养标准达到人均1043元/月和723元/月,分别比上年提高259元和163元,增幅为33%和29.1%。此外,内蒙古自治区政府向社会力量购买服务,健全社会保障机制,并通过建立农牧民劳动力指数、农村牧区家庭经济状况核对"标尺"等程序破解农村低保对象认定难问题。②

---

① 宁夏民政厅:《自治区调整高龄低收入老年人基本生活津贴标准》,http://www.nxmca.gov.cn/gzdt/483609.html。

② 中华人民共和国民政部网站,http://dbs.mca.gov.cn。

第四节 慈善事业在西部地区农村的发展

慈善是爱的奉献、善的关怀,是人类本性最深刻、最真诚、最美好的表达。发展以爱心奉献为宗旨的慈善事业,有利于增强社会凝聚力和向心力,形成团结互助的良好风尚和平等友爱、融洽和谐的人际环境,有利于缓解社会矛盾,维护社会公平,促进经济社会跨越式发展。正如中华慈善总会宗旨所言,慈善事业就是要"发扬人道主义精神,弘扬中华民族扶贫济困的传统美德,帮助社会上不幸的个人和困难群体,开展多种形式的社会救助工作"。

一 中国慈善事业发展历程

中国的慈善思想可以说是源远流长,最早可以追溯到古代的"仁爱""仁政""善"等伦理思想,古代中国的"义舍""义仓""义聚""义学"等,都可以算作与慈善有关的行为。北宋中期,随着社会问题的出现,恤老、慈幼、宽疾和助丧的慈善机构便相继建立,朝廷设置了福田院、居养院、安济坊、慈幼局和漏泽园等慈善机构,甚至民间社会也出现了由私人主持的有一定规模的慈善活动。中华民国时期,出现了大量各种类型的慈善团体和慈善机构,这时的慈善事业是随着中国近代剧烈的社会变迁导致的社会问题层出不穷、贫困群体增多而出现的,甚至寄托了当时不同社会阶层对于改良社会和救人民于水深火热之中的爱国情怀。1949年以后,国家停办了一切民间的慈善组织,将慈善事业作为社会事业的一部分由国家统一管理,慈善成为社会福利的一部分,排除了民间组织的参与。直到1978年以后,我国的慈善事业才得到恢复和发展。1981年中国少年儿童基金会成立,之后陆续有多个基金会相继成立。直到1994年吉林和上海设立慈善组织以及中国慈善总会登记注册,中国的慈善组织才算正式产生。1998年以后,我国关于慈善事业的法律法规大量出台,如《公益事业捐赠法》《基金会管理条例》《中国慈善事业发展纲要》《救灾捐赠管理办法》等,我国慈善事业和慈善组织才算进入兴盛的发展阶段。

二 慈善的理论基础

慈善的理论基础由三部分构成,分别是慈善的政治学基础、慈善的经济学基础和慈善的宗教学基础。慈善的政治学基础来自罗尔斯的公平观和边沁的最大多数人的最大幸福理论。罗尔斯的公平观指出每个人都应该公平的享有社会自由体系,有权利去获取社会提供的职位和位置,能够平等地获取社会提供的各种资源。然而现实的社会制度安排没有达到这样的目的,慈善事业可以弥补社会制度的漏洞,通过重新聚合社会资源进行分配,将其分配到社会底层群体的手中,从而缓解社会矛盾,解决弱势群体的贫困问题,达到公平正义。而边沁将最大多数人的最大幸福作为判断标准,慈善和慈善事业就是为了实现最大多数人的幸福,实现幸福在社会不同群体之间的转移,并通过一系列的措施使整个社会达到最大的幸福状态。慈善的经济学基础来自三次分配理论和庇古的边际效用理论。经济学认为市场对收入的分配是第一次分配,政府通过税收、财政和政策的调节实现的是对收入的第二次分配,而出于善和自愿的慈善实现的是第三次分配,第三次分配可以在一部分人富裕以及大部分人生活得到保障之后,通过自愿捐助帮助弱势群体改善生活条件,从而实现社会和谐发展。庇古的边际效用理论认为随着收入的增加财富的边际效用递减,也就是说随着财富的增加财富能带给人的幸福感就越少,因此通过慈善事业就可以实现幸福在社会群体之间的转移,促进人类社会的福利发展。慈善总归是出自于人类的仁爱之心,这在世界各大宗教的教义中都得到体现,不论是佛教的因果论、儒家的仁爱思想、基督教的"爱人如己"还是伊斯兰教经典《古兰经》劝人向善,无不说明慈善思想在宗教中具有深厚基础,而基督教更是在慈善事业的发展历程中起着举足轻重的作用。①

三 宁夏农村慈善事业发展概述

宁夏的慈善事业起步较早。1993年4月27日,宁夏成立了第一个慈善组织——宁夏社会慈善协会。1999年1月15日,宁夏社会慈善协会更

---

① 李春鸽:《中国慈善事业发展研究》,硕士学位论文,黑龙江大学,2011年。

名为宁夏慈善总会。2007 年以后，石嘴山市、吴忠市、银川市先后成立了慈善会。2009 年，宁夏慈善事业加强了制度建设。宁夏慈善总会通过了《宁夏慈善总会章程》《宁夏慈善创始基金奖励办法》，制订了《宁夏慈善总会财务管理暂行办法》《宁夏慈善总会会费管理办法》《宁夏慈善总会工作人员相关待遇和聘用管理办法》《宁夏慈善总会会长、副会长、秘书长职责》《宁夏慈善总会会议制度》等一系列法律法规，进一步健全完善了慈善总会的各项规章制度。2010 年，宁夏自治区出台了《关于加快宁夏慈善事业发展的意见》。2011 年，宁夏回族自治区又颁布了《宁夏回族自治区慈善事业促进条例》，使宁夏成为全国第二个慈善立法的省区。与此同时，宁夏回族自治区还制定了《宁夏"黄河善谷"建设规划》《宁夏慈善园区招善引资优惠政策》《财政支持慈善园区发展二十条政策》等系列优惠政策，从而为宁夏慈善事业健康发展奠定了坚实的法制基础，使宁夏的慈善法制化走在全国前列。

近年来，宁夏慈善捐赠的渠道逐步拓宽。一方面，与国内其他慈善组织建立联系；另一方面，利用地缘、宗教以及文化的便利与中亚多国建立慈善合作与交流。2008 年成立宁夏鲁宁企业联合会，并于 2012 年与驻京部队医疗联合体、清华大学教育扶贫办、中华慈善总会等共同开展慈善公益活动。邵逸夫从 1990 年至 2012 年的 22 年间，在宁夏共计捐款 7405 万港元，援助宁夏 146 所学校校舍建设。2012 中国（宁夏）慈善博览会，配合政府开展宣传推介、招商引善活动，共签约项目 67 个，签约资金 332.8 亿元。其中宁夏慈善总会也与投资方签订了 1000 万元的孤儿院建设项目。2013 年 6 月，应中国台湾中华社会福利慈善服务协会邀请，宁夏慈善总会组织爱心企业家、慈善工作者赴台考察慈善和社会公益事业，访问了 5 家台湾慈善公益组织，双方进行了坦诚、广泛、深入的交流，并向台湾慈善界介绍了宁夏慈善公益发展的现状及困难群众对慈善公益的迫切需求，并就加强两地慈善公益合作进行了探讨。同年，宁夏派出民政厅、老龄办官员组成的招善引资团访问沙特、科威特和阿联酋，促成了一批合作项目。2014 年 11 月，宁夏同阿拉伯国家在银川召开慈善研讨会，建立慈善合作交流联系。通过这些措施，拓宽了宁夏慈善事业的发展前景。

因此，宁夏慈善事业蓬勃发展，社会效果显著。2013 年，宁夏福利彩票实现销售额 10.73 亿元,首次突破十亿,筹集的资金全部用于宁夏儿童福利院、"星光计划""霞光计划""蓝天计划"、危房危窑改造工程等民生保障项目,已救助 47 名重特大疾病贫困患者。截止到 2013 年年底,宁夏"明天计划"已经救助 714 名残疾儿童,对各种孤残儿童进行手术恢复和矫治。同年,宁夏慈善总会与宁夏燕宝基金会和宁夏银行共同筹资400 万元,启动了"慈善之光——大病救助"项目。2013 年的"中国捐赠百杰榜",宁夏慈善总会副会长、宁夏燕宝慈善基金会理事长、宁夏宝丰能源集团董事长党彦宝以承诺捐赠 11.53 亿元资助贫困学生入学而排名第二,被评为 2013 年度中国慈善推动者并且位居 2014 年胡润慈善榜第 16 位。2013 年初,宁夏正源青少年健康服务中心立项并争取到社会组织的资助,专门为银川市贫困家庭青少年进行近弱视矫正。成立于 2008 年的宁夏鲁宁企业联合会,近年来也累计捐款 1000 多万元。此外,宁夏作为少数民族聚居区,慈善事业也表现出浓厚的宗教特色,《古兰经》中的慈善理念对宁夏的慈善事业有着潜移默化的影响。

宁夏重视慈善事业的宣传和慈善文化的弘扬。宁夏慈善总会把弘扬慈善文化作为其重要工作,一是开辟慈善宣传阵地。创办了《善行宁夏》刊物,在《华兴时报》开办慈善周刊。二是创新宣传方式。2011 年,总会制作了"善行宁夏"大型宣传展板和"善行宁夏·大爱无疆"专题片;在《宁夏日报》刊发了"慈善大爱温暖宁夏山川"纪实专版;举办了以"慈善·爱心·和谐"为主题的慈善论坛;参加了全国"慈善之光"成就展,宁夏的展览引起中央电视台、中国改革报、亚洲财富论坛、中国社会报、公益时报等国内外各大媒体的竞相报道。近两年,宁夏慈善总会以《善行宁夏》作为窗口向社会传递慈善领域的最新动态和讯息,为了发挥报刊的宣传效果,宁夏慈善总会扩大了《善行宁夏》发行量,由原来的季刊改版为双月刊,发行量也由原来 600 份增加到 1000 份。

四 其他地区的慈善事业

广西佛教济善会对宁夏的慈善事业发展颇有借鉴作用。广西佛教济善会成立于 2002 年 5 月,是一个非营利性宗教慈善组织,成员由一些佛教徒组成。在积极开展慈善活动的同时,广西佛教济善会还成立了广西济善功德网,该会在网上公布贫困学生、孤寡老人、孤儿的有关资料,联络自愿奉献爱心的佛教徒,为各界自愿奉献爱心的贤达人士开通信息渠道。该网站秉承其慈善思想,以帮助弱势,解决贫困为唯一目的,以一对一帮扶和一对多结对帮扶为主要方式。该会所有接受资助的学生、孤寡老人、孤儿的资料都由志愿者采集,并且要保证资料的保密性和真实性,网站只提供贫困生名单,不接受外界赞助和转交学生捐款。该会的网站本着公开、公平、公正、透明的原则,接受社会监督和质疑。[1]

第五节　宁夏黄河善谷:西部地区慈善事业发展的创新模式

困难群众多、财政资金少是现阶段宁夏面临的一个突出矛盾。慈善作为最具实力的社会资源,同时也是社会财富重新分配的重要杠杆和推动社会创新的积极力量,对于解决贫困问题具有无可比拟的重要作用。于是,宁夏回族自治区政府在2010年提出打造"黄河善谷"的构想,即以"一堤六线"为主轴,以"沿黄六城"为基础,以"一部六园"为核心,打造宁夏"黄河善谷",形成慈善盆地,将慈善产业化,启动新的社会生产力,加速解决民生问题,推动宁夏经济社会科学发展、跨越发展。自此,"黄河善谷"就成为新时期宁夏的重点建设项目和着力打造的社会品牌。

一　"黄河善谷"缘起和基本情况

宁夏"黄河善谷"的构想是为了应对红寺堡区残疾人比例较高的实际困难而产生的,这是一个形象化的概念,其内涵是将慈善兴业、生态移民和扶贫开发三者有机结合,把社会目标、民生目标与经济目标有机统一。宁夏"黄河善谷"的基本建设思路:一是将现代慈善理念作为理论引导,结合宁夏回族自治区的现实情况,适应当今慈善事业和慈善组织发展的潮流,将区域经济建设和慈善事业相结合,依托黄河沿岸,吸引国内外慈善组织和投资企业,建设现代宁夏发展的创新之路。二是营造浓厚的慈善环境作为发展基础。宁夏近年来在全省积极推进慈善城市的建设,大

---

[1] 莫光辉、祝慧:《民族地区宗教慈善组织的价值承载及运行机制研究——以广西佛教济善会为个案分析》,《世界宗教文化》2012年第5期。

力弘扬慈善文化,宣扬慈善事业,将"黄河善谷"打造成宁夏发展的黄金品牌,并且吸引全体民众共同参与宁夏的慈善发展。三是将发展慈善园区建设慈善产业群作为实践支撑。通过将慈善产业与社会救助事业相结合,将慈善产业、社会企业与福利企业联合,既能有效解决困难群体的生活问题,又能提供良好的就业环境,促进宁夏经济发展,从而利用慈善取得多方面的效益。四是将完善慈善政策法规作为必要路径。宁夏在大力吸引国内外慈善企业入驻"黄河善谷"的同时,提供各项优惠的政策促进慈善企业的发展,并逐步完善相关慈善法律法规,为入驻企业提供有效、便捷、系统、健全的政策服务。①

宁夏弘德工业园位于红寺堡区滚红高速连接线东侧、盐中高速北侧,距红寺堡城区3.5公里,空间按"一园五区"规划建设,分别是行政商贸教育片区(为园区提供行政管理、安检、工商、税收、贸易洽谈、职业教育等综合服务)、一类工业片区、二类工业片区、仓储物流片区和景观绿化片区。弘德慈善园区是全国打造慈善与产业发展相结合的先行先试区,发挥着打造"黄河善谷"主战场的示范带动作用,园区远期规划面积为30平方公里,近期规划面积为10.06平方公里。

宁夏同德慈善园区位于同心县,同心县地处宁夏中部干旱带,总面积4662.66平方公里,总人口39.8万人,其中回族人口34.05万人,占到人口总数的85.8%,是全国建制县中回族人口比例最高的县。受自然条件的制约,县域经济和社会发展水平较低,贫困人口和残疾人比重高,全县残疾人口32800人,占到人口总数的8.24%。同心县是国家级重点贫困县,人年均纯收入2300元以下的贫困人口有15.2万人,占到人口总数的38.2%,是全国扶贫攻坚主战场。在同心县建设同德慈善园区也是为了从根本上解决本地贫困和残疾问题,统筹城乡发展,推进区域经济增长并辐射周边地区。同德慈善园区依托同心羊绒工业园和吴忠市太阳山三县区工业园,采取"一园四区"的模式,即以原羊绒工业园为基础建成羊绒及穆斯林用品加工区和中小企业创业孵化园,发挥下马关等东部旱作区中药材基地的优势,建成特色农副产品加工示范区,规划面积2平方公里;整合吴忠市三县区工业园建成新材料及装备制造产业区,初步规划面积20

---

① 张成军:《关于宁夏"黄河善谷"建设的几点思考》,《社团管理研究》2012年第1期。

平方公里。园区规划总面积22平方公里。园区的主导产业和重点项目是羊绒及羊绒制品、清真食品和穆斯林用品、特色农副产品加工、镁及铝镁合金、废渣综合利用、建筑材料和装备制造。

宁夏圆德慈善产业园区位于固原市原州区，园区总规划面积9.72平方公里，占地1.5万亩。园区建成后，充分发挥辐射带动作用，预计利用10年左右的时间，基本解决原州区及周边残疾人、贫困人口生存、生活、发展等突出问题，初步构建起慈善事业发展体系。为此，圆德慈善园区以劳动密集型产业、加工贸易型产业、战略性新兴产业和现代物流业为主，按照"聚人气、引善缘、促发展、惠民生、创品牌"的思路，高起点规划、高标准建设。

宁夏吉德慈善产业园是宁夏回族自治区党委、政府为解决区内生态移民、剩余劳动力及特殊困难群体就业，发展现代慈善，建设和谐富裕新宁夏，实现西吉与全区、全国同步步入小康社会的目标而做出的重要战略部署。西吉县作为地处宁夏南部山区的全区农业人口第一大县、残疾人口第一大县、国家扶贫开发重点县，依托闽宁两省对口协作的成果——宁夏（西吉）闽宁产业园区平台，创新建设和运行模式，规划建设了吉德慈善园。园区位于西吉县吉强镇水泉村和袁河村，规划占地面积12平方公里。规划布局为特色农产品加工、轻工业、电子工业、物流和商贸服务五个功能区，重点发展马铃薯、胡萝卜、西红柿等优质果蔬精深加工和清真牛羊肉加工，发展农资及民族服装鞋帽生产和电子产品加工，配套发展服务工业企业的商贸服务业和物流业。

海原县厚德慈善产业园区位于福银高速、中宝铁路、银平公路西侧，南邻固原机场，规划面积30.6平方公里。园区依托海原县工业物流园区规划建设，布局为"一山（凤凰山）、二水（苋麻河、扬黄十一干渠）、四区域（行政办公、生活居住、物流商贸、工业园区）"。自2008年启动建设，经过五年多的发展，累计完成投资32.9亿元，建成园区面积16.4平方公里。目前园区完成道路、给排水、电力、通信、供热等工程，实现水、电、路、气、热、电讯、公交"七通一平"。

二 宁夏慈善园区建设基本情况

目前，除立德慈善园区外，弘德、同德、圆德、吉德、厚德慈善园区已经得到自治区人民政府的正式批复，隆德六盘山工业园区政府批复按慈善园区优惠政策给予扶持。

（一）基础设施建设情况

到2014年4月，慈善园区基础设施累计完成投入49.46亿元，建成和在建标准厂房共270座；入园企业共有392家，其中运营企业240家，入园企业累计完成投资354.5亿元，实现工业生产总值458.5亿元，解决残疾等贫困群体就业近两万人。2014年，各慈善园区基础设施建设共投入资金10.356亿元。六盘山工业园区新建"四横九纵"路网体系12.3公里，铺设供水管线26.5公里，排水管线16.9公里。厚德园区配合海原县实施了黑海一级公路建设，预计2015年通车，有效改善园区对外运输条件。立德园区筹资2.28亿元加强了园区道路、供排水、供电、天然气等基础设施建设。圆德园区在园区主干道安装太阳能路灯213盏，栽植绿化树木1500株。同德园区计划投资1.15亿元，建造6.5万平方米保障房、公租房主体工程已经完工，基本解决所有员工的住宿问题。

（二）园区经济社会效益情况

截至2014年10月份，全年实现工业总产值168.21亿元，同比增长53.81%，年度工业增加值44.52亿元，比上年同期增长52%；规模以上工业增加值35.5亿元，比上年同期增长45.3%，有效地拉动了当地经济的快速发展。除吴忠市立德园区外，其他六个园区年度工业企业实现利润4.4582亿元，比上年增长808.17%；解决就业19048人，其中残疾人就业829人。与此同时，各慈善园区的慈善事业也取得了进步。同德园区成立慈善基金会，自成立以来共募捐资金378.986亿元，用于当地扶贫助困、大病救助、残疾帮扶、捐资助学和扶持产业发展等。鸿德园区先后为地震灾区、红寺堡区贫困学生爱心援助50多万元。吉德慈善园区2014年安排公益性岗位95个，专项解决城镇零就业家庭、下岗职工和其他特殊困难人员就业问题。圆德慈善园区积极吸纳残疾人就业，固原邦德电动车厂残疾人占就业总人数的50%以上。立德慈善园区扶贫助学、捐资救灾捐助资金累计达525.7万元。厚德园区积极减免低保对象、五保户、残疾人门诊费，累计门诊13万人次，优惠门诊急诊住院费用达2000余万元。六盘山工业园区先后招收120位残疾人进行人造花方面的技术培训。

（三）园区招商引资情况

截至 2014 年十月份，7 个慈善园区共有入驻企业 392 家，其中 2014 年新入驻 177 家，投资总额达到了 182.03 亿元。截止到 2014 年 4 月，弘德慈善园区协议引进招商引资项目 63 个，协议资金 180 亿元，其中弘德烟包、燕山石化、白浪包装等 18 个项目已经投产，石蜡油、华昱保温材料、苹果深加工等 24 个项目正在建设。立德园区入园企业共 218 家。同德园区新签订协议投资项目 10 个，协议投资 20.31 亿元。吉德园区 2014 年新引进五瓣兰生物、旺泉食品、仁初包装、环环通塑胶、哈迪服饰五家企业，华电风力发电设备制造项目已达成意向性协议。据初步统计，2014 年入园企业总产值达到 168.21 亿元，园区各方面都初见成效。[①]

（四）与国外交流情况

2014 年成功举办中阿慈善交流合作研讨会，邀请科威特、沙特 6 名部长级官员及一些慈善机构负责人共 40 余人来宁夏，共同商讨慈善合作，就推动中阿慈善领域长期交流合作，加强互访交流，扩大交往合作，择期轮流举办慈善合作研讨会，在科威特和沙特两国分别设立"黄河善谷"发展基金，加强人才师资培训等达成共识；签署了《宁夏与阿拉伯国家慈善合作备忘录》；促成宁夏广播电视台与沙特阿拉伯王国伊斯兰使命电视台签署电视节目交换、节目制作合作协议；落地阿方支持宁夏国际语言学校建设及外教工资等慈善项目资金 450 万美元，达成后续为宁夏国际语言学校捐资建设教学楼、宿舍楼及教师公寓等项目近 600 万美元的捐赠意向。

（五）政策法规建设情况

到 2014 年年底，共有八部政策法规颁布实施。2011 年 9 月，颁布实施《宁夏回族自治区慈善事业促进条例》。2012 年 4 月，制定了《宁夏"黄河善谷"建设规划（2011—2012）》，构建了未来十年的发展蓝图。之后陆续出台了《慈善园区建设联席会议制度》《人民银行银川支行支持"黄河善谷"建设意见》及《宁夏回族自治区慈善组织业务活动指引（试行）》等法规文件，这说明宁夏慈善事业的法制建设正逐步向正规化和体系化方向发展。

---

① 参见宁夏慈善总会《善行宁夏》2014 年第 4 期，第 21、24、27 页。

宁夏"黄河善谷"作为发展慈善和推进经济发展的平台，在经济社会发展比较落后的贫困地区，吸引国内外优秀的企业共同参与慈善建设和社会发展，对解决西部地区贫困落后状况，开发西部地区经济社会发展潜力，指引了一条具有潜力和创新性的路径，对于新时期西部大开发和民族地区社会经济和谐发展具有很大启示作用。

第六节 西部地区农村的民生事业发展状况

立国之道，惟在富民。从 2007 年的两会开始，民生问题不断受到党、国家和全社会的关注。党的十七大报告中将关注民生、重视民生和改善民生作为重点内容。而在中国共产党第十八次代表大会的报告中，胡锦涛同志明确将民生和创新管理作为新时期加强社会建设的重点，并将教育、就业、增加居民收入、统筹城乡社会保障体系和提高人民健康水平作为加强和改善民生的重点。在十二届全国人大三次会议的政府报告中，李克强总理也强调，要以增进民生福祉为目的，加快社会事业发展。由此可见，民生问题在国家发展中的作用日益重大，是党和政府最关心的问题之一。而解决好少数民族群众的民生问题，不断改善少数民族和民族地区广大群众的生产生活条件，不断满足少数民族和民族地区广大群众的发展要求，让改革发展成果惠及所有民族，是构建和谐社会的必由之路。

一 民生的概念界定

"民生"一词最早出现在《左传·宣公十二年》，所谓"民生在勤，勤则不匮"，这里的"民"，就是百姓的意思。而《辞海》中对于"民生"的解释是"人民的生计"，老百姓的生活来源问题。"在现代社会中，民生和民主、民权相互倚重，而民生之本，也由原来的生产、生活资料，上升为生活形态、文化模式、市民精神等既有物质需求也有精神特征的整体样态。"[①]

我国西部少数民族地区，发展水平低，发展不全面，发展不平衡，长期以来处于全国各方面发展的滞后行列，严重影响了民族团结和民族地区

---

① 百度百科，http://baike.haosou.com/doc/2819225—2975442.html。

人民群众享受改革开放的发展成果。因此推进少数民族地区经济和社会发展进步，保障少数民族地区贫困群众的基本生活问题，解决少数民族地区人民群众关心的民生问题，满足民族地区的经济社会发展需要，建设以改善民族地区民生为重点的发展路径，是促进民族团结、社会稳定和区域协调发展的必备基础。[①]

二 宁夏的三十件民生实事

（一）宁夏十项民生实事概况

宁夏的"民生工程"从2007年开始实施以来，社会影响很大，已经成为自治区政府为民办实事的品牌。2014年十项民生计划主要有：实施扶贫开发计划；实施扶弱助困计划；实施创业就业计划；实施城乡安居计划；实施社会保障计划；实施教育惠民计划；实施卫生健康计划；实施文体促进计划；实施支农惠农计划；实施安全保障计划。到目前为止，十项民生计划为民办30件实事列出的99项计划指标中，大部分超额完成，主要有贫困残疾人救助、贫困残疾儿童抢救性康复训练、学生资助体系建设、希望工程资助家庭经济困难学生等。

（二）2007年到2014年民生计划指标完成情况

2007—2014年，十项民生计划各项指标任务全部如期完成或超额完成。八年共计 $121+104+141+101+148+152+139+99=1005$ 项指标完成，其中2007—2013年完成指标 $45+51+74+27+42+45+41=325$ 项，占比36%，超额完成 $76+53+67+74+106+107+98=581$ 项，占比64%，而2014年的99项计划指标中也有大部分超额完成，分别是：

2007年总121项指标，其中完成45项，占指标总数的37%，超额完成76项，占指标总数的63%；2008年总104项指标，其中完成51项，占指标总数的49%，超额完成53项，占指标总数的51%；2009年总141项指标，其中完成74项，占指标总数的52%，超额完成67项，占指标总数的48%；2010年总101项指标，其中完成27项，占指标总数的27%，超额完成74项，占指标总数的73%；2011年总148项指标，其中

[①] 姚文遐：《加快改善民生为重点的社会建设与促进民族地区社会发展论》，《乌鲁木齐职业大学学报》2010年第2期。

完成42项，占指标总数的28%，超额完成106项，占指标总数的72%；2012年总152项指标，其中完成45项，占指标总数的30%，超额完成107项，占指标总数的70%；2013年总139项指标，其中完成41项，占指标总数的29%，超额完成98项，占指标总数的71%。

2015年的十项民生计划项目包括扶贫开发、扶弱助困、创业就业、城乡安居、社会保障、教育惠民、卫生健康、问题促进、支农惠农和安全保障十个方面。

（三）财政投入民生计划的总体情况

实施"民生计划"难能可贵，最难而且最为可贵之处在于其实施背景——宁夏回族自治区经济总量偏小、经济实力相对薄弱、困难群众人数众多等区情。就是在这种大背景下，自治区党委、政府以超凡的勇气推进民生改善，连续每年以超过全区一般预算70%的支出比例，投入"民生计划"和社会事业建设。2007年—2011年五年用于民生的投入高达1650亿元，占财政支出的72.9%，仅2011年一年就支出345亿元投资于民生领域，同比增长25%。截至目前，民生计划已累计投入资金2100亿元，占财政总支出的72.6%，其中，2014年财政总支出1000亿元，民生计划支出占73%，达730亿元，其中十项民生计划30件实事安排了75.5亿元。2015年财政初步计划是在2014年民生30件实事支出基础上再增长20%，达90.6亿元。集中力量、保证投入，为老百姓办了一大批实事、好事，集中解决了群众关心的热点、难点问题，深受群众欢迎。

二　农村居民的收入增加情况

改革开放以来，宁夏同全国一样，随着农村经营体制的重大调整，农业发展方式和农民就业方式发生了积极变化。2013年全区农民人均纯收入跨上新的台阶，达到6931.0元，比1978年增加了6815.1元，增长了58.8倍，平均每年增加194.7元。改革开放35年来，农民收入增长量相当于新中国成立初期至改革开放前29年的176倍。改革开放以来，宁夏农民收入在新的起点上，由于政策、科技、投入、气候等因素的共同作用，进入持续较快增长阶段。纵观改革开放以来宁夏农民收入增长轨迹，农民人均纯收入实现第一个倍增（1978—1982年）用了五年时间，这五年是在较低基数上的倍增；第二个倍增（1982—1988年）用了六年时间，仍然是在较低基数上的倍增；第三个倍增（1988—1994年）也用了六年时间，基数也相对较低；第四个倍增（1994—2001年）用了七年时间，基数不断提高，倍增的难度加大；第五个倍增（2001—2008年）还用了七年时间，基础进一步提高，倍增的难度较大；2008—2013年在较高基数基础上，五年时间完成农民人均纯收入倍增94%的任务。未来几年，实现农民收入倍增目标基数更大，实现的难度也更大。

随着一系列富民惠民政策措施的贯彻落实，2014年宁夏农村居民收入稳步增长。2014年前三季度，农民人均可支配收入5341元，比上年同期增长10.8%，比全国平均水平低1.0个百分点，比上半年增长幅度回落0.2个百分点，扣除价格上涨因素后实际增长9.2%，快于经济增长1.6个百分点，实现了与经济增长同步。2014年国家继续深化农村改革，改革红利使农民从中得到了更多的实惠。土地流转规模不断扩大，农村本地务工人数较快增长，增加了务工收入，同时不断上涨的土地流转费让农民得到稳定的收入。但是自2012年以来农民收入增长连续放缓，继续保持较快增长的难度越来越大。特别是农民收入结构已经发生了转折性变化，工资性收入成为增收主渠道，农民收入增长与宏观经济形势变化的关系更加紧密，受宏观经济紧缩的影响更加明显。而全国以及宁夏均处在经济转型升级的关键阶段，经济增长已从高速转入中高速，预计今后几年经济增速有可能进一步放缓，农民工资性收入持续高速增长势头可能趋缓。

三 西部地区的新农村建设

2005年党中央提出"生产发展、生活宽裕、乡风文明、村容整洁、管理民主"的建设社会主义新农村的具体要求，2007年又提出统筹城乡发展推进社会主义新农村建设的总要求。全国许多省市随后纷纷制定美丽乡村建设行动计划并付之实行，美丽乡村的概念与美丽中国的概念是相对应的。党的十八大提出引领中国未来新发展的"美丽中国"概念，强调生态文明建设，并提出了经济建设、政治建设、文化建设、社会建设、生态文明建设的五位一体总体布局。2013年中央进一步提出和明确了"美丽乡村"建设的奋斗目标，推动农村地区发展，加快美丽乡村建设步伐。

为了贯彻和落实党和国家建设社会主义新农村的重要指示精神，2014年7月，宁夏回族自治区政府印发《宁夏美丽乡村建设实施方案》，加快推进宁夏美丽乡村建设,《方案》中指出,"宁夏按照'四化同步'的建设要求,以环境优美、农民富裕、民风和顺为目标,大力实施规划引领、农房改造、收入倍增、基础配套、环境整治、生态建设、服务提升、文明创建'八大工程',构建布局合理、功能完善、质量提升的美丽乡村发展体系,为建设开放、富裕、和谐、美丽宁夏提供有力支撑"。并明确规划了 2013 年至 2020 年的目标是"整合整治一般村,重点建设中心村,到 2017 年 52% 的乡(镇)和 50% 的规划村庄达到美丽乡村建设标准,到 2020 年全区所有乡(镇)、90% 规划村庄达到美丽乡村建设标准,建成田园美、村庄美、生活美、风尚美的美丽乡村"。

截至 2014 年年底,宁夏全区共开工建设小城镇 34 个,开工建设美丽村庄 103 个,完成投资 33.93 亿元,其中新建或改建道路 232 公里,植树 18 万株,敷设排水管网 200 公里,给水管网 210 公里,建设垃圾中转站和垃圾填埋场各 3 个,安装垃圾箱 862 个,安装路灯 1786 盏,建设公厕 19 座,建设文化广场 8 万多平方米,特色街区改造 36.4 万平方米,建筑节能改造 15 万平方米。

四 城镇化中的失地农民问题

1949 年以来,宁夏的城镇化过程分为徘徊波动(1949—1977)、稳步上升(1978—1999)和快速发展(2000 年至今)三个阶段,宁夏的城镇化过程与中国城市化发展的大趋势基本一致并略显滞后。[1] 2002 年宁夏回族自治区政府做出"实施中心城市带动战略,大力推进城市化进程"的决定,成为宁夏城镇化进程中的转折点。2003 年宁夏回族自治区政府审议通过《宁夏城市化发展纲要(草案)》,为宁夏的城市化做出总体性的规划和指导。2005 年,宁夏回族自治区政府以沿黄城市带作为依托打造"黄河金岸"的决策,进一步推进宁夏的城镇化进程。到 2012 年年底,宁夏三次产业结构由 2002 年的 16.0:45.9:38.1 调整到 2012 年的 8.6:49.8:41.6。沿黄城市带建设初见成效,固原区域中心城市及大县城建设拉开框架,城镇面貌焕然一新,生产、生活、生态环境明显改善,但

---

[1] 马冬梅、咸宝林:《宁夏城市化进程及动力机制研究》,《安徽农业科学》2009 年第 8 期。

是失地农民的问题也成为宁夏城镇化过程中需要面临和解决的重大课题。

宁夏城镇化过程中的失地农民问题有几个方面的特点：一是随着城市化水平的提高，失地农民数量上升。截止到2012年，宁夏城镇化率达50.67%，城镇人口由2000年的180.39万人增加到2012年的327.96万人，新增147.57万人，但新增城镇人口主要是进城农民，随着宁夏城镇化进程的深入，失地的农民越来越多。随着各地城市化率的不断提高，失地农民的数量也在绝对的增加。二是失地农民失业现象增多。虽然近年来，宁夏城市化水平有较好发展，但第一产业的就业人数仍居高不下。目前宁夏的城市化水平虽然有所提高，但城市对于失地农民的吸纳水平还有待提高。2013年宁夏城镇新增就业6.8万人，比上年增加0.9万人，增长1.97%。2013年宁夏城镇登记失业人数为4.7万人，比上年增加0.1万人。城镇登记失业率为4.1%，基本与上年持平。三是农民生活质量有所下降。根据一项对宁夏122户失地农民的问卷调查，有36.89%的失地农民认为征地后收入减少，33.61%认为收入提高了，20.49%认为基本持平，有9.01%认为在征地后无任何收入，仅靠安置补偿费度日；有44%的失地农民对生活现状不满意，38%基本满意，而满意的仅有18%。

五 城镇化中的农民工市民化问题

农民工是我国社会结构转型时期出现的特殊群体，农民、农民工、市民概念与我国特有的户籍管理制度相联系，农民工主要是指户籍在农村，但主要在农村以外的城镇提供劳务获取报酬的劳动人口；"市民"通常是指城市居民，即在城镇居住、拥有城镇户口的居民；农民工市民化是指农民流入城市就业并长期生活，成为城市新市民和逐步融入城市的过程。

解决农民工和农村人口市民化，是城镇化最重要最本质的内容。近年来，宁夏沿黄城市带和大县城建设，大大推动了农民外出就业，加快了城镇化的进程。据农民工监测调查结果测算，2012年宁夏全区农民工总量达到78.9万人，占乡村就业人数的36.1%，农民工总量翻了一番，比2000年增长了1倍，占就业人口的比重提升了16.2个百分点。

城镇化和农民工市民化是一个问题的两个方面。一方面，农村劳动力不断转移才能为城镇工业发展提供不竭的劳动力，并推动城镇规模不断扩大；另一方面，也只有城镇化的快速发展，城镇基础功能增强，工业化进程加快对劳动力需求不断增长,才能为大量进城农民工提供完善的公共服务和比较充分的就业岗位,城镇化的发展与工业化进程紧密相连,带动了农民工市民化。

改革开放以来,宁夏农民工流动与城镇化进程呈现出以下特点。1981年到1990年,是宁夏农民工流动和城镇化的缓慢起步阶段,这一时期农村经济体制改革打破了农村以农为主的单一化就业格局,农民从事非农产业和外出务工的意愿较为强烈。据统计,1990年宁夏在本地从事非农产业和外出务工的农民10.6万人,占乡村从业人员的7.5%。城镇化率为25.7%,比1982年的22.7%上升了3个百分点,增速相对缓慢。1991年到2000年是宁夏农民工流动和城镇化逐步加速的阶段,这一时期,社会对农民进城镇务工有了一定的理解和包容,东南沿海乡镇企业和非公有制经济快速发展,对劳动力需求不断增长,宁夏农村劳动力向外省区转移数量明显增加,在本地从事非农产业和外出打工的劳动力加快增长,促进了县城和一些小城镇的发展,推动了城镇化率提高。2000年宁夏城镇化率提高到32.5%,比1990年上升了6.8个百分点。2000年农民工总量达到39.4万人,占乡村从业的19.9%,比1990年提升了12.4个百分点,农民工总量增长了2.7倍。在本乡地域以外务工人数达到34万人,占就业人数的17.2%。2001年至今是宁夏农民工流动和城镇化快速增长阶段,这一时期我国经济快速发展,国家大力推进西部大开发战略,包括宁夏在内的西部省区基础设施建设力度不断加大,城镇基础设施和房地产开发建设规模空前。同时,由于农资成本大幅上升,农业边际收益明显降低,农民从事农业生产的意愿也随之降低。加之退耕还林还草工程全面实施,宁夏中南部地区释放出了更多的农村富余劳动力,客观上促进了大量农村劳动力外出务工。据农民工监测调查结果测算,2012年宁夏全区农民工总量达到78.9万人,占乡村就业人数的36.1%,农民工总量翻了一番,比2000年增长了1倍,占就业人口的比重提升了16.2个百分点。外出打工是这一时期农民工总量扩张的主要力量。2012年,外出打工人数占就业总人数的41.5%,比2000年的17.2%上升了24.3个百分点,平均每年增加2个百分点。在农民工总量中,外出务工的农民工达59.4万人,占75.3%。

近年来,随着城镇化进程的加深,宁夏农民工市民化过程有了一定的现实基础，表现在以下几个方面：一是农民工就业的稳定性和工资水平明显提高。一方面农民工的务工时间延长，务工更加稳定；另一方面农民工工资标准提高，收入增加。2012年农民工年平均务工时间9.1个月，比2009年的8.9个月增加了0.2个月。2012年农民工平均月收入2424元，比2009年的1459元增加965元，增长66.1%，年均增长18.4%。二是农民工自身特征发生了变化。一方面表现在新生代农民工成为主体力量；另一方面表现在农民工文化程度不断提高，就业能力增强。2012年，农民工队伍中30岁及以下农民工占48.2%，其中26—30岁的占11.1%，25岁以下的占37.1%，31—40岁、41—50岁农民工分别占23.1%和20.1%。调查结果显示：小学及以下文化程度的农民工所占比重由2009年的33%下降到2012年的24%，下降9个百分点；初中文化程度的农民工所占比重由2009年的50%上升到55%，上升5个百分点；高中及以上学历的农民工比重由17%上升到21%，上升了4个百分点。三是农民工就业的地域、行业和职业相对集中。首先，农民工首选就近就业，向"区内"转移明显。2012年，"区内"从业农民工占84.7%，"区外"从业比例占15.3%。从"区内"从业农民工的分布看，在本乡内从业的占24.6%，在县内乡外从业的占28.5%，在省内县外的占31.6%；从"区外"农民工分布看，大部分集中在宁夏以外的西部地区，占农民工的11.4%，且绝大多数集中在宁夏周边地区的内蒙古、陕西和新疆，分别占"区外"农民工的34.3%、14.3%和13.3%。其次，农民工就业主要集中在建筑业、制造业和批零餐饮服务业。2012年从事建筑业的农民工比重最高，占农民工的30.6%，从事制造业的农民工占15.6%，从事交通运输业的占8.3%，从事批发零售、居民服务业、住宿餐饮业的农民工分别为13.8%、9.3%和8.3%.

六　其他地区的农村民生概况

2014年，中央和内蒙古自治区政府共投资8.2亿元解决内蒙古农村人口饮水问题，推动了9项重大水利项目，采取一系列措施保障农村人口饮用水安全问题。新牧区建设作为内蒙古自治区新农村建设的一部分，2006年以来，全区在保证牲畜数量的基础上，牧场生态环境得到极大改善，牧民人均纯收入大幅增长。2014年起，内蒙古实施"十个全覆盖"

工程，所谓十个全覆盖就是十个工程，包括农村牧区危房改造、安全饮水、嘎查村街巷硬化、村村通电、村村通广播电视通讯、校舍建设及安全改造、嘎查村标准化卫生室、嘎查村文化活动室、便民连锁超市、农村牧区常住人口养老医疗低保等社会保障。这是内蒙古政府将扶贫开发、县域经济、移民搬迁、美丽乡村建设等工作结合起来，发挥整体优势，形成工作合力，共同推进农村牧区小康社会建设的重点项目。

新疆维吾尔自治区，截止到2015年年初，中央和地方累计投入近14亿元资金，用于实施农村沼气建设项目和巩固退耕还林农村能源建设项目。新疆电信、新疆移动和新疆联通共同投资3.3亿元，在全疆范围内新增通电话自然村558个、通宽带行政村324个。到年底，全疆通宽带行政村比例将达到99%以上。2015年新疆贴近民生十件实事则包含农村公路建设、路网建设、客运通达等，其中，农村公路"畅通富民"工程和村级基础设施建设工程项目共投资27亿元，续建和新、改建公路里程4300公里。同年，中央为新疆追加2.4亿元资金，解决17万人的饮水安全问题。"十三五"期间，新疆将农村人口饮用水提质增效问题作为重点。

2014年，广西全年GDP增长8.3%左右，主要农产品稳产增收，城镇居民可支配收入和农民人均纯收入分别增长8.5%和11%。2014广西十项为民办实事工程全面完成，公共财政支出更多地向基层和民生倾斜，1—11月民生支出占比提高到76.2%，教育、扶贫、保障性住房建设、农村环境综合整治、城乡居民增收等方面亮点频现。同时，随着广西城镇化率的提高，农民收入增长迅速，虽然人均收入仍低于全国平均水平，但是农民收入的增速却高于全国水平，第二、三产业对于农民收入的带动作用也越来越明显。[①]

第七节　西部地区农村的反贫困事业

贫困问题是一个古老的话题，中国古代典籍中就有记载："夫施与贫

[①] 邹嬿：《广西城镇化发展对农民收入增长的影响分析》，《广西民族大学学报》（哲学社会科学版）2014年第6期。

困者,此世之所谓仁义;哀怜百姓,不忍诛罚者,此世之所谓惠爱也。"①"今百姓贫困,冗官至多,授任既轻,政事不举。"② 贫困也是一个世界性的社会问题,是全球所有国家和国际组织都要面临的挑战,消除贫困,促进发展,是全世界所有国家共同奋斗的目标。据世界银行公布的最新数据显示,如今全球有约 12 亿人日生活费不足 1.25 美元,即生活在极端贫困线以下。③

一 贫困的相关理论

最早给出贫困(Poverty)概念的英国经济学家朗特里(Rowntree)认为,贫困是收入水平不足以获得维持身体正常功能所需的最低生活必需品的状况。而阿玛蒂亚·森则认为贫困是获取和享有生活的能力的贫困。国家农调队则将贫困定义为个人或家庭不能依靠劳动和合法收入维持基本的生存需求。贫困的定义有很多,不同的学者对贫困的认识各有不同。大致来看,现有定义基本从三个角度来解释贫困,即资源的缺乏、机会的缺失和能力的不足。

对于贫困类型的划分,典型的有三种。第一种,根据贫困的内涵将贫困划分为狭义的贫困和广义的贫困,其中狭义的贫困是指物质生活的贫困,就是生活不能满足最基本的生存需要;广义的贫困不仅包括物质贫困还包括文化教育、医疗卫生、生活环境等方面的缺乏。第二种对于贫困类型的划分方式,则是根据贫困的不同程度将其划分为绝对贫困和相对贫困。绝对贫困又被称作生存贫困,就是缺乏维持最低生存需求的生活必需品;相对贫困就是不同的社会成员和不同地区之间,因为收入差距导致的,低收入的个人、家庭、地区相对于全社会而言处于贫困状态。第三种对于贫困类型的划分是根据贫困的成因,将贫困划分为制度性贫困、区域性贫困和阶层性贫困。制度性贫困是由于社会经济、政治、文化等制度决定的不平等分配造成的某些社区、区域、社会群体、个人处于贫困状态;区域性贫困是由于不同地区自然条件和社会发展水平差异所出现的贫困现象;阶层

---

① 韩非子:《奸劫弑臣》,《诸子集成》(第 5 册),中华书局 1986 年版。
② 范仲淹、李勇先校:《答手诏条陈十事》,《范文正公政府奏议》(卷上)。
③ 世界银行网站,http://www.worldbank.org/en/topic/measuring poverty/overviewJHJ1。

性贫困则是指某些个人、家庭或社会群体由于身体素质比较差、文化程度比较低、家庭劳动力少、缺乏生产资料和社会关系等原因而导致的贫困。

有关贫困的理论最具代表性的主要有：人力资本理论、社会资本理论、能力贫困理论、社会质量理论、空间贫困理论、资本与经济发展关系理论和循环积累因果关系理论。人力资本理论的代表人物是美国经济学家舒尔茨，他认为人的能力和素质是决定贫富的关键，加大对于知识、技术能力、健康等人力资本的投资是解决贫困问题的途径。社会资本理论的代表人物是布迪厄，这个理论认为社会资本是个人在社会关系中利用自己的位置获取社会资源的能力。能力贫困理论的主要人物是阿玛蒂亚·森，这个理论认为解决贫困的关键字碍于个体能力的发展。社会质量理论将社会经济保障作为高质量社会的标准，注重社会制度的公正性。空间贫困理论则强调贫困与地理之间的关系，认为区位劣势、生态劣势、经济劣势和政治劣势是造成贫困的主要因素。资本与经济发展关系理论包括纳克斯的"贫困恶性循环理论"、纳尔逊的"低水平均衡陷阱"理论和莱宾斯坦的"临界最小努力"理论，其中纳克斯的"贫困恶性循环"理论认为贫困的发展中国家的经济中存在一个相互联系、相互作用的"恶性循环圈"，资本不足导致需求和供给方面的恶性循环；纳尔逊的"低水平均衡陷阱"理论认为人均资本与人均收入增长、人口增长与人均收入增长，产出的增长与人均收入增长之间存在密切关系，在一个最低人均收入水平增长到与人口增长率相等的人均收入水平之间存在一个"低水平均衡陷阱"；莱宾斯坦的"临界最小努力"理论认为通过高资本投资率式发展中国家的国民收入增长速度超过人口增长速度，从而提高人均收入水平，摆脱贫困的恶性循环，这个投资率的水平值就是"临界最小努力"。循环积累因果关系理论认为在一个动态社会过程中，社会经济各因素之间存在着循环累积的因果关系，可以通过权力关系、土地关系以及教育等方面的变革来实现收入平等，增加穷人的消费。[①]

二 我国农村反贫困事业发展历程

中国的扶贫事业经历了四个阶段：第一阶段是从1949年到1977年，

[①] 张耀武：《宁夏扶贫实践与创新研究》，宁夏人民出版社2013年版，第7—12页。

这一阶段国家主要通过救济式的措施帮助困难群众解决生产生活问题，但是广大农村的贫困现象却没有从根本上得到解决；第二阶段是从1978年到1985年，十一届三中全会开启了中国体制改革的大门，土地经营制度的变革为解决农村的贫困问题提供了出路；第三阶段是1986年到1993年，这一时期中国农村发展不平衡的问题凸显，政府成立专门的扶贫机构，出台相关扶贫政策，中国开始大规模的进行开发式扶贫；第四阶段就是从1994年至今，这一阶段中国扶贫成效凸显，贫困人口减少，但同时贫困人口的分布地域特征明显，中国扶贫事业进入到攻坚阶段。

三　宁夏农村反贫困事业发展概况

学者认为造成我国西部地区贫困的原因主要有三种：一是西部地区的资源贫乏且资源开发不足，二是西部地区的人民思想观念相对落后、人口素质较低，三是西部地区的自然生态和人文生态的失调。宁夏由于历史根源、自然条件和经济基础等各方面的原因造成南部和北部区域经济发展极不平衡。宁夏北部由于靠近黄河灌溉区，农业繁荣，全区30%的耕地和44%的农村人口，生产了78%的农产品，创造了67%的农业增加值。相比之下，宁夏南部自然环境则相当恶劣，水资源缺乏、干旱频发、水土流失现象严重，这些导致了南部山区农业生产力低下，经济发展缓慢，成为中国西部最贫困的地区之一。

宁夏南部山区的西吉、海原、原州、隆德、泾源、彭阳、盐池、同心和红寺堡9个县、区，是十分贫困的"三西"地区（"三西"地区指甘肃河西地区的19个县、市、区，定西地区的20个县、区和宁夏西海固地区的8个县，一共47个县、市、区。之后又增加了甘肃省的10个县，从而将"三西"地区扩大到57个县、市、区）。改革开放之前，党和政府主要是通过救济和救灾的方式应对宁夏农村的贫困问题。从1983年开始，国家经过专门研究后开始实施对于"三西"地区的开发建设项目规划，决定每年拨出专项资金2亿元，用10年到20年时间解决这一地区的贫困问题。从1984年开始，国家又通过以工代赈的方式，帮助贫困地区建设道路和水利工程，宁夏分配到价值近5000万元的粮棉资料，开始为期三年的以工代赈扶贫工程。1986年，国家第一次确定了重点扶持贫困县标准，宁夏西海固8个县列入国家重点扶持贫困县。从1987年到1991年，国家又先后投入总计1700万元，通过中低档工业品以工代赈的方式帮助宁夏贫困地区的道路和水利工程建设，并将此项目长期实施。1994年国家颁布《国家八七扶贫攻坚计划》，将宁夏西海固地区纳入国家重点扶持贫困县范围。1996年国家组织沿海发达省、市对口帮扶西部贫困地区，其中福建省对口帮扶宁夏回族自治区。2001年中央印发《中国农村扶贫开发纲要》，随即宁夏回族自治区政府制定《宁夏农村扶贫开发规划（2001—2010年)》和《宁夏千村扶贫开发工程实施意见》，并开始实施对宁夏南部山区、红寺堡、中卫和灵武市共一千多个村的"千村扶贫开发工程"。2011年中央扶贫工作会议出台了第二个《中国农村扶贫开发纲要（2011—2020年)》，对新时期的扶贫工作做出了规划并提高了扶贫标准。宁夏回族自治区政府随即提出实施中南部地区百万贫困人口扶贫攻坚战略，着力解决宁夏南部连片贫困地区百万贫困人口的贫困问题，促进宁夏小康社会的构建。2012年，宁夏扶贫办发布《关于实施百万贫困人口攻坚战略的意见》，提出到2015年使贫困地区农民人均纯收入翻一番，到2020年农民人均纯收入年均增长13%的目标，重点放在35万生态移民与65万贫困人口就地脱贫致富之上。

从20世纪80年代初以来，宁夏先后实施了一系列的扶贫移民工程，成功地探索出了一条异地扶贫开发之路。宁夏的扶贫移民工程经历了五个发展阶段：第一阶段是从1983年到2000年的吊庄移民，到2000年共建设吊庄移民基地25处，移民19.8万人，就地旱改水8.4万人；第二阶段是从1998年至今的扶贫扬黄灌溉工程，该工程具有两大特点，一是集中连片，二是农业综合一体化，为扶贫移民工作提供了借鉴；第三阶段是从2001年到2007年的异地扶贫搬迁试点，一共搬迁贫困人口12.6万人，开发25.2万亩土地；第四阶段是从2008年到2012年的中部干旱带县内生态移民，采取整村搬迁、集中安置、属地管理的方式大规模解决中部干旱带的贫困问题；第五阶段是从2011年到2015年实施的"十二五"中南部地区生态移民，投资105.8亿解决中南部地区9个县区34.6万困难人口的贫困问题。

兴办乡镇企业和地方企业是解决宁夏地区贫困的有效途径。1994年国家颁布实施的《国家八七扶贫攻坚计划》和宁夏回族自治区颁布实施的《宁夏"双百"扶贫攻坚计划（1994—2000年)》中，都将发展支柱产业，建设乡镇企业作为扶贫开发的重要措施。宁夏南部山区依托当地特色资源发展出盐化工业、能源工业、建材业和农副产品加工业等特色农业，有力带动了当地经济发展。同时宁夏又利用慈善资源积极打造"黄河善谷"，利用慈善产业解决民族地区的贫困问题。

为了保障精准扶贫，2016年3月24日，宁夏回族自治区第十一届人民代表大会常务委员会第二十三次会议全票通过了《宁夏回族自治区农村扶贫开发条例》，这意味着宁夏回族自治区今后推进农村扶贫开发工作将有法律作保证。按照宁夏回族自治区党委、政府要求，宁夏要在2018年实现现行标准下的58.12万农村贫困人口全部脱贫、800个贫困村全部销号、9个贫困县全部摘帽。

宁夏回族自治区这次出台的《宁夏回族自治区农村扶贫开发条例》，不仅从法律上明确了各级组织和领导的责任，明确了扶贫开发工作在经济社会发展中的重要地位，明确了社会扶贫的共同责任，还从法律上明确了扶贫对象的确定程序与方法，保证扶真贫、真扶贫，使扶贫开发工作的目标更精准、力量更集中、效果更显著。条例规定了贫困户、贫困村的确认程序，并特别规定了复核的程序和要求，最大限度地维护群众权益，提高扶贫的精准度。《条例》要求"农村扶贫开发机构应当按照国家和宁夏回族自治区确定的扶贫、脱贫标准，建立精准扶贫台账，对建档立卡的贫困村、贫困户定期进行核查，实行动态管理"。《条例》将扶贫开发规划、计划单列一章，突出规划引领作用，避免扶贫开发项目安排中的随意性，实现扶贫资源的有效整合，保证扶贫开发按规划、计划顺利进行。同时也规定，要建立权力、责任、任务、资金"四到县"工作机制，把主动权、决策权交给县（市、区），又规定"将农村扶贫开发工作纳入绩效考核评价体系，将扶贫开发目标完成情况作为对同级相关部门和下级人民政府考核评价的内容""对国家和宁夏回族自治区批准列入脱贫计划的，在规定时限内，未实现脱贫的贫困县、贫困村，按照规定对主要负责人进行行政问责"。

四 其他地区农村扶贫概况

作为脱贫攻坚主战场的民族地区，各级政府近年来也相继出台政策举措，以确保到2020年全面实现脱贫目标。

内蒙古自治区加快农村牧区公益事业建设,自治区党委确定了"十个全覆盖"工程,在"十三五"期间内让全区所有农村牧区道路交通、村容村貌、卫生室、超市等十个方面进行全面改造升级。内蒙古扶贫攻坚以"十个全覆盖"工程为契机,以规划到村到户、项目到村到户、干部到村到户"三到村三到户"为抓手,实现精准扶贫,力争年内解决 40 万贫困人口的脱贫问题,贫困人口人均纯收入增长 15% 以上。对贫困村、贫困户建档立卡。2014 年自治区本级财政安排了专项经费,举办扶贫开发建档立卡培训班。全区确定了 2834 个贫困村,占全区行政村的 25%,确定了国家和自治区扶贫标准下的贫困人口规模并分解到村,其中国家标准下贫困人口 125 万,自治区标准下贫困人口 157 万,全面展开贫困人口识别工作。同时,下放扶贫项目审批权,在扶贫体制机制上进行探索创新,切实做好扶贫资金审批权下放工作。[①] 2016 年 2 月 23 日,内蒙古自治区扶贫攻坚新闻发布会上又传出消息,"十三五"期间内蒙古将调动 1000 亿资金,以帮助最后 80 万贫困人口脱贫,31 个国家重点贫困旗县全部摘帽。

在过去的 5 年间,内蒙古已有 178 万人率先摘掉了"穷帽子"。在这期间,有的人拿到了无抵押、无担保的贴息贷款来发展产业;有的人搬离了偏僻老旧的危房住进了城镇、拿上了月薪。尤其是自 2014 年实施"十个全覆盖"。这个被视为最大的扶贫工程以来,贫困农牧民住房难、行路难、看病难、喝水难等问题被渐次解决,这为当地经济发展积蓄了力量。2016 年,内蒙古将力争完成 21 万人的减贫任务,10 个以上自治区贫困旗县摘帽。为此,内蒙古将重点推进包括"十个全覆盖"在内的七项"惠民工程"的实施,把"十个全覆盖"作为最大的扶贫工程来抓,完成剩余 413 个贫困嘎查村"十个全覆盖"工程,扶贫资金和项目重点支持建档立卡贫困户危房改造、人畜饮水等到户项目;同时深入推进规划、项目、干部"三到村三到户"等工作,做到真帮实扶。

广西壮族自治区集"老、少、边、山、穷、苦"于一身,是扶贫工作重点省区。经"八七"扶贫攻坚及新阶段十年扶贫开发,广西农村由普遍性的全面贫穷转变到特殊的局部贫穷,贫困区域面积由原来占农村总

---

① 内蒙古财政厅:《努力改善民生构建和谐内蒙古》,《中国财政》2014 年第 20 期。

面积 85% 下降到 12.5%。新阶段头两年的扶贫开发，广西把贫困村基础设施和生态环境建设当作首要工作任务来抓，先后投入财政扶贫资金 2696.96 万元，在贫困村兴建屯级硬化路 33 条 127 公里，屯级砂石路 164 条 592.45 公里，缓解了 214643 人行路难问题；投入财政扶贫资金 1577.24 万元，兴建水池 98 座，家庭水柜 336 个，打井 68 口，引水 34 处，提水 41 处，新建饮水工程 145 处，缓解了 24570 户 131894 人饮水困难问题；投入财政扶贫资金 188 万元，新建沼气池 3540 座，17938 贫困人口受益。基本实现了村村通广播电视、电讯、学校、卫生室、文化馆、娱乐室、体育场所等。2010 年以来，广西共投入财政扶贫资金 284 万元，在贫困村发展甘蔗园产业，帮助贫困村民解决生产和扶持农户发展甘蔗生产过程中产生的各种困难问题。①

2016 年，广西制订了"脱贫攻坚作战图"，列出具体清单，决定采取超常的力度、超常的措施、超常的路径以确保 2020 年 453 万农村贫困人口全部脱贫，54 个扶贫开发工作重点县、5000 个贫困村全部"摘帽"。据介绍，广西计划实施"八个一批"（通过扶持生产、转移就业、移民搬迁、生态补偿、教育扶智、医疗救助、低保兜底、边贸扶助各脱贫一批），推进特色产业富民、扶贫移民搬迁、农村电商扶贫、基础设施建设、科技文化扶贫、金融扶贫等脱贫攻坚"十大行动"。

"十三五"时期，国家将安排专项贴息贷款 6000 亿元，对 1000 万建档立卡的贫困人口开展扶贫移民搬迁，其中广西获得 600 亿元。广西计划到 2020 年完成扶贫移民搬迁 100 万人，并实现搬得出、稳得住、可发展、能致富。同时，扶持 550 个贫困村发展旅游业，实现 20 万人脱贫，力争全区通过旅游产业融合发展带动 80 万人脱贫。广西还将充分发挥临边的优势，深入推进兴边富民行动，鼓励支持边境地区贫困群众通过合法的贸易活动实现增收致富。

贵州是全国农村贫困人口最多的省份，目前乡村旅游已成为贵州精准扶贫的有效途径之一。据初步统计，目前，贵州开展乡村旅游的村寨已超过 1600 个，年乡村旅游收入超过 550 亿元，带动社会就业 230 万人。按照规划，到 2017 年，贵州省将建成乡村旅游转型升级示范村寨 100 个以

---

① 广西扶贫信息网，http://www.gxfpw.com/html/c201/2014—02/141719.htm。

上、重点村寨 1000 个左右，扶持一批示范和重点经营户，实现农民旅游收入占农民人均纯收入的 20% 以上。贵州日前制订旅游扶贫路线图，将通过设立专项资金、优化信息服务、打造全民参与产业链等方式，推动乡村旅游业发展，在今后五年内带动 100 万以上贫困人口脱贫。据介绍，从 2016 年起，贵州省旅游局每年将安排 5000 万元专项资金，用于重点支持乡村旅游扶贫项目建设和基础设施的改造提升，并探索建立乡村旅游投融资平台、担保贷款平台，为贫困户提供贷款贴息支持。

西藏现有贫困人口 77.7 万人，针对贫困类型和发展需求，西藏将重点实施"五个一批"的帮扶措施，即生产扶持一批、搬迁一批、低保政策兜底一批、智育技能就业一批、健康扶贫救助一批。扶贫部门将日喀则、昌都、那曲等三个贫困人口占全区贫困总人口 74.39% 的地区，作为扶贫工作重点，计划通过项目、产业、安居、搬迁、就业、技能、援藏及驻村扶持等手段，从根本上解决贫困人口的脱贫问题。

为实现 2018 年率先全面建成小康社会的目标，新疆生产建设兵团将以加强南疆师团和边境师团整体脱贫为重点，以激发贫困人口脱贫内生动力为路径，发挥兵团集约化、规模化和先进农业生产力优势，通过产业发展脱贫 3.61 万人、易地搬迁脱贫 0.3 万人、生态补偿脱贫 0.4 万人、教育脱贫 1.3 万人、社保兜底 2.5 万人。[1]

---

[1] 《脱贫攻坚 民族地区持续发力》，《中国民族报》，2016 年 2 月 26 日。

第二章　推进和完善西部地区农村社会保障体系建设的愿景目标

西部地区农村社会保障制度建设，是我国社会保障体系的一个重要组成部分。党的十八届五中全会强调，实现"十三五"时期发展目标，破解发展难题，厚植发展优势，必须牢固树立并切实贯彻创新、协调、绿色、开发、共享的发展理念。[①]"五大发展理念"的提出，为探索西部地区农村社会保障与改善民生问题指明了方向，为西部民族地区与全国同步全面建成小康提供了理论指导。

第一节　当前西部地区农村社会保障制度实施中存在的主要问题

社会保障是用明确的制度安排来应对人生不确定的生活风险，只有能够真正实现公平、可持续，发展的社会保障制度才能为民众提供稳定的安全预期。通过第一章的分析，我们可以看出，虽然新时期民族地区社会保障和民生事业的发展取得了一定成就，但是还面临一些较为突出的矛盾和问题。主要表现在以下几个方面：

一　政策缺乏稳定性

我国历史上第一个针对农民的正式的社会保险制度是20世纪90年代开始推行的农村社会养老保险制度，它具有很强的政治意义和现实意义。

[①] 缪关永：《"五大发展理念"助推西双版纳州跨越式发展》，《中国民族报》，2016年3月10日。

最初我国农村社会养老保险是按商业保险的方式进行的，但是商业保险公司后来因为保险成本高、保费难征集而逐渐失去积极性。同时，我国最早推行的农村养老保险试点工作，主要靠个人缴费，无政府补贴的统一规定，无调剂功能，并非真正意义上的社会保险，只能算个人储蓄保险。在最初探索建立农村社会养老保险制度的过程中，政府相关部门也都投入了大量的人力、物力，取得了一定的效果，也积累了一定的经验。但由于农村社会养老保险缺乏必要的法律支撑，因而，此项制度易受各种行政因素的影响。中央对农村养老保险基金的管理没有统一的规定，地方财政部门缺乏基金的管理程序，使基金管理的规范性受到影响。加上我国关于农村养老保险的方针、政策时常变化，比如，1992年1月，国家民政部颁布了《县级农村社会养老保险基本方案（试行）》（民办发〔1992〕2号），即通常大家所说的老农保，随后全国各地区开始了老农保的试点工作。当时有人提出担心会增加农民负担，因此农村养老保险不应由政府部门办理。而在1998年，由于国务院进行机构改革，将农村社会养老保险工作由民政部移交给劳动和社会保障部，但是由于移交工作缓慢，致使许多地方农村养老保险工作出现滑坡甚至是停顿。到了1999年，《国务院批转整顿保险业工作小组〈保险业整顿与改革方案〉的通知》要求对农村社会养老保险进行整顿，停止接受新业务，有条件的可以逐步过渡为商业保险等相关政策。2009年9月1日，国务院颁布了《关于开展新型农村社会养老保险试点的指导意见》，新型农村社会养老保险制度逐步在全国范围开始试点。由于国家政策缺乏稳定性，进而使这项工作的开展大受影响。有些乡镇把推行农村社会养老保险制度当作政绩突破口，这使得农村社会养老保险制度在很大程度上得不到农民的理解和支持。农民本来就对农村社会养老保障不十分了解、心存疑虑，加上政策的不稳定性，使得农民更不愿意参加养老保险，即使参加了的也不敢多投保险。调查显示，农民对社会养老保险有"三怕"——怕政策变、怕不兑现、怕不合算，客观上反映了这种政策不稳定所造成的负面影响。

二 制度运行机制缺乏法制保证

法律制度是农村社会保障实施的基础和可靠保障。可是我国尚未出台社会保障的专门法律，没有针对西部民族地区社会保障制度建设的法律法规及相关政策。因此，虽然我国农村社会保障制度和体系尚在健全过程中，但是因为没有形成配套的法律体系，致使农村社会保障工作无法可依，无章可循。

西部地区农村现行的社会保障制度，主要是以中央和地方政府各部门的政策法规和民政职能部门所制定的实施方案为主，因此立法层次较低，缺乏法律上的权威性。国家只是发布一些原则性的文件，但缺乏实施、管理、监督等方面的必要措施，可操作性不强，造成了一系列不良后果。具体表现如下：一是农村养老组织管理机构、制度不健全，使得农村此项管理工作难以开展；二是养老基金筹集工作得不到有效的保证；三是某些措施不能得到落实，使得实际运作中出现较多漏洞，尤其是管理运作问题突出；四是各地对这一工作认识不一，方法不同，使得管理工作出现较多漏洞，影响了农村养老保障工作的有效进展。

按国际上通行的做法，社会保障基金应遵循征缴、管理、使用三分离的原则，三权分立，互相制衡，从而保障养老保险基金的安全性、流动性和收益性。而我国农村社会养老保险基金是由当地的民政部门（后为劳动和社会保障部）独立管理，集征缴、管理和使用三权于一身，导致对资金的管理和缺乏有效的监控监督，而地方的民政部门又受当地政府的管理，所以，当地民政部门或政府挤占、挪用甚至贪污、挥霍农村社会养老保险基金的情况时有发生，有的将社会保障基金借给企业周转使用，有的用来搞投资，严重影响基金正常运转，致使农村社会保障基金管理缺乏约束，资金使用存在风险。由于社会保险制度的管理是一项技术性很强的工作，既有商业保险的技术要求，又有依法实施的政策要求，因而对管理水平要求很高，对社会养老保险基金的管理要求就更高。但是政府部门缺乏专门的人才，因此无法解决保值增值的问题。投资风险和增值的高要求使社会保障基金变为烫手的钱。

我国虽然通过了社会保险法，但由于缺乏相关的辅助法规，对运作过程中会产生的一系列问题没有明确的说明，因此缺乏一定的可操作性，而且由于民族地区的特殊性，该法对民族地区的适用性和操作性是未知数，同时民族地区的地方立法明显落后于东部地区。而社会保障工作在许多方面只能靠政策和行政手段推行，由于受经济发展水平的制约，政府的政策调控比较乏力，导致社会保障的覆盖面小，提供给居民的保障程度差，发生社会保障方面的争议和纠纷案件时无法及时的进行仲裁或诉讼，致使相关当事人的合法权益得不到保护，这些都会直接或间接的造成民族地区劳动力流动性差，制约民族地区农村劳动力的有效转移和流动，导致经济发展成本增加，在一定程度上也制约了民族地区全面建成小康社会进程的推进。党的十八届三中全会中明确强调重点领域关键环节的制度安排要走向成熟、定型，四中全会也确定了全面推进依法治国的方略，这些都表明过去以行政主导、立法机关没到位、司法机关缺位的社会保障决策、管理、运行、监督机制，急需改变为由立法机关制定和完善的社会保障法律，由行政机关监督社会保障法律的执行，由司法机关对社会保障领域的犯罪行为进行审判，这样才能更有利于社会保障制度的可持续发展。

三 资金统筹难度大，保障水平低

我国在农村社会保障资金筹集方面，一直实行的是"个人缴费为主，集体补助为辅，国家政策扶持"的原则。农村社保基金的主要来源在农村税费改革前，主要来源于县财政和乡村集体投入，而在农村税费改革后，乡镇财政收入剧跌，农村社保基金单靠政府的财政投入已不能满足其需求，造成社保基金的供给不足。同时，由于国家扶持政策难以落实，大多数集体经济无能为力，导致农民参保率低，投保档次低。如宁夏农村一些集体经济几乎处于"空壳状态"，很多村子不仅没有集体经济收入，而且还存在负债现象。银川市59.6%的村有集体经营收益，其他各市都不超过50%，固原市只有15.1%的村有集体经营收益，而且没有收益在5万元以上的村。即便是部分村有少量的集体经济，其经营收入也很微薄。这说明，宁夏村集体经济总体是非常薄弱的，很难在农村社会保障资金筹集中发挥"村集体补助"的作用。[①]

社会保障资金筹措难的状况，直接导致了农村社保覆盖率低。以农村最低生活保障为例，在农村低保省级标准上，根据国家民政部公布的2010年10月份的数据，全国平均标准为87.8元/月，最高的是上海市，为平均每人300元/月。而在少数民族较为集中的省（区）中，只有内蒙

---

① 宁夏党校课题组：《宁夏新型农村社会养老保险制度建设对策研究》，《宁夏党校学报》2009年第11期。

古自治区、贵州省高于全国平均标准，其余均在标准线以下，最低的是宁夏回族自治区为69.30元，只及上海市的23.1%。① 西部地区经济相对落后，农村贫困人口规模较大，而投向农村最低生活保障的资金有限，导致低保支出水平较低。

在城乡居民基本养老保险方面，近年来西部地区城乡居民基本养老保险事业虽然取得了较大的进展。但是，由于资金投入缺口大，地方财政资金不足，难以承担责任。这就造成一部分领导认为我国农民的传统是依靠家庭和土地养老，有条件的农民可以投资商业保险，没有必要投资社会养老保险。有的人认为农民由于有土地，养老是农民个人的事情，应由农民自己计划安排自己的养老问题，政府无须过问。有的认为实行农村社会养老保险是超前行为，进一步加重了农民负担，不予政府层面上的支持。同时，受传统观念的影响，许多农民，尤其是老年农民，还是习惯于家庭养老的模式，把收入主要用于抚养子女、为子女置办家产，自己年老以后由子女承担供养自己的责任、照料自己的日常生活，所以对农村社会养老保险模式在观念上难以适应和认同。另外，城乡居民基本养老保险的效果到底如何，农民并不能马上看到，也不能马上得到实际的好处，所以，很多农村居民对农村社会养老保险都持一种怀疑、观望的态度。从我国老龄化人口的比例来看，2015年2月26日，国家统计局发布2014年国民经济和社会发展统计公报。公报数据显示，2014年年末我国60周岁及以上人口数为21242万人，占总人口比重为15.5%；65周岁及以上人口数为13755万人，占比10.1%，首次突破10%，并且以年均3.2%的速度持续增长。而且全国70%以上的老龄人口大都分布在农村地区，农村老龄化问题较为突出，人口老龄化导致社会劳动人口减少，社会负担加重，这使得我国农村居民的养老保险问题更加突出。

由此可见，建立农村社会保障资金供应机制是农村社会保障体系的重要组成部分，保证农村社会保障体系的正常运转的必要条件是要有充足的社保资金。就目前情况来看，西部地区农村社会保障制度的保障资金是由中央财政、地方财政、集体和个人共同承担，企业、慈善机构和其他社会

---

① 民政部网站：《2010年10月份农村低保省（区）情况》。

团体参与的。但总体上看，三级财政提供给西部民族地区农村社会保障提供的资金不足，难以满足当前西部民族地区农村社会保障发展的实际需要。社会保障资金严重不足所导致的结果，就是西部民族地区农村社会保障覆盖范围小、保障水平低。

四 管理机制不健全

在深入推进农村社会保障体系建设的过程中，虽然西部地区当地的社保机构改革理顺了管理关系，把农村社会保障工作纳入到了劳动和社会保障部门，适应了社会保障发展改革的要求，但还存在管理缺位、条块分割、多头管理、各自为政等现象，特别是乡镇一级缺乏专业化社会保障管理人员，基础设施条件简陋，资金监管审核不严，随意性较大等问题，从而使个别工作人员利用手中的权力，利用制度的漏洞以权谋私，为亲朋好友攫取国家社会保障提供的物质利益。这种现象在低保评定、救济发放、医疗报销、农村义务教育免费午餐经费使用过程中屡见不鲜，极大地造成了社保资金的流失。因此，加强社保基金的监督与管理，实行对社保基金全程动态监督和实时监督十分重要。

五 对西部地区社会保障制度建设的特殊性认识不足

由于西部地区经济发展的多样性、社会发展的差异性和民族文化的多元性，使得西部地区社会保障制度建设有其特殊性。这种特殊性也是政府在制定社会保障制度时的重要参考依据，但现行的保障体制建设和制度尚未充分吸收民族地区的这些特点。

六 救助激励因素重视不够

虽然我国的社会保障制度力求"保基本、全覆盖"，不断扩大制度覆盖人群，在公平问题上做出了许多努力，但由于对救助激励因素不够重视，在效率问题上没有处理好，使得被救助者依赖制度不肯投身到社会生产中去。如目前我国最低生活保障制度实施"差多少，补多少"的"不差"制度，这对劳动能力低保者的再就业产生了消极影响。因此，救助激励因素的被忽视不仅不利于社会保障制度的可持续发展，更不利于西部民族地区社会的进步。

第二节　西部地区农村社会保障制度的路径选择

根据国家全面建成小康社会和我国社会保障体系建设的总体目标与任务，加快推进民族地区社会保障体系建设，进一步完善西部地区社会保障制度，对于当前大力推进以改善民生为重点的社会建设，保障西部民族地区各族人民基本生活、缩小城乡差距以及与东部地区之间的差距、促进西部民族地区经济社会协调发展、促进民族平等、民族团结和民族繁荣，实现社会的公平、和谐与可持续发展，全面建成小康社会将有着重要的意义。

一　指导思想

全面贯彻党的十八大和十八届三中、四中、五中全会精神，以马克思列宁主义、毛泽东思想、邓小平理论、"三个代表"重要思想、科学发展观为指导，深入贯彻习近平总书记系列重要讲话精神。从西部地区实际出发，加快经济方式转变，以全面建成小康社会为奋斗目标，以全面协调可持续发展为主线，紧紧围绕"大力推进以改善民生为重点的社会建设"，加快社会保障体系建设，着力解决西部地区人民群众在社会保障方面存在的突出问题。坚持以人为本，统筹城乡协调发展，坚持公共服务均等化，加快发展面向民生的公益性社会服务，切实维护好、发展好广大人民群众的切身利益，促进社会公平为根本任务，更好地推进经济社会协调发展。努力朝着"城乡就业比较充分，分配格局比较合理，劳动关系和谐稳定，人人享有社会保障，管理服务规范高效"的发展目标推进，为西部地区全面建成小康社会和加快社会主义现代化建设进程，创造和谐、稳定、可持续发展的社会环境。

二　基本原则

构建社会保障制度的原则，理论界已做过相应的归纳和论述，无疑对于社会保障制度的理论和实践具有重要的意义。西部地区农村社会保障制度的构建原则，我们认为，应结合西部地区经济社会发展水平，合理确定保障内容和保障标准，统筹规划西部地区农村社会保障研究的分类指导，分步实施，并注重现代社会保障制度和传统保障方式的结合。

（一）坚持以人为本，把维护民族地区人民群众的社会保障权益放在第一位的原则

坚持以人为本，就是要坚持把解决人民群众最关心、最直接、最现实的利益问题作为社会保障事业发展的出发点和落脚点，真诚倾听人民群众在社会保障方面的呼声，真实反映人民群众在社会保障方面的愿望，真情关心人民群众在社会保障方面的疾苦，真心解决人民群众在社会保障方面的问题。坚持以人为本，就是要针对社会发展和民生领域中的突出问题，大力推进以改善民生为重点的社会建设，就是要切实转变政府职能，真正把政府工作的重点、政策支持的重点、财力保障的重点，向扩大城乡就业、完善社会保障体系、保障广大人民群众基本生活、基本医疗、基本养老方面倾斜。

（二）与西部地区经济发展水平相适应的原则

经济发展水平是社会保障制度的基础，经济发展水平的高低制约着社会保障制度的建立，建立同经济发展水平相适应的社会保障制度又可以促进经济的发展。发展经济是振兴中华民族的第一要务，必须树立科学发展观，坚持以人为本，全面、协调、可持续地发展，促进经济社会和人的全面发展。建立同经济发展水平相适应的西部地区社会保障制度是科学发展观的重要内容。西部地区经济发展水平较低，困难群体较多，一方面应通过社会保障制度的建立，保障其基本生活；另一方面，要正确处理发展与稳定的关系，必须考虑不能超越现有经济条件，合理确定保障内容和保障标准，有利于促进经济发展。与经济发展水平相适应是构建社会保障制度的一项基本原则，我们认为，这主要是指在构建社会保障体系中，要同我国经济的发展整体水平相适应，同时，在保障标准的确立等方面，也要同当地的经济发展水平相适应，但不应该得出在经济相对落后的地区，相应社会保障制度也可以长期缺失的结论。相反。经济发展相对落后、人民生活更加困难的地区或民族，更加需要得到相应的社会保障。

（三）统筹规划与分步实施的原则

推进西部地区农村社会保障制度的建设，应确立发展目标、体系模式、建设重点和实施步骤。从长远来看，应当坚持全国"一盘棋"、城乡一体化的政策导向，同时，我国又是一个农业人口占绝对多数的发展中国

家，经济基础薄弱，地区之间、城乡之间差别巨大，因此不可能"一蹴而就"，立即实现全国统筹的模式。就我国西部地区社会保障制度的体系和内容而言，也不可能同时建立，一步完善，而必须选择最急需、最有经济保证、人民群众要求最迫切的制度为突破口，分步实施，逐步完善。

从制度实施的步骤来看，第一步应先实现有差别的全覆盖。当前，在建立统一的城乡居民基本养老保险制度的同时，让每个城乡居民都能够享受到最基本的社会保障，但允许保障水平在经济发达地区和西部贫困地区之间存在差距。由于西部贫困地区同东部发达地区经济社会的差距客观存在，社会保障制度的改革和完善，应区分不同类型，制定相应的特殊政策；第二步逐步推进各项制度整合，确保各项制度之间的衔接，为实现全国统筹奠定基础；第三步稳步提高保障水平，实现全国统一的社会保障制度战略目标。

（四）社会保障与西部民族传统保障方式相结合的原则

在现有条件下，与市场经济相适应的现代社会保障制度，还无法独立承担起社会保障的全部职能，尤其是在广大农村，传统的保障方式在一定时期内还将起到重要作用。一方面，要加快西部地区现代社会保障制度建设的步伐；另一方面，又要充分发挥传统保障方式的作用，做到二者相互结合，互为补充。只有结合东中西部不同民族地区和不同民族的实际，制定相应的社会保障制度，才能够更好地保证社会保障的健康发展，也才能赢得各族群众的拥护和认同。

（五）保基本与广覆盖的原则

坚持"保基本"，就是要从西部地区的实际出发，坚持社会保障与经济社会发展水平相适应，保障广大人民群众最基本的生活需求、医疗需求、养老需求，合理确定人民群众的最低生活保障、医疗保障、养老保障的基本内容和待遇水平。"广覆盖"，就是要通过不断扩大社会保障的覆盖面，最大限度地将更多的城乡人民群众纳入基本社会保障的范围之内，使最广大的人民群众都能够享有社会保障，享受改革发展的成果，重点解决困难群众、弱势群体最基本、最需要的社会保障问题，最大限度地保障民生，改善民生。就西部地区而言，政府可以承担的社会保障资金有限，单位、群众的缴费能力不足，所以，在一定时期内，西部地区的社会保障标准不可能照搬东部发达地区的标准，特别是在农村社会保障制度建立过程中，由于农村人口基数大、比例高，未来社会保障负担沉重；同时，广大农村经济发展水平低，消费水平也相对较低，因此，在建立西部地区农村社会保障制度的时候，也必须从低水平起步。在制度的设计上，还要考虑能够尽可能地覆盖广大的人群，让不同的群体能够享受到相应的保障。

（六）政府引导与群众自愿相结合的原则

组织实施社会保障是政府的职能。社会救助和社会福利等方面的保障，政府不仅负有组织责任，而且是投入和实施的主体，对社会保险等保障制度，政府应做出相应的制度安排，并给予必要的政策引导和资金补助。在中国广大民族地区，离开政府的组织、引导，社会保障制度是不可能自发建立起来的。西部民族地区社会保障制度惠及的主体是人民群众，由于各民族在经济社会发展、教育文化、宗教信仰、风俗习惯等方面的差异，对社会保障制度的理解和认同是不一致的。因此，政府在建立和完善以确保广大人民群众的基本生活条件为宗旨和目标的农村社会保障制度中，应承担起相应的职责。同时，应充分考虑各种因素，认真区分哪些是该政府承担的责任，哪些方面是应由政府引导的。在引导人民群众时，既要坚持群众自愿，切忌采用简单的行政命令，又要通过深入细致的工作，真正起到组织推动作用。

（七）坚持多层次有弹性的原则

坚持"多层次"，就是在西部地区社保缴费水平上不能搞"一刀切"，社保待遇上不能搞一个标准。社会保障的缴费水平，要从西部地区的经济发展和人民群众收入水平的实际出发，低水平起步，逐步过渡到全国平均水平。享受社保待遇标准，要与西部地区经济发展和各方面的承受能力相适应，使国家、政府的财力能够满足社保支出的需要。坚持"有弹性"，就是在社会保障的筹资标准和享受待遇标准上，不能一劳永逸、一成不变，而应根据经济社会发展的情况，适时调整社会保障的筹资标准和享受待遇标准，不断提高西部地区人民群众的社会保障水平。坚持多层次、有弹性原则，筹资标准和享受待遇标准，可以实行不同层次的多种方案，使西部地区人民群众在缴费标准和享受待遇上有充分的选择权。

（八）坚持权利与义务、责任与待遇相统一的原则

社会保障所需资金数额巨大。现阶段在我国经济还欠发达、西部地区财政能力非常有限的条件下，社保资金全部由地方政府和中央政府负担既

不现实，也不可能。借鉴发达国家的做法，结合我国的实际，社保基金的筹集必须实行个人、单位（集体）、政府共同分担的原则，即参保的城乡居民个人缴纳一部分，所在单位（企业或村集体）承担一部分，地方政府与中央政府再补贴一部分，以体现资金共同负担的原则，最终做到参保人员权利与义务相适应，责任与待遇相统一。

（九）坚持可持续发展，不断加强保障民生、改善民生、发展民生的原则

完善制度的核心是进一步加强各项社会保障制度建设，也是民生事业改革和可持续发展的基本路径。社会保障制度的完善与社会保障体系的建设，需要我们进行长期的、艰苦不懈的努力，更需要通过政府主导，调动单位、个人及社会各方面的积极性，才能构建有利于可持续发展的多层次社会保障体系。坚持社保事业的可持续发展，就必须加大公共财政对社会保障的投入力度，将社会保障作为政府的责任，政府的义务，坚持实施国家资金投入为主，同时吸收社会成员、单位企业各方筹资，鼓励企业、个人募捐，共同形成雄厚的社保基金，建立社会保障事业可持续发展的稳定的财力支撑机制。坚持社会保障事业的可持续发展，就必须保证社保基金的安全运营与保值增值，加强社保基金的监督与管理，防止社保基金被挤占、挪用，实行对社保基金征缴、支付、管理、运营各个环节的全程动态监督和实时监督。

三 制度模式

按照中央关于"加快建立覆盖城乡居民的社会保障体系，要以社会保险、社会救助、社会福利为基础，以基本养老、基本医疗、最低生活保障制度为重点，以慈善事业、商业保险为补充，加快完善社会保障体系"的要求，大力推进以改善民生为重点的社会建设，加快发展面向民生的公益性社会服务，加强保障和改善民生工作，进一步健全和完善与西部地区经济社会发展水平相适应、覆盖城乡居民、制度协调发展、社保投入多元化、管理服务社会化、公共服务均等化的多层次社会保障体系，使城乡居民人人享有社会保障，实现西部地区社会保障事业健康、协调和可持续发展。

在设计西部地区农村社会保障制度模式时，不能脱离我国的国情和国

家的政策导向。无论是从发达国家的经验来看，还是从我国目前的社会经济发展水平来看，社会保障制度的建设都需要一个逐步建立和完善的过程。从目标瞄准机制来看，建立城乡一体化的社会保障体系应"坚持全覆盖、保基本、多层次、可持续方针，以增强公平性、适应流动性、保证可持续性为重点，统筹推进城乡社会保障体系建设，建立更加公平可持续的社会保障制度"[①]。

为此，我们认为，西部地区农村社会保障建设的战略目标，应分近期目标和远期目标。近期民族地区农村社会保障建设，应以制度建设为核心，在逐步完善城乡居民基本养老保险制度、医疗保险制度、最低生活保障制度和特困民族社会保障制度的基础上，结合民族地区经济、社会和文化发展的实际，充分吸收少数民族的传统养老方式、医疗方式和社会救助方式的有益成分，选择有别于城镇保障体系的模式，甚至同发达地区的农村社会保障制度也应有所区别，努力填补民族地区农村社会保障的空白点，建立多元化的社会保障制度体系，逐步推进西部地区农村社会保障制度的建设，为下一阶段民族地区社会保障制度的城乡统筹发展奠定基础。远期目标是建立城乡一体化的保障体系，在这一阶段，我国已经全面建成小康社会，西部地区农村社会保障的发展水平与全国社会保障平均水平的差距基本消失，广大城乡居民老有所养、病有所医，基本生活得到保障，最终实现城乡社会保障制度一体化的愿景。

四 保障措施

（一）建立多元化的社会保障制度体系

关于这一体系结构可用四个层次来表述：第一层次是全国统一的法定基本保障，包括城乡基本养老保险、医疗保险、最低生活保障制度，社会救助等制度。第二层次是除中央统一规定外，民族地区各省（区）级根据经济社会发展水平和财政收支情况统筹制定的各种社会保障项目。第三个层次是以商业性保障为主的附加保障，即商业保险。第四个层次是充分吸收少数民族的传统养老方式、医疗方式和社会救助方式的有益成分，是

---

① 尹蔚民：《贯彻民生工作思路　深化民生领域改革》，《人民日报》2014年3月12日。

中华多民族交融互动、共同发展的历史和现实需要。

除了以上四个层次体系外，在西部地区农村社会保障制度的体系结构中还要充分体现社会保障与家庭保障结合。家庭保障是以自然为基础，以血缘关系和家庭伦理为内核的传统保障方式；而现代社会保障则是以社会化大生产为基础，以社会政策和法律、法规等为依据。从目前我国农村的实际情况来看，家庭仍然是农村居民生活、生产和经营的基本单位，其保障作用不可忽视。

(二) 保障重点

我们认为，在推进西部地区农村社会保障制度建设中，既要从普惠的角度考虑，又必须充分考虑农村居民的承受能力和潜在需求，制度建设的重点应包括：养老保险制度、医疗保险制度、最低生活保障制度和特困民族社会保障制度。

1. 养老保险制度

西部地区农村养老保险制度在整个农村社会保障体系中具有最重要的地位。作为制度建设，能够覆盖到最广大的乡村居民，并对乡村居民的基本生活保障起着基础性作用的理应成为重点。按照自然法则，每个人都将成为老年人，届时将丧失劳动能力，需要给予保障。从发展趋势看，我国老年人口已呈现出人口数量多、增速快、高龄化、失能化、空巢化趋势明显的态势。发达国家是在基本实现现代化的条件下进入老龄社会的，人均国内生产总值一般都在5千美元到1万美元以上，属于先富后老或富老同步，而中国则是在经济尚不发达、尚未实现现代化的情况下提前进入老龄社会的，属于中等偏低收入、未富先老的国家。根据国际货币基金组织（IMF）官方网站于2013年4月发布的各国生产总值预测数据显示，中国人均GDP在世界184个国家和地区中排位第86位，仅达到排名前十位国家平均水平的8.8%。中国应对人口老龄化的经济实力还比较薄弱，给养老、医疗等社会保障带来了巨大的压力。

同全国一样，宁夏老年人口于2009年达到了总人口的10%，标志着宁夏进入了人口老龄化社会。截至2013年年底，宁夏60周岁及以上人口76.67万人，占总人口的11.32%，65周岁及以上人口48.47万人，占总人口的7.41%，宁夏进入老龄化社会的时间晚，且全区5市发展极不平衡（见表2-1）。

表 2 - 1　　　　　宁夏 2005—2013 年 60 岁以上人口变化

年度（年）	2005	2006	2007	2008	2009	2010	2011	2012	2013
合计（万人）	57.77	59.03	62.47	63.58	65.60	70.03	76.16	80.69	76.67
老龄化（%）	9.81	9.83	10.19	10.18	10.35	10.90	11.69	12.24	11.32
银川（万人）	14.52	15.26	16.07	17.15	17.82	19.14	20.34	21.81	22.81
老龄化（%）	10.32	10.55	10.80	11.26	11.46	12.05	12.28	13.04	13.21
石嘴山（万人）	7.49	8.44	8.32	8.69	8.74	9.40	10.98	11.93	11.57
老龄化（%）	10.36	11.55	11.33	11.74	11.73	12.58	12.91	15.69	15.12
吴忠（万人）	10.73	10.71	11.45	12.78	12.88	14.06	14.87	15.74	15.36
老龄化（%）	8.65	8.39	8.75	9.42	9.39	10.15	10.64	11.12	10.68
固原（万人）	14.19	14.41	13.96	13.94	15.06	15.33	17.01	17.74	17.04
老龄化（%）	9.54	9.53	9.08	9.40	10.03	10.05	10.95	11.50	11.05
中卫（万人）	10.83	10.21	12.66	11.02	11.09	12.10	12.96	13.47	13.09
老龄化（%）	10.53	9.80	11.94	9.65	9.51	10.25	10.87	11.23	10.78

数据来源：宁夏回族自治区公安厅编《宁夏回族自治区人口统计资料（2005—2013年）》

从表 2 - 1 看出，2005 年至 2013 年期间，宁夏户籍人口中 60 岁以上人口绝对数在年度间有较大变化，由于受人口出生率和人口迁徙的双重影响，老龄化发展水平也有一定的波动，但总体发展水平呈上升趋势。从全区 5 市老龄化发展水平看，银川、石嘴山两市老龄化发展水平较高，2013 年分别达到 13.21%、15.12%；吴忠、固原、中卫 3 市发展水平较低，2013 年分别为 10.68%、11.05%、10.78%。

由此可见，老龄化社会不仅对社会保障制度的构建提出了严峻的挑战，也同样给西部地区养老保险制度的调整和完善带来更多的思考。因此，养老保障制度的创新是农村社会保障制度建设的重中之重，西部地区概莫能外。

2. 医疗保险制度

疾病是每个人面临的潜在和现实风险，而且一旦发生疾病，特别是严重疾病，将给患者及其家庭带来沉重的经济负担，"因病致贫，因病返贫"已成为农村地区，特别是西部农村地区最主要的贫困原因之一。

解决西部地区农村居民疾病风险行之有效的办法，就是进一步完善目前正在实施的城乡居民基本医疗保险制度和农村医疗救助制度，逐步缩小与制度目标的差距，提高西部地区农村居民对医疗保险制度和医疗救助制度的满意度。同时还要切实履行公共财政职能，既对医疗需求方提供补助，增加西部地区农村居民看病就医的钱，又帮助医疗供应方改善设施条件和服务能力；不仅要使群众看得起病，还要改善西部地区农村居民就医条件，提供低廉、优质的医疗服务，为满足群众的基本医疗需求创造条件。在完善西部地区农村居民医疗保险制度的同时，应以满足农村居民健康需求为导向，优化卫生资源结构，加强农村公共卫生服务和医疗服务体系建设，改善乡镇卫生院和村卫生室的设施条件，提高农村医务人员的总体素质和服务水平，保障每个农村居民都能够从医疗保险政策中得到实惠，从根本上解决西部地区农村居民"看病难、看病贵"的问题。

3. 最低生活保障制度

我国从20世纪90年代开始探索建立农村最低生活保障制度。民政部于1996年下发《关于加快农村社会保障体系建设的意见》提出"农村最低生活保障制度是对家庭人均收入低于当地农村居民最低生活保障标准的农村贫困人口按照最低生活保障标准实行差额补助的一种制度，开展农村社会保障体系建设的地方，应把建立最低生活保障制度作为重点，并确定在山东烟台、河北平泉、四川彭州和甘肃永昌等地进行试点"。在试点的基础上，国务院于2007年正式颁布《关于在全国建立农村最低生活保障制度的通知》，《通知》要求在全国范围内建立农村最低生活保障制度，并把因病残、年老体弱、丧失劳动能力、生存条件恶劣等原因造成生活常年困难的农村居民作为保障重点。至此，我国农村最低生活保障制度正式建立并进入全面发展阶段。[1]

进入新的历史节点上，为了进一步推进城乡居民最低生活保障的健康发展，2012年国务院下发《关于进一步加强和改进最低生活保障工作的意见》提出，从七个方面着手加强和改进最低生活保障工作，即完善最低生活保障对象认定条件、规范最低生活保障审核审批程序、建立救助申请家庭经济状况核对机制、加强最低生活保障对象动态管理、健全最低生

---

[1] 黄瑞芹：《民族地区农村社会保障难点问题研究》，人民出版社2015年版，第166—167页。

活保障工作监管机制、建立健全投诉举报核查制度、加强最低生活保障与其他社会救助制度的有效衔接。①《意见》标志着我国农村最低生活保障制度建设进入了科学化、规范化的新阶段。西部地区各省（区）也根据实际情况出台了相关实施细则，但就实施情况来看，还存在着城乡之间"低保"标准差距大，"低保"范围的界定识别难以确定，"低保"资金筹措困难，"低保"制度法规机制尚未形成等问题。因此，推进西部地区农村最低生活保障制度的核心，就是要构建更加科学、完善、合理的保障机制，这也是当前西部地区农村最低生活保障制度实施中急需解决的重点和难点问题。

（1）制定低保标准量化调整办法，继续提高西部地区农村居民低保保障水平。从长远来看，确定西部地区农村最低生活保障线的标准，应从农村经济发展水平，地方财政和村集体的承受能力，物价上涨指数等方面考虑。同时，以精准救助推动政策性脱贫，按照低保线与扶贫线保持一致的要求，制定低保标准量化调整办法，建立低保标准与居民消费支出挂钩，继续提高西部地区农村居民低保保障标准和"五保户"供养省（区）级标准，尤其是提高低保一、二级补助水平，实现"政策性脱贫"。

（2）开展以农村社区为单位的"低保"对象识别技术。目前，西部地区农村最低生活保障制度实施中还存在不规范、不统一的现象。就制度建设而言，西部地区农村最低生活保障制度应从小范围和低标准起步，初期，保障范围应界定在农村绝对贫困人群，保障水平应大致相当于国家规定的贫困线标准，要能保障农村绝对贫困人口的最低生活，根据经济的发展逐步提高标准，将所有贫困人口纳入"低保"范围。在管理上，建立以农村社区为单位的"低保"对象识别技术，测定贫困人口的基本生活需求，及时按标准核实并增减享受人员。

（3）在资金筹集上，应进一步明确各级政府的主导作用。当前，制约西部地区农村最低生活保障制度实施效果的最大问题是资金短缺问题，因此，在资金筹集模式选择上，中央应设立专项转移支付资金，在分配上，向西部民族地区倾斜；实施以政府主导、集体为辅、社会互助的多元

---

① 国务院办公厅：《关于进一步加强和改进最低生活保障工作的意见》，《人民日报》，2012年9月26日。

化筹资模式。具体而言，资金筹集应以政府投入为主，倡导社会各界给予捐赠支持，并集中部分福利彩票资金、残疾人保障金用于农村居民"低保"，同时，进行结构调整，对财政资金存量进行必要的梳理与整合，一方面，将原部分救助救济资金、救灾资金中的款项调整用于"低保"；另一方面，调整支农、扶贫和民族机动金等资金的使用方向和补贴项目，集中部分资金用于保障西部地区农村贫困居民的基本生活。

(4) 构建西部地区农村最低生活保障制度的法律法规体系。由于农村社会保障制度实施中法律法规及配套制度建设的滞后性，导致保障基金出现被占用、挪用、贪污的现象时有发生，直接影响到农村最低生活保障制度的整体效应。为了从根源上解决这一问题，加快制定西部地区农村最低生活保障制度的法律法规体系，才能从根本实现"低保"法制化、规范化和科学化管理。

4. 构建特困民族社会保障制度

虽然党和国家"富民兴边"行动计划和扶持人口较少民族发展规划对促进特困民族的发展，起到了关键作用。但是，现行的农村社会保障制度主要针对农村居民，还没有针对边疆地区、"直过区"和人口较少民族的特殊保障制度安排。例如，新型农村合作医疗制度，政府对参保农民的补助水平一致，参保农民的缴费标准相同，再加上自愿参保的模式设计，必然带来收入水平较低特困民族参保的困难。因此，在完善农村社会保障制度中，除建立普遍覆盖农村地区的相关制度以外，还应针对西部地区少数民族中的特困群体，应从特殊的角度进行考虑。

(三) 资金筹措方式

资金问题一直是困扰西部地区农村社会保障制度实施过程中的一大难点。如何解决这一问题。我们认为：

1. 建立可持续的公共财政对西部地区农村社会保障的补贴机制

为保障资金来源的稳定性，确保制度可持续运行，国家要进一步加大对西部地区农村社会保障财政转移支付的力度，各有关省（区）根据经济发展和财政收入的不断增长，逐步提高农村社会保障财政投入的数额，扩大财政性社会保障支出占财政总支出的比重。

2. 合理确定西部地区农村居民个人负担水平

在制定和实施西部地区农村社会保障制度过程中，要充分考虑西部地区农村居民缴费能力，在个人缴费机制上设计激励和利益制衡，调动参保农民的缴费积极性，由此提高社会保障资金的使用效率与效果，以实现西部地区农村居民缴费意愿的可持续。

3. 充分发挥社会救助和慈善事业在西部地区农村社会保障中的积极作用

农村特困居民多、财政资金少是现阶段西部地区面临的一个突出矛盾。社会救助和慈善作为社会资源不可或缺的一部分，同时也是社会财富重新分配的重要杠杆和推动社会创新的积极力量。因此，充分发挥社会救助和慈善事业在西部地区农村社会保障中的作用，可以极大地增强西部地区各族人民群众的向心力、凝聚力和幸福指数。

（四）注重推进西部地区农村社会保障制度的法制化、规范化建设

西部地区农村社会保障制度建设是一项政策性很强的系统工程，需要各种制度与之配套。各有关省（区）应根据国家社会保障的法律与规章，制定相关的条例或实施细则，以规范政府、集体、个人的责任和义务，明确保障对象、保障标准、审核程序、资金筹措方式等相关内容，逐步形成一套法制化、规范化的保障制度，从而推进西部地区农村社会保障制度建设的长期性、连续性和科学性。

第三节　需要正确处理的几个关系

西部地区社会保障制度的建设问题，应该制定科学合理的发展规划。由于西部地区的特殊性，在构建和完善西部地区社会保障制度时，还必须正确处理好以下关系：

一　西部地区社会保障制度建设与全面建成小康社会的关系

全面建成小康社会显然是包括建设西部地区小康在内的小康社会，构建社会主义和谐社会，必须有包括西部地区在内的全社会的和谐。没有西部民族地区的小康，就不会有全国人民的小康；没有西部民族地区的和谐，就没有全社会的和谐。正如习近平同志2015年1月20日，在云南昆明亲切会见怒江州贡山独龙族怒族自治县干部群众代表时再次强调的那样，全面实现小康，一个民族都不能少。显然，要实现西部地区的小康，

构建和完善包括西部地区农村社会保障制度在内的社会保障体系，是全面实现小康社会和构建社会主义和谐社会的基础和重要目标。即使是全面建成小康社会目标总体实现了，其内在的发展水平的差异也会依然存在。社会保障制度的建立也应该同小康社会建设与和谐社会的构建过程相适应，既要站在政治和历史的高度加快社保制度建设的步伐，又要看到西部地区社会保障制度的建设也是在发展的历史进程中不断建立和完善。

二　社会保障制度建设与其他发展和改革措施的关系

社会保障制度的建设涉及的范围十分广泛，同经济和各项社会事业的发展密切相关，同其他很多方面的改革相互联系，相互制约，相互促进。西部地区社会保障制度的建设既可以促进西部地区经济的发展，也可以推动其他改革的深化。例如，建立完善的西部地区农村社会保障制度将为西部地区"三农"问题的解决寻找到新的突破口，有利于农村的稳定、农业的发展和农民的增收，还可以促进西部地区市场经济体制的建立，以及加快城市化建设的步伐等。同时，经济是社会保障的基础，西部地区社会保障制度的建立，有赖于国民经济的发展和西部民族地区的振兴，以及各民族群众收入的增加，只有这样，国家才能集中更多的资金用于民族地区社会保障制度的建设，群众也才有财力用于自身的社会保障。西部地区社会保障制度的建立还有待于农村其他各项改革如户籍制度的改革、卫生事业的改革、用工制度的改革以及劳动力市场的不断健全和完善等各项改革的整体推进。因此，西部地区农村社会保障制度建设，还要同其他改革措施的推进相衔接。

三　城镇与农村社会保障制度的关系

无论是从国际经验来看，还是从我国目前的社会经济发展水平来看，社会保障制度的建设都需要一个逐步建立和完善的过程。很多国家都是在建立城镇社保制度以后的几十年，才逐步建立农村社会保障制度。由于我国人口众多，农村人口占绝大多数，要实现城乡统一的社会保障制度需要在目标设置上，分远期目标和近期目标。就西部地区而言，应选择有别于城镇保障体系的模式，甚至同发达地区的农村社会保障制度也应有所区别，并选准实施的突破口，逐步推进西部地区农村社会保障制度的建设。

四 单项保障制度同社会保障体系建设的关系

西部地区社会保障制度的建设是一个统一的整体，各个单项的保障制度有机结合构成了整个制度体系。理论上要避免单纯地研究某一项制度，不切实际地夸大该项制度的地位和作用，没有将其放在整个社会保障体系中进行研究分析的片面性；实践上由于不同的社会保障工作由若干个职能部门进行管理，容易产生站在不同角度强调各自所管理工作的重要性，在实施过程中，要站在整个体系建设的高度，摒弃部门利益。在研究每个单项制度建设的重要性和可能性、构建模式及建设的时间表时，都要放到整个体系中进行分析。一方面，要研究整个制度建设的可行性、模式选择和时间表问题，切实加快建设步伐。另一方面，是由于整个制度建设也不可能同时起步、同时完善，要选准建设的突破口，赋予其中的某项或某几项制度建设的优先权，以带动整个制度建设的发展。

五 物质文明与社会保障制度建设的关系

西部地区农村社会保障制度建设是一个系统工程，并不只以生产发展、生活富裕、农民经济收入增加、交通通信条件改善等物质文明的建设作为唯一的目标，而是应该同时重视社会保障制度的建设。西部民族地区社会保障制度建设的目标，除了全国农村的共同性之外，还有其特殊性。就人口而论，汉族地区的农村人口占全国农民的大多数；然而就面积而论，少数民族聚居区占国土面积一半以上，西部民族地区也有着广大的农村和相当数量的农业人口。由于历史的和自然的原因，各民族频繁迁徙，逐渐形成了大杂居、小聚居的分布格局，这是我国民族分布的一大特点。西部地区既有单一少数民族聚居的村镇，又有少数民族与汉族或多种民族成分杂居的村镇。在西部地区社会保障制度的建设过程中，必须坚持巩固和发展平等、团结、互助、和谐的社会主义民族关系，大力弘扬爱国主义精神，通过多种形式的宣传教育，使各族干部群众牢固树立汉族离不开少数民族、少数民族离不开汉族、各少数民族之间也相互离不开的思想观念，促进各民族互相尊重、互相学习、互相合作、互相帮助。

六 社会保障与改善民生的关系

习近平同志提出"加强民生保障，提高人民生活水平。要按照守住底线、突出重点、完善制度、引导舆论的思路做好民生工作。重点保障低收入群众基本生活，做好家庭困难学生资助工作。要注意稳定和扩大就业，做好以高校毕业生为重点的青年就业工作。要善待和支持小微企业发展，强化大企业社会责任。要加强城乡社会保障体系建设，继续完善养老保险转移接续办法，提高统筹层次。要继续加强保障性住房建设和管理，加快棚户区改造。要引导广大群众树立通过勤劳致富改善生活的理念，使改善民生既是党和政府工作的方向，也是人民群众自身奋斗的目标"[①]。保障低收入群众的基本生活，是保障和改善民生的首要任务，是促进社会和谐的重要基础，集中体现了习近平同志关于"底线思维"的重要思想和关于社会政策要托底的基本要求。我们必须牢牢守住保障困难群众基本生活和基本权益这一底线，帮助困难群众解决实际问题。党的十八届三中全会对深化民生领域各项改革做出新的部署，提出了一系列改革措施。社会保障工作与人民群众切身利益息息相关，必须深入学习贯彻习近平同志提出的民生工作思路，深化民生领域改革，切实做好保障和改善民生的各项工作，多谋民生之利，多解民生之忧，让人民群众更多更公平地分享改革发展成果。

总之，推进和完善西部地区农村社会保障制度体系建设，是我国社会主义制度的基本要求，是农村经济社会发展的客观需要，也是一项保证国家长治久安、利国利民的系统工程。它的构建，一是中华民族"多元一体"的形成、发展历史需要，二是统一的多民族国家的现实需要，三是中华多民族交融互动，共同发展的历史和现实需要。单靠业务部门难以胜任，必须在各级党委、政府的领导下，统一规划、统一实施。

---

① 习近平：《在中央经济工作会议上的讲话》，2013年12月15日。

第三章 期望目标下的西部地区农村居民生活改善与实现收入倍增难点

本章基于国家统计局宁夏调查总队调查数据,侧重就宁夏与全国农民收入水平及实际增长情况及其城镇居民收入差距进行了比较分析。研究认为,近年来,宁夏居民收入增长已经走上快车道,但是与全国平均水平相比仍有差距,城乡居民高低收入户之间收入还存在较大差距,特别是宁夏中南部地区居民收入增长的基础不牢、中低收入居民户收入增长较慢,还没有形成居民收入持续较快增长的长效机制和产业基础。党的十八大报告首次明确提出居民收入倍增目标,到2020年实现国内生产总值和城乡居民人均收入比2010年翻一番。宁夏农村低收入者以种植业收入为主,种植业收入增长明显不力,直接影响到农村低收入者收入倍增;缩小城乡、行业、区域、阶层间收入差距问题直接影响收入倍增;职工收入提高与企业成本压力加大之间的矛盾影响收入倍增。能否实现城乡居民收入倍增战略目标,在很大程度上取决于工资性收入和农业收入持续稳定增长。而随着工资水平的提高,企业用工成本势必要增加,如果企业"增薪提价",则工资、物价上涨的成本将会影响收入增加效应。另外,实现收入倍增目标也事关农村社会保障水平的提高。从目前看,农民收入增长的稳定性还不强,收入水平还比较低,农民缴纳社会保险的能力不强,积极性不高,在很大程度上影响着社会保障水平的提高。

第一节 宁夏农村居民收入增长与生活改善对比分析

宁夏作为全国五个少数民族省区之一,2013年全区回族总人口230.12万人,占全区总人口35.56%,是全国各省(区、市)回族人口聚居最多的省区，占全国回族人口的比重超过五分之一。回族人口比重上升，得益于国家民族政策的惠顾，也反映出民族团结、宗教和顺、共同进步、繁荣发展的景象。自治区成立以后，在党的民族政策的沐浴下，区内各民族和谐共处，共同发展，推动宁夏经济社会发展不断取得新成就。特别是改革开放以来，在党中央和国务院的亲切关怀下，在兄弟省市区的大力支持下，宁夏回族自治区党委、政府采取有力措施加大农村基础设施建设，以新农村建设、生态移民工程、美丽乡村建设和精准扶贫整村推进工程为抓手，加快农村交通、电力、广播、电视、互联网事业发展，改善了农村生产、生活条件，加快了落后地区的脱贫步伐，为农村经济社会的持续稳定发展奠定了坚实的基础。[①] 经济社会蓬勃发展，民生显著改善，农民收入水平明显提高，农村面貌出现了新变化，如农村电网改造、林业生态建设、人畜饮水改造、县乡道路建设、农村中小学校舍改建、农村社会保障体系建设、危窑危房改造等一批基础设施项目建设，使农村村容村貌和环境整治发生了可喜变化，村庄绿化、巷道硬化、庭院美化的农村景观已经显现，农村居民的人居环境得到很大改善。实现了乡乡通柏油路、通宽带，村村通公路通汽车、通广播电视、通电话，户户通电的目标，农村自来水受益率明显提升，农民出行更加方便，通公共汽车的村越来越多。

一 农民收入水平有了明显提升

农民收入增加是农村经济社会发展最终结果的体现，也是民生改善的最终目标。改革开放以来，宁夏同全国一样，农业增长方式和农民就业方式发生了积极变化，农业产业化水平得到较大提高，农业综合生产能力明显增强，农村经济社会面貌发生了显著变化，农民收入获得前所未有的增加。2014年全区农民人均可支配收入达到8410元，比1978年增长了65.2倍，年平均增长12.4%。改革开放前，宁夏农民收入经历了增长、波动、徘徊、恢复阶段，仍处于较低水平；改革开放以来，宁夏农民收入在新的起点上，由于政策、科技、投入、气候等因素的共同作用，进入持续较快增长阶段。

---

① 宁夏回族自治区人民政府：《政府工作报告》，2013年9月。

(一) 1978—1983 年，农村联产承包责任制政策对农民增收起到重要作用，农民生产积极性高涨，加大生产投入力度，收入出现超常规增长

这一阶段，以落实家庭联产承包责任制政策为主线，提高农副产品收购价格，刺激和推动了农业生产的大发展。由于一系列政策影响，五年间农副产品收购价格上涨了 60.7%，农村工业品价格上涨了 24.8%，工农产品价格"剪刀差"缩小了 35.9%。农民以同等数量的农产品换回更多的工业品。农产品价格的改革和政策效应作用，极大地调动了农民经营粮食生产的积极性。1983 年全区粮食总产量达 144.83 万吨，比 1978 年的 116.98 万吨增加了 27.85 万吨，增长 23.8%。农民收入由 1978 年的 115.9 元增加到 1983 年的 273.8 元，增长了 1.4 倍，年均增长 18.8%。

(二) 1984—1990 年，农民收入在持续高增长之后出现回落，进入稳定增长阶段

随着改革开放的不断深入，农产品供需也渐趋平衡，农村产业结构开始由过去以粮食生产为主的"一头沉"结构，逐步向一、二、三产业，农林牧渔业共同发展结构转变。农村产业结构的变化，助推了农民收入的增加。从 1985 年开始，国家全面改革农副产品统购统销制度，对粮食、油料等大宗农产品由统购派购改为合同定购，粮食收购价格由原来的统购价格和超购价格改为"倒三七"，农副产品价格水平大幅提高，加之乡镇企业的异军突起，从而使农民收入在新的起点上仍保持持续增长势头。在这一阶段，农民收入由 1983 年的 273.78 元增加到 1990 年 594.28 元，增加了 320.50 元，增长 1.2 倍，年均增长 11.7%，较前一阶段慢 7.1 个百分点。这一阶段，除 1987 年因自然灾害影响，粮食较上年减产 8%，收入增长明显减缓外，其他年份都以较快速度增长。1986 年当年农民人均纯收入增长了 16.2%，尤其是 1988 年出现的"抢购风"，使物价大幅上涨，也推高了农产品价格，给农民带来了更大实惠。1988 年农民人均纯收入增长了 24.1%，之后农民收入增长进入平稳阶段。1989 年、1990 年农民收入分别增长 12.1%、10.4%。

(三) 1991—1993 年，农民收入增长出现放缓，连续三年增长在 10% 以下，价格因素支撑了农民收入的增加

这一阶段，随着经济体制改革的进一步深化，市场在调节农产品供求、配置资源中开始发挥基础性作用，随着农产品总量的增加，多数农产

品由长期短缺变为供求基本平衡，出现了结构性、区域性、暂时性的过剩，在一些地区出现部分农产品"卖难"现象，给农民"打白条"现象屡禁不止，造成农民连续三年增产不增收，收入增长缓慢，扣除价格上涨因素，实际收入出现减少。这一阶段，作为宁夏优势产业的种植业增收功能开始弱化。1991年粮食增产4.2%，农民人均纯收入仅增长2.3%；1992年粮食减产6.5%，农民人均纯收入增长1.7%，1993年粮食增产9.9%，而农民收入增长7.8%，扣除价格因素这三年农民实际收入分别比上年减少0.73%、1.65%和0.17%。在这一阶段，农民增收环境出现了转机，非农产业收入出现恢复性增长，农民仅从乡镇企业得到的收入就比1990年增长了72%，农业收入比1990年增长了24.2%。在这一阶段，宁夏农民人均纯收入由594.8元增加到667.04元，增长了12.2%，年平均增长3.9%，低于全国收入增长速度6.4个百分点，比东部地区增长速度慢9.3个百分点。这一阶段，宁夏粮食生产出现波动，直接影响农民家庭经营，农业收入出现减少。农民人均纯收入在全国30个省市区排位中，宁夏位次由22位降到27位。

（四）1994—1998年，农民收入增长的波动性较大，总体呈恢复性增长态势

这一阶段，宁夏农村在自治区党委、政府出台的实施扶贫攻坚和奔小康"两个战略性目标"的推动下，各地都把增加农民收入当作头等大事来抓，同时按照自治区党委确定的整体战略新思路，努力实现"三个转变"，即农村经济由传统农业向以农业为基础，二、三产业为主导的现代农村经济转变；由计划经济体制向社会主义市场经济体制转变；由城乡分治的二元结构向城乡一体化、缩小城乡差距转变。增加农民收入成为这一时期农村工作的主旋律，加之农产品价格市场化程度提高，价格一度出现大幅上涨，对农民收入增长起到积极作用。但由于收入结构单一，同时，在由自给农业向商品农业、传统农业向现代化农业转变的新阶段，市场对经济发展的决定作用越来越大，而我们尚不能适应市场的变化，因而农民收入在恢复增长中年度之间起伏较大。1994年农民人均纯收入比上年增长了36.5%，1995年出现回落，增长13.9%，1996年又增长36.5%，1997年收入增长速度又明显减慢，增长9.1%，1998年又加快了增长步伐，比1997年增长13.7%。1994年和1996年农民收入之所以能够大幅

度增长，原因在于 1994 年、1996 年国家提高粮食定购价格 40% 和 42%，是改革开放以来提价幅度最大的两次，加之农业生产喜获丰收，农民收入出现了大幅增长的好势头。这一阶段，宁夏农民人均纯收入由 1993 年的 667.0 元增加到 1998 年的 1756.1 元，增长了 1.6 倍，年平均增长 21.4%，是历史增长最快的五年。在这一时期，宁夏与全国和东部地区的差距有所缩小。宁夏农民人均纯收入在全国 30 个省市区排位中，由 1993 年的第 27 位升到 1998 年的第 23 位。

（五）1999—2003 年，农民收入增长进入放缓阶段，连续五年在 10% 以下

受国内有效需求不足影响，大部分农副产品出现了总量上相对过剩，农副产品价格一直处于负增长，价格对农民收入增长的贡献越来越弱，农业收入增长的动力明显不足。农民收入来源开始向非农产业转移，农民非农化就业倾向越来越强，职业分化越来越细。正值转型期的农村经济发展主要表现为从传统单一的农业经济逐步向农业、工业、运输业、商贸流通、服务业等共同发展的现代经济转变。农村非农产业迅速发展壮大，逐渐成为农村经济增长和农民增收的新动力。从事非农产业对农民收入增长的贡献增强，但非农产业起点低、规模小，还未形成收入增长的主动力。加之，农民在技能、知识、资金及其他条件方面存在较大的差异，因而他们参与非农产业就业的机会也存在明显的不同，非农产业就业的稳定性还不是很强，从非农产业中获得收入的农户覆盖面还较低，这是导致农村居民收入增长不力的重要原因。1999—2003 年，五年宁夏农民人均纯收入仅增加了 287.2 元，增长了 16.4%，年平均增长 3.1%，2000 年农民收入还出现负增长，减少 3.7%。宁夏农民人均纯收入在全国 31 个省市区排位中，由 1998 年的第 23 位降到 2003 年的第 24 位。

（六）2004—2014 年，农民收入增长又进入新一轮的快车道

面对农民收入增长不力，党中央、国务院高度重视农民增收问题，2004 年 1 月，中央下发《中共中央国务院关于促进农民增加收入若干政策的意见》，着重解决农民增收中难点和重点问题，丰富了农民增收的具体途径，为农民增收创造了良好的环境和条件，农民收入开始恢复较快增长。随后，中央围绕提高农业综合生产能力、建设社会主义新农村和发展现代农业又连年出台"一号文件"，拓宽了农民就业渠道，取消了农业税

和农产品特产税，减轻了农民负担，调动了农民生产积极性，拓宽了农民增收路径。特别是新农村建设、城镇化的热潮，推动了农村经济和社会事业的大发展，宁夏农村经济呈现出良好的发展势头，表现在农民身上，最大的变化是产业结构调整、就业结构发生了较大变化，粮食连年增产、农民收入出现恢复性加快增长，进入快车道。粮食生产实现九连增，十一连丰，除2005年外，农民收入连续多年以两位数速度增长，2007年、2008年、2010年、2011年农民收入年度增长速度超过15%。2013年宁夏农民人均纯收入达到6931元，比2003年增加4887.7元，十年平均每年增加489元，年均增长13%。

表3-1　　　　改革开放以来宁夏与全国农民收入增长情况

年份（年）	农民人均纯收入（元）		年度名义增长速度（%）	
	宁夏	全国	宁夏	全国
1980	175.1	191.3	26.2	19.5
1981	200.3	223.4	14.4	16.8
1982	228.6	270.1	14.1	20.9
1983	273.8	309.8	19.7	14.7
1984	298.7	355.3	9.1	14.7
1985	325.9	397.6	9.1	11.9
1986	378.8	423.8	16.2	6.6
1987	387.0	462.6	2.2	9.2
1988	480.2	544.9	24.1	17.8
1989	538.3	601.5	12.1	10.4
1990	594.3	686.3	10.4	14.1
1991	608.1	708.6	2.3	3.2
1992	618.7	784.0	1.7	10.6
1993	667.0	921.6	7.8	17.6
1994	910.5	1221.0	36.5	32.5
1995	1037.0	1577.7	13.9	29.2

续表

年份	农民人均纯收入（元） 宁夏	农民人均纯收入（元） 全国	年度名义增长速度（%） 宁夏	年度名义增长速度（%） 全国
1996	1415.8	1926.1	36.5	22.1
1997	1545.1	2090.1	9.1	8.5
1998	1756.1	2162.0	13.7	3.4
1999	1790.7	2210.3	2.0	2.2
2000	1724.3	2253.4	-3.7	1.9
2001	1823.1	2366.4	5.7	5.0
2002	1917.4	2475.6	5.2	4.6
2003	2043.3	2622.2	6.6	5.9
2004	2320.1	2936.4	13.5	12.0
2005	2508.9	3254.9	8.1	10.8
2006	2760.0	3587.0	10.0	10.2
2007	3181.0	4140.4	15.3	15.4
2008	3681.0	4761.0	15.7	15.0
2009	4048.3	5153.0	10.0	8.2
2010	4674.9	5919.0	15.5	14.9
2011	5410.0	6977.3	15.7	17.9
2012	6180.3	7916.6	14.2	13.5
2013	6931.0	8896.0	12.2	12.4
2014	7673.0	9892.0	10.7	11.2

资料来源：国家统计局宁夏调查总队《宁夏调查年鉴（1980—2013年）》，2014年数据根据城乡住户调查新统计口径数据调整。

在这一阶段，农民收入结构和就业结构发生了明显变化，转移性收入和财产性收入大幅增长，务工收入成为农民增收的主要引擎。2014年，在全国31个省市区排位中，宁夏农民人均可支配收入水平排第25位。

二 宁夏沿黄经济区与中南部地区农民收入对比分析

宁夏沿黄经济区得黄河水灌溉之利，是全区优质粮油重点产区，自然

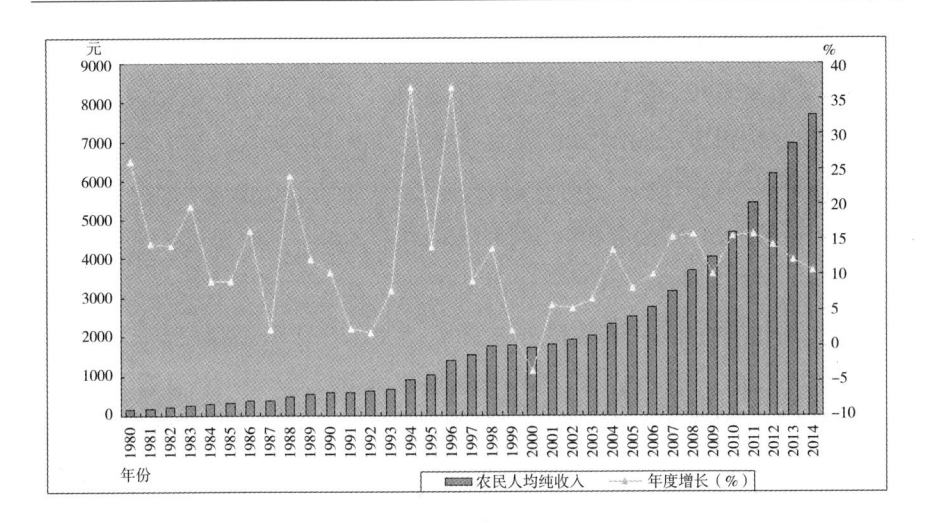

图3-1 改革开放以来宁夏农民收入水平和增长情况

资料来源：根据国家统计局宁夏调查总队《宁夏调查数据》有关指标测算绘制。

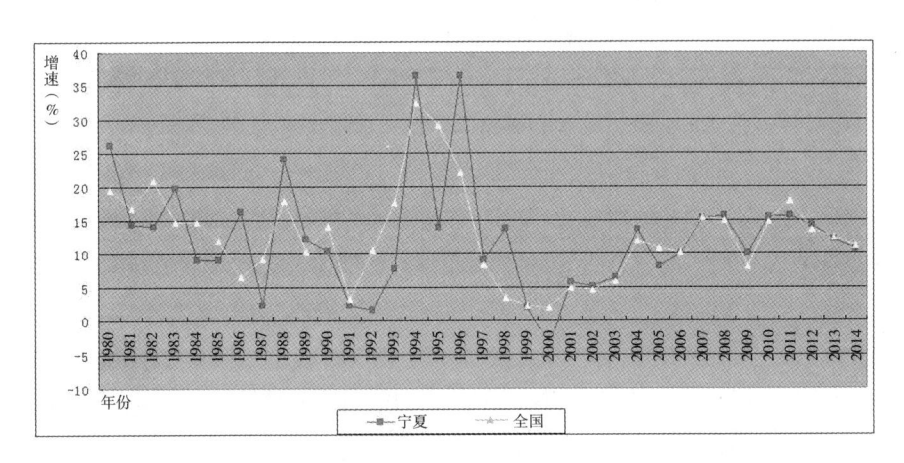

图3-2 改革开放以来宁夏与全国农民人均纯收入年度增长速度对比情况

资料来源：根据国家统计局宁夏调查总队《宁夏调查数据》有关指标测算绘制。

资源条件优势明显，经济基础雄厚，发展实力较强。宁夏中南部地区地处山区和干旱半干旱地带，是国家确定的六盘山重点扶贫地区，自然条件恶劣，经济条件差，发展相对于引黄灌区滞后。但经过中南部地区人民群众多年的艰苦奋斗和国家、自治区大力扶持，扶贫开发取得明显成效，特别是生态移民工程的实施，使南部山区生存条件极差的贫困群众搬迁到近水、沿路、靠城的区域，大大改善了贫困群众脱贫致富条件，拓宽了脱贫致富的空间，也大大减轻了中南部地区经济社会发展的压力，加快了当地群众脱贫致富步伐，使山川农民收入差距进一步缩小，山区农民生活消费水平有了较快提升。2014年引黄灌区农民年人均纯收入9687.60元，比1982年增长了30.7倍，年均增长11.4%。中南部地区农民年人均纯收入由1982年的126.58元增加到2014年的5887.00元，增长了45.5倍，年均增长12.7%，增速比引黄灌区快1.3个百分点。以中南部地区农民收入为1，山川农民收入相对差距由1982年的2.4∶1，缩小到1990年的2.2∶1，一度时间有所扩大，到2000年扩大到2.7∶1，之后逐步缩小，2013年缩小到低点1.7∶1，2014年达到1.64∶1，相对差距明显缩小。但从收入绝对水平差距看，引黄灌区与中南部地区农民收入差距却逐年加大，从1982年的178.87元扩大到1990年的442.42元，2000年差距扩大到1713.49元，2014年差距达到3801元，又进一步拉大。

表3-2　　　　　宁夏引黄灌区与中南部地区农民年收入情况

年份（年）	全区农民人均纯收入（元）	引黄灌区农民人均纯收入（元）	中南部地区农民人均纯收入（元）	引黄灌区比中南部地区高（元）
1982	229.18	305.45	126.58	178.87
1983	273.78	342.12	178.23	163.89
1984	298.71	357.85	202.68	155.17
1985	325.88	418.95	199.65	219.30
1986	378.82	486.39	230.37	256.02
1987	387.01	520.25	203.14	317.11
1988	480.22	623.22	274.43	348.79
1989	538.30	716.41	299.40	417.01
1990	594.28	804.92	362.50	442.42
1995	1037.00	1529.81	599.62	930.19
1996	1415.78	1986.21	914.22	1071.99
1997	1545.08	2349.08	896.67	1452.41
1998	1756.11	2609.75	1053.34	1556.41
1999	1790.70	2627.14	1107.55	1519.59

续表

年份（年）	全区农民人均纯收入（元）	引黄灌区农民人均纯收入（元）	中南部地区农民人均纯收入（元）	引黄灌区比中南部地区高（元）
2000	1724.30	2700.71	987.32	1713.39
2001	1823.13	2839.90	1078.03	1761.87
2002	1917.36	2929.60	1204.66	1724.94
2003	2043.30	3039.70	1295.09	1744.61
2004	2320.05	3407.62	1487.27	1920.35
2005	2508.89	3583.99	1687.01	1896.98
2006	2760.14	3883.48	1882.91	2000.57
2007	3180.84	4369.40	2190.52	2178.88
2008	3681.42	4863.83	2582.26	2281.57
2009	4048.33	5260.20	2916.27	2343.93
2010	4674.89	6010.76	3415.74	2595.02
2011	5409.95	6907.30	3964.00	2943.30
2012	6180.30	7870.80	4590.50	3280.30
2013	6931.00	8798.90	5246.90	3552.00
2014	7673.00	9687.60	5887.00	3800.60

资料来源：国家统计局宁夏调查总队《宁夏调查年鉴（1982—2013年）》，2014年数据根据城乡住户调查新统计口径数据调整。

三 农民生活消费水平和消费结构有了明显改善

宁夏回族自治区成立以来，在党中央、国务院亲切关怀下，全区各族人民同心同德，共同奋斗，国民经济和社会事业蓬勃发展，不断取得新成就，农村面貌焕然一新，农村社会经济发展成效显著，农民收入水平不断迈上新台阶，农民生活消费水平和消费结构发生显著变化。特别是十一届三中全会以来，农村成功地进行了以家庭联产承包责任制为主的一系列农村经济体制改革，大大解放了生产力，促进了农村大发展，广大农民逐步过上了温饱有余的生活。进入21世纪，中央高度关注农业、农村、农民问题，连续出台中央"一号文件"，促进"三农"发展。中央和地方各项

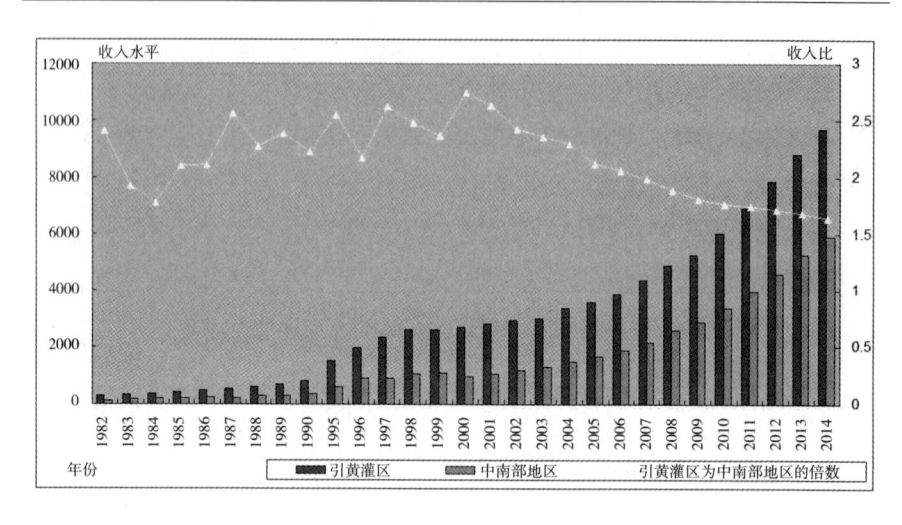

图 3-3　宁夏引黄灌区与中南部地区农民收入对比

资料来源：根据国家统计局宁夏调查总队《宁夏调查数据》有关指标测算绘制。

惠农政策也相继出台，有力推动了农民收入的快速增长，农民生活消费水平和消费结构的改善，使农民生活进入了由温饱向建成全面小康社会生活的新阶段迈进。但由于受不同时期农民收入增长的阶段性因素影响，农民生活消费水平和消费结构的改善与收入增长表现出趋同性特点。1958 年至 1978 年的 20 年间，农村经济社会事业逐步发展，农民收入不断增加，使生活消费有了一定改善，但由于受"左"倾错误思想的干扰，农业生产长期徘徊，农民收入增长不力，生活改善步伐缓慢，绝大部分农民仍处于贫困阶段。1978 年，宁夏农民人均生活消费支出 90.7 元，比 1957 年增加 10.2 元，二十年增长了 12.7%，年均增长 0.6%。十一届三中全会以来，宁夏农村经济同全国一样，由于农村联产承包责任制的推行，极大地调动了农民的生产积极性，农村经济迅速摆脱了长期以来的徘徊局面，农业生产连年丰收，农村形势欣欣向荣，农民收入持续大幅增加，生活消费水平不断提高，生活消费结构和质量明显改善。

表 3-3　　改革开放以来宁夏农民生活消费支出及结构情况

	生活消费支出	1. 食品	2. 衣着	3. 居住	4. 家庭生活用品	5. 医疗保健	6. 交通和通信	7. 文化娱乐	8. 其他
1983	208.86	126.54	28.80	23.31	15.72	4.92	1.15	7.30	1.12

续表

	生活消费支出	1. 食品	2. 衣着	3. 居住	4. 家庭生活用品	5. 医疗保健	6. 交通和通信	7. 文化娱乐	8. 其他
1984	231.29	135.47	30.89	28.78	19.07	6.25	1.52	8.48	0.83
1985	264.45	154.55	32.71	30.95	20.53	8.16	1.34	14.58	1.63
1986	300.87	169.80	38.65	38.63	21.95	9.00	1.73	16.98	4.12
1987	330.05	187.39	39.69	44.10	24.78	10.90	2.44	16.85	3.90
1988	397.77	205.86	48.77	48.13	41.88	12.67	2.83	34.59	3.04
1989	458.90	240.23	53.11	68.69	37.52	16.01	3.43	37.34	2.57
1990	486.32	275.25	50.71	65.86	28.95	17.01	12.10	34.11	2.33
1991	518.50	292.81	58.26	62.57	36.51	21.08	10.23	33.25	3.79
1992	561.37	323.03	53.23	73.84	32.08	23.41	9.95	40.32	5.51
1993	605.93	341.78	55.16	80.16	37.09	26.76	15.47	42.32	7.19
1994	831.32	486.20	66.92	106.38	46.60	29.36	26.35	51.42	18.09
1995	1057.78	608.60	83.86	146.30	59.26	44.31	31.29	70.87	13.29
1996	1233.63	729.68	94.44	156.20	66.72	55.42	31.32	78.77	21.08
1997	1282.45	688.18	105.17	201.21	64.00	67.82	39.14	96.81	20.12
1998	1350.19	713.36	104.88	216.69	69.17	76.84	52.98	97.10	19.17
1999	1330.18	675.86	103.17	199.46	76.43	75.07	52.69	120.66	26.84
2000	1417.14	691.31	96.70	227.35	62.10	88.53	79.79	144.98	26.38
2001	1380.74	643.76	97.49	222.51	60.73	98.21	96.00	132.35	29.69
2002	1418.13	633.16	97.52	203.75	69.80	123.32	111.00	148.20	31.38
2003	1637.13	680.15	109.19	286.09	56.09	116.31	170.52	178.34	40.44
2004	1926.81	808.54	122.49	325.21	65.30	186.90	155.26	217.06	46.05
2005	2094.48	922.54	143.09	345.93	77.16	198.84	178.47	177.90	50.55
2006	2246.97	929.15	159.10	414.65	104.32	187.60	226.41	168.85	56.89
2007	2528.76	1019.35	184.26	450.55	109.27	239.40	265.76	192.00	68.17
2008	3094.85	1288.47	217.17	582.47	123.91	318.77	299.29	192.57	72.20
2009	3347.95	1395.42	256.26	501.75	169.01	356.39	365.59	217.21	86.32

续表

	生活消费支出	1. 食品	2. 衣着	3. 居住	4. 家庭生活用品	5. 医疗保健	6. 交通和通信	7. 文化娱乐	8. 其他
2010	4013.18	1541.77	302.61	776.44	188.12	417.92	444.02	241.08	101.22
2011	4726.65	1762.53	380.00	935.22	264.64	444.69	483.40	324.36	131.79
2012	5633.01	1990.92	487.74	1087.54	321.00	518.05	653.47	393.01	181.28
2013	6464.74	2021.77	453.35	1409.61	382.84	701.97	840.81	400.98	253.41
2014	7362.90	2290.70	549.50	1669.00	410.80	765.80	954.30	472.80	250.00

资料来源：国家统计局宁夏调查总队《宁夏调查年鉴（1983—2013年）》，2014年数据根据城乡住户调查新统计口径数据调整。

通过表3-3可以看出，进入21世纪，随着中央和地方一系列惠农、支农政策的实施，农村经济持续发展，农村社会事业不断进步，农民收入增长进入快车道，农民家庭经济实力不断增强，消费结构升级步伐加快，生存环境和生活质量显著改善，消费水平由温饱向全面建成小康社会迈进。2014年农民人均生活消费支出达到7362.90元，比1983年增加7154.04元，年均递增12.2%，快于农民收入增长0.8个百分点。

（一）吃的方面由"温饱"转向"吃饱、吃好、追求营养健康"

"民以食为天"，餐桌上饭菜的变化最能反映时代的变迁和生活质量的改善。20世纪70年代宁夏大部分农村居民还处在温饱阶段，吃好更是无从谈起，餐桌上饭菜非常简单，多数农民盼望着能吃到细粮或少吃粗粮，能吃到南方的香蕉、橘子是农村孩子们梦寐以求的事，肉禽蛋奶、瓜果等副食消费比重非常低，萝卜、白菜、土豆是人们的看家菜。改革开放以来，随着农村经济的发展和农民收入的增加，农民摆脱了过去较长一段时期吃饭不能自给的状况，吃饱问题已经得到基本解决，开始向吃好，注重营养转变；同时，随着农村产业结构的调整和设施农业的发展，农民餐桌上的食物逐渐丰富起来，反季节蔬菜、南方蔬菜、水果等也进入了普通农民家庭，一年四季能吃到新鲜的肉、禽、蛋和水产品，鲜奶、方便食品、饮料等也摆上了农民餐桌，烟酒糖茶等副食消费不断提高，冬储菜、腌制肉的生活习惯正发生着改变。主要表现在，一是吃的水平不断提高。2014年人均食品消费支出2290.70元，是改革开放初期1983年的18倍。

二是食物消费结构发生很大变化,在吃饱的基础上转向吃好。1978年人均主食支出占食品支出的比重高达74%,2000年下降到41%,2014年进一步下降为22%,比1978年和2000年下降了52个和19个百分点。同期肉、禽、蛋、奶、水果、蔬菜、烟酒糖等副食支出占食品支出的份额则由1978年的26%上升到2000年的56%。2014年上升到78%,分别比1978年和2000年上升了52个和22个百分点。同时,随着农村个体商业、饮食业的发展和农民外出打工、做生意、搞运输、农产品贸易活动及文化娱乐教育活动增多,农民在外饮食消费数额增加、消费频率增多,在食品消费中所占比重不断上升,由2000年的3%上升到2014年的7%。三是食物消费营养状况明显改善。在食品消费中,彻底改变了以往以粮食为基本食物的单一消费结构,食物消费种类增多,肉、禽、蛋、奶、水产品和鲜瓜果等消费量不断增多,食物消费的精细化程度提高,新鲜肉类、蔬菜、瓜果逐步代替萝卜、白菜加土豆的食物消费模式。2014年农民人均消费肉、禽、蛋、奶分别为15.4公斤、6.5公斤、3.9公斤和9公斤,分别是1985年的2.1倍、21.7倍、3.5倍和39.1倍。禽、奶及其制品消费量大幅增加。肉、禽、蛋、奶原来是农民收入的重要来源,现已成了农民餐桌上的家常消费品,如今农民在吃的方面由吃饱向注重结构改善、营养搭配转变。

表3-4　　　　　主要年份宁夏农民主要食物消费量情况　　　单位:公斤/人

	1985年	1990年	1995年	2000年	2014年
粮食	261.1	254.9	274.7	248.6	156
其中:细粮	229.0	217.78	234.7	223.4	147
蔬菜	103	85.9	76.3	91.2	72
食油	4.7	5.5	7.2	7.2	11.8
肉类	7.3	8.7	7.5	11.6	15.4
家禽	0.3	0.3	0.8	1.9	6.5
蛋类	1.1	1.22	1.1	2.4	3.9
瓜果	4.56	4.78	10.1	39	48
奶及奶制品	0.23	0.2	0.3	0.9	9

资料来源:国家统计局宁夏调查总队《宁夏调查年鉴(1983—2013年)》,2014年数据根据城乡住户调查新统计口径数据调整。

（二）衣着消费由"穿暖"转向讲究"美观、时尚"

随着收入水平的提高以及消费观念的改变，宁夏农民穿衣也发生着很大变化。特别是随着温饱问题的解决，农民消费水平不断提高，衣着消费观念逐步更新，昔日不讲究穿戴的普通农民，如今也注重衣着打扮，色彩鲜艳、款式新潮的成衣代替了"黑、灰、蓝"、中山装，"一季多衣"代替了"一衣多季"，从过去衣着的御寒蔽体、省钱、耐用功能转变为美观、时尚、个性，手工缝制衣服已成为怀念的往昔。农民衣着消费越来越讲究穿着的款式、花色、质量、舒适和装饰，西装、皮衣、皮鞋等进入普通百姓家庭，穿着向城市居民靠拢。2014年农民人均衣着消费549.50元，比1983年的28.80元增长了18倍，商品性成衣、成品消费已成为消费主流。

（三）居住消费实现了由"土坯房"到"砖瓦房"的根本性转变

随着农民温饱问题得到解决，改善居住条件成为多数农民的首选。20世纪90年代中后期，随着实现基本小康生活目标的推进，富裕起来的农民改善住房条件的愿望十分迫切，住房投入大幅度增加，农村建房热潮一浪高过一浪，农村居民居住面积逐年扩大，质量不断提高，部分农家实现了由土坯结构到砖木结构、钢筋混凝土结构住房的多次转变，广大农村砖瓦房逐步代替了低矮潮湿的土平房和窑洞。2000年农村居民人均住房支出达到227.35元，比1990年增长3.4倍，人均居住面积18平方米，比1990年增加4.4平方米，砖瓦房面积比例由1990年的7.6%提高到2000年的43.6%，十年提高了36个百分点。进入21世纪以来，随着社会主义新农村建设步伐的加快，塞上农民新居、危房危窑改造加快实施，农民住房条件继续改善，大部分农民住进了设施齐全、宽敞明亮的砖瓦房，一部分农户盖起了楼房，还有越来越多的农民直接购买楼房住进了县城。大部分家庭生活燃料使用煤炭，少数条件好的农民使用上了液化气和暖气。2014年农村居民人均住房支出1669.00元，是2000年的7.3倍，占生活消费总支出的23%，比2000年提高了7个百分点。2014年人均居住面积达到28.3平方米，比2000年增加10.3平方米，增长30.6%；砖瓦房面积占住房的比重由2000年的45%提高到70%；饮用自来水的农户比重达到54%；有38.4%的农户已使用上了洗澡设施，80.2%的农户家庭炊用燃料使用上了沼气、液化石油气和电，90%以上的农户不再使用柴草取暖。

（四）出行实现了由"难"到"易"再到"方便"的历史性转变

改革开放以来，宁夏加大公路建设投入力度，把公路建设作为新农村建设、脱贫致富奔小康的首要工程来抓，农村交通事业有了长足的发展，铁路建设力度加大，高速公路从无到有，乡村公路四通八达，县乡一级公路通路里程快速增加，交通状况明显好转，公路运输车辆增多，实现了乡乡通柏油路、村村通公路目标，给农民出行提供了很大便利。农民出行的交通工具也不断更新换代，摩托车大量进入农民家庭，家用汽车也开始进入先富裕起来的农民家庭，出行实现了方便快捷。2014年农民人均交通工具和交通服务消费支出达到661.70元，占生活消费总支出的9%，消费支出是2000年的10.6倍。摩托车每百户拥有量达到86辆，助力电动车达52辆，100户农民中有13户有了各类家用汽车。

（五）信息交流和消费成为农民消费的新动力

改革开放以来，各级政府加大投资力度，通信能力日益提高，服务领域不断扩大，信息交流更为广泛、快捷。90年代中后期固定电话、BP机进入普通农民家庭，2000年以后移动电话也逐步进入农民家庭，2000年平均每百户农民家庭拥有固定电话、BP机、移动电话分别为18.5部、7部和1.8部，如今移动电话已成为农民离不了的信息交流工具。随着农民生活水平的提高和对生产、生活信息需求的增加以及电信运营商各种优惠政策措施的实施，通信消费一度成为农民消费的热点，消费支出大幅度增加，电话、手机拥有量迅速增加，改善农民对外信息交流条件，也缩短了城乡距离。实现了村村通电话的目标，手机信号基本实现了全覆盖，为农民与外界交流提供了设备保障。2014年农民人均通信消费支出292.60元，是2000年的16.6倍。百户农民移动电话拥有量达到276部，比2000年的2部增加了274部。

（六）看病就医使农民真正得到实惠

近年来，农村社会事业和民生保障受到各级政府高度重视，加大投入力度，加快农村医疗卫生事业发展，全面推进公共卫生体系建设，卫生应急处置能力得到提高，城乡卫生服务和疾病防控体系基本建成，新型农村合作医疗全面推开，农民认识水平提高，覆盖面大幅提升，报销比例增加，同时建立了农村特困群众大病救助制度等，在很大程度上缓解了农民看病难、看病贵问题，也减轻了农民的医药费用负担，农民因病致贫、因病返贫状况有所缓解，也激活了农民的医疗需求，保障了农民的身体健康，农民得到了真正的实惠。2014年农民新型农村合作医疗参合率达91%，人均医疗保健支出765.80元，是2000年的8.7倍。

（七）家庭耐用消费品实现了"更新换代"和"稳步升级"

20世纪80年代，"三转（自行车、缝纫机、手表）一响（收音机）"是农民们梦寐以求的生活用品。进入20世纪90年代，随着农民购买力的增强和消费环境的改善，特别是农村电网的改造，以及家庭耐用消费品价格的不断下调，刺激了农民对大件耐用消费品的需求，各种新潮的家庭耐用消费品逐步进入农村居民家庭。近年来，农村居民家庭设备更新速度明显加快，购买各种高档家庭耐用消费品已成为农村居民生活水平显著提高的一个重要标志。调查资料表明，近年来，像自行车、缝纫机、收音机等老一代的耐用消费品已趋于淘汰，而电冰箱、洗衣机、淋浴热水器已成为农民家庭基本生活设备，空调、抽油烟机等新型耐用消费品也开始进入农民家庭。2014年年末，农村居民平均每百户拥有电冰箱、洗衣机、热水器分别为77台、95台、33台。每百户拥有空调、抽油烟机、微波炉1台、8台、7台。

（八）农民文化娱乐活动丰富多彩，消费潜力很大

改革开放后，随着社会的发展和农民收入水平的提高，市场上文化娱乐消费品逐步增多，收录机、电视机、影碟机等逐步进入农民家庭，丰富了农民的文化生活。1990年，人均文娱消费支出34.11元，收录机、黑白电视机、彩色电视机百户拥有量分别为25.6部、41台和17.9台。进入21世纪，随着农村文化电视事业的发展和农民家庭经济实力的不断增强，文化生活消费内容更加丰富多彩。2007年每百户彩色电视机拥有量达到107.8台，影碟机45部；2014年每百户彩色电视机拥有量达到114台。多媒体时代为广大农民也提供了更多的文化娱乐平台。特别是随着农民收入加快增长，广大农民开始关注和追求更高层次的精神消费，休闲、娱乐、旅游等精神领域的消费在农村逐步兴起，越来越多的农民打破了"无事不出门"的传统生活方式，外出观光、旅游、享受大自然、享受生活成为时尚，休闲旅游消费支出从无到有，增长速度呈加快之势。同时，农村公共文化服务体系建设的加强，乡村文化站（室）的建成，为农民

提供了更丰富的文化娱乐场所。2014年农民人均文化娱乐消费支出427.80元。

第二节 宁夏农村惠民教育与全国对比分析

随着宁夏经济实力的不断增强，各级政府重视发展教育事业，加大农村教育投资力度，加快教育体制改革步伐，强化素质教育，建立了义务教育经费保障机制，改造校舍校区，乡村学校面貌焕然一新，为农家子弟提供舒适的就读环境；同时，进一步整合农村教育资源，优化了区域内中小学结构布局，中小学办学规模和效益不断提高，使全区农村学校的办学条件得到极大改善，方便了农村孩子上学；普及九年义务教育，实行"三免一补"优惠政策，农村居民教育负担大大减轻，农村孩子上学难、上不起学的问题得到缓解，农村学龄儿童特别是女童入学率逐年提高。与此同时，农民学文化、学技术的意识在逐步增强，舍得对子女教育和自身培训投资，教育投资随着社会的进步稳步增长，并逐渐成为农村居民生活消费的又一主要热点。2014年，宁夏农村居民人均教育消费支出367元，是2000年的3.5倍，占全部生活消费总支出的5%。下表为宁夏"民生工程"中有关教育惠民实施情况。

表3-5　　　　　　2007—2013年宁夏教育惠民实施项目

年份	2007年	2008年	2009年	2010年	2011年	2012年	2013年
实施项目	改善办学条件	改善办学条件	提高教育经费保障水平	改善办学条件	实施幼儿园建设工程	实施幼儿园建设工程	实施幼儿园建设工程
	完善助学体系	提高义务教育经费保障水平	改善办学条件	启动山区农村学生营养早餐工程	提高教育保障水平	实施校舍安全工程	改善办学条件
		大力发展职业教育	加强职业教育	发展职业技术教育	实施鸡蛋营养早餐工程	实施营养改善计划	实施助学工程

资料来源：宁夏回族自治区民政厅（2007—2013年）统计数据。

一　从免费早餐到免费午餐，营养改善计划全面推行

从表3-5中可以看出，从2010年到2012年连续三年实行营养改善计划。2010年春季，宁夏回族自治区在中南部山区11个县（区）启动实施了"营养早餐工程"，为37万名义务教育阶段的农村在校生和县城寄宿生每天早晨提供一枚熟鸡蛋。2011年秋季，根据国务院的安排部署，宁夏又启动了农村义务教育学生营养改善计划试点工作，再为学生每天提供一顿午餐。2012年起在"六盘山集中连片特殊困难地区"7县和另外4个国家级贫困县所有农村义务教育阶段小学、九年义务制学校，试点初中学校全面实施"营养改善计划补助"，每人每天补助4元，加上营养早餐，每天共补助4.6元，全年补助200天，受益学生扩大至32万人。从随机抽取的3431名学生体质监测结果显示，农村中学生营养不良率由2012年的7.6%降低到2013年的4.1%，较低体重率由48.6%降低到46.9%，营养改善比较明显。

二　改善办学条件，提高教育质量

为了确保学生有一个良好的学习环境，宁夏回族自治区从2007开始新建了宁夏育才中学、平罗高级中学、泾源第三中学、固原回中，并且对19所初中学校和企业移交学校进行危旧校舍改造，2008年更是完成了46所农村学校教学和生活设施改造、104所中小学标准化操场建设以及100所回民中小学的建设任务，2009年为了有效地解决"大班额""大通铺"的难题，对53所农村中小学的生活设施进行改造，除此之外，对寄宿制学校的餐厅、厕所、浴室等进行改造，并且为缺乏文体设备的中小学购置一定的音体美设备。2010年全区校舍安全工程建设566所，中小学新增教学班800个，新增校舍20000平方米。2012年新增幼儿园39所，其中包括改建的20所。新建和加固7万平方米，新建62万平方米；在中南部地区建成1138套公寓式教师周转宿舍。2013年新增幼儿园155所，其中包括改建和增设幼儿园96所，并且为100所农村中小学按标注配齐教学实验仪器设备和图书；为12个县（区）283个教学点配备地面卫星接收设备和数字教育教学资源播放设备；为103所农村中小学改建体育运动场。

三 贫困学生资助体系日益完善，实现了从学前教育到高等教育全覆盖

从 2012 年春季学期开始，宁夏回族自治区人民政府决定先行在固原市、原州区、西吉县等 10 个市、县（区）开展试点，对县级以上教育行政部门批准设立的公办及普惠性民办幼儿园学前一年在园家庭经济困难儿童、孤儿和残疾儿童等资助保教费，按 30% 的资助面控制，每生每年补助 1000 元，以切实解决家庭经济困难儿童入园难问题，鼓励更多的适龄儿童进入幼儿园接受正规教育。从 2012 年秋季学期开始，在全区高中推行家庭经济困难学生助学金制度，按每生每年 1500 元核定，并向农村地区学校和民族学生较多的学校适当倾斜。其中，资助面为南部山区 9 个市、县（区）及红寺堡区 40%，山区各市、县（区）20%，并且制定出中等职业学校学生资助制度，资助全日制在校的一、二年级所有农村学生和城市家庭经济困难学生，资助标准为每生每年 1500 元。另外，中等职业学校家庭经济困难学生和涉农专业学生免学费制度，设立了三个等级的奖学金制度，分别为：1. 国家奖学金和国家励志奖学金制度；2. 高校助学金制度；3. 国家助学贷款制度。

四 宁夏农村教育存在的问题

目前宁夏的教育虽然已经取得了一些成绩，但是农村教育与全国发达地区相比还存在一定差距。

（一）文盲率虽逐渐下降，但仍与全国文盲率存在差距

从图 3-4 中可以看出，全国的成人文盲率和宁夏的成人文盲率总体呈下降趋势，全国的成人文盲率从 2008 年的 7.77% 下降到 2013 年的 4.60%，下降了 3.17 百分点，宁夏的成人文盲率从 2008 年的 10.1% 下降到 2013 年的 7.87%，下降了 2.23 个百分点，从 2008 年到 2013 年这五年逐年的成人文盲率来看，宁夏的成人文盲率与全国的成人文盲率存在着明显的差距，宁夏成人的教育普及率还是比较低，由于受教育资源分配不等原因的影响，尤其是在农村地区不识字人数还占一定比例。

（二）农村女性文盲率明显高于男性文盲率

2008 年宁夏女性文盲率为 14.60%，宁夏男性文盲率为 5.71%，高

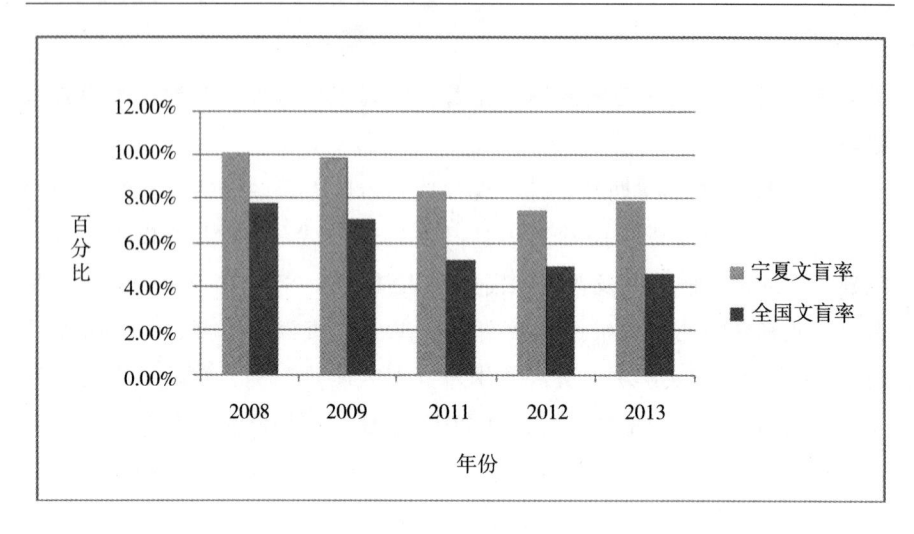

图 3-4 宁夏文盲率与全国文盲率对比

资料来源：根据国家统计局（2008—2013 年）统计数据推算数据绘制。

出女性 8.89 个百分点，2009 年宁夏女性与男性的文盲率之差为 8.17 个百分点，2011 年两者之差为 7.12 个百分点，2012 年两者之差为 5.68 个百分点，2013 年两者之差为 5.81 个百分点，虽然两者之间的差距是在不断缩小的，但是从差值上来看差距过大。再从另外一个角度，即将宁夏女性的文盲率与全国女性的文盲率进行比较，宁夏的女性文盲率明显高于全

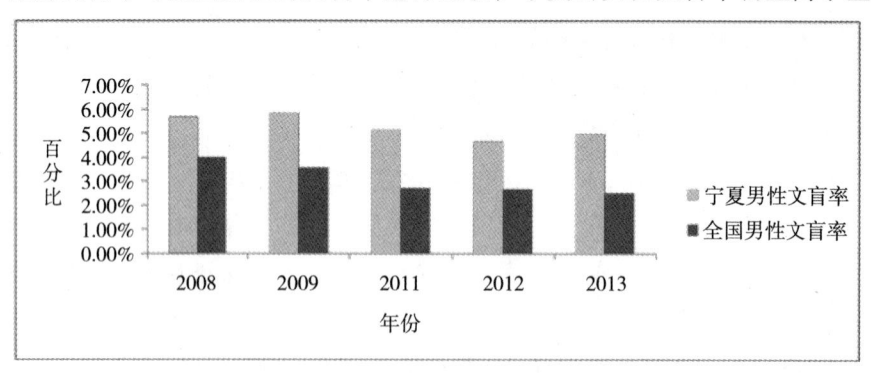

图 3-5 宁夏男性文盲率与全国男性文盲率对比

资料来源：根据国家统计局（2008—2013 年）统计数据推算数据绘制。

国女性文盲率，2008 年高出 3.08 个百分点，2009 年高出 3.58 个百分点，2011 年高出 4.49 个百分点，2012 年高出 3.04 个百分点，2013 年高出 4.08 个百分点，其之间的差距基本徘徊在三到四个百分点，宁夏男性文

盲率与全国男性文盲率的差距并没有女性那么高,2008年两者之差为1.71个百分点,2009年两者之差为2.25个百分点,2011年为2.41个百分点,2012年为2个百分点,2013年为2.47个百分点,从中可以看出宁夏的受教育情况在性别方面存在着一定差距。

表3-6　　　　　　　宁夏男女文盲率对比　　　　　　　单位:%

文盲率 年份	宁夏女性文盲率	全国女性文盲率
2008年	14.60%	11.52%
2009年	14.02%	10.44%
2011年	12.26%	7.77%
2012年	10.35%	7.31%
2013年	10.81%	6.73%

资料来源:根据国家统计局(2008—2013年)统计数据推算。

从男女文盲率看,女性在受教育机会方面存在着不公平的现象,由于农村经济条件有限,在观念上也存在着重男轻女的观念,所以导致女性的文盲率明显高于男性。

(三)初中受教育情况与全国相比差距有所拉大

2007年全国6岁及6岁以上初中受教育人数与6岁及6岁以上人数之比为40.22%,宁夏6岁及6岁以上初中受教育人数与6岁及6岁以上人数之比为35.24%,从2007年到2012年来看,宁夏6岁及6岁以上初中受教育人数与6岁及6岁以上人数的比率与全国之差是逐年下降的,到了2012年开始两者之间的差距有上升的趋势。2007年6岁及6岁以上初中受教育人数为1803人到2013年的6岁及6岁以上初中受教育人数为1825人,从具体的人数来看其变化不是很大。

表3-7　　　　　全国6岁及6岁以上初中受教育情况　　　　　单位:人,%

人数 年份	6岁及6岁以上初中人数	6岁及6岁以上人数	比率
2007年	448897	1116037	40.22%
2008年	452929	1106434	40.94%

续表

人数 年份	6岁及6岁以上初中人数	6岁及6岁以上人数	比率
2009 年	455002	1091868	41.67%
2011 年	441905	1067267	41.41%
2012 年	430799	1047865	41.11%
2013 年	425144	1041825	40.81%

资料来源：根据国家统计局（2007—2013年）统计数据推算。

表 3 - 8　　　　宁夏6岁及6岁以上初中受教育情况　　　单位：人，%

人数 年份	6岁及6岁以上初中人数	6岁及6岁以上人数	比率
2007 年	1803	5117	35.24%
2008 年	1918	5095	37.64%
2009 年	1957	5083	38.50%
2011 年	1955	5045	38.75%
2012 年	1871	4961	37.71%
2013 年	1825	4969	36.73%

资料来源：根据宁夏回族自治区统计局（2008—2013年）统计数据推算。

（四）高中受教育情况有所改善

2007年宁夏6岁及6岁以上高中受教育人数与6岁及6岁以上人数之比为12.45%，到2013年增长到15.66%，2007年全国6岁及6岁以上高中受教育人数与6岁及6岁以上人数之比为13.41%，宁夏6岁及6岁以上高中受教育人数与6岁及6岁以上人数之比，从表中可以看出基本的趋势是属于逐年上升的趋势，也就是说受到高中教育的人数还是逐渐增加的，但是与全国6岁及6岁以上高中受教育的情况来看，与全国的差距是上下波动的，到了2013年其两者间的差值回落到了0.86个百分点。但是宁夏高中受教育人数的情况与全国的差距明显要小于宁夏初中受教育人数与全国的差距，这也从另一个侧面可以看出宁夏高中的受教育人数情况优于初中。

表3-9　　　　宁夏6岁及6岁以上高中受教育情况　　　　单位：人，%

人数\年份	6岁及6岁以上高中人数	6岁及6岁以上人数	比率
2007年	637	5117	12.45%
2008年	656	5095	12.88%
2009年	667	5083	13.12%
2011年	685	5045	13.58%
2012年	631	4961	12.72%
2013年	778	4969	15.66%

资料来源：根据宁夏回族自治区统计局（2008—2013年）统计数据推算。

表3-10　　　　全国6岁及6岁以上高中受教育情况　　　　单位：人，%

人数\年份	6岁及6岁以上高中人数	6岁及6岁以上人数	比率
2007年	149635	1116037	13.41%
2008年	151474	1106434	13.69%
2009年	150648	1091868	13.80%
2011年	165049	1067267	15.46%
2012年	168941	1047865	16.12%
2013年	172088	1041825	16.52%

资料来源：根据国家统计局（2007年—2013年）统计数据推算。

（五）宁夏接受大专教育情况与全国接受大专教育情况基本持平

宁夏6岁及6岁以上接受大专教育程度的比率从2007年到2013年呈逐年上升的趋势，从2007年的6.56%到2013年的11.32%，从平均值上来看基本与全国的6岁及6岁以上接受大专教育情况持平。

表3-11　　　　全国6岁及6岁以上人数受大专教育情况　　　　单位：人，%

人数\年份	6岁及6岁以上大专人数	6岁及6岁以上人数	比率
2007	73184	1116037	6.56%

续表

人数 年份	6岁及6岁以上大专人数	6岁及6岁以上人数	比率
2008	74175	1106434	6.70%
2009	79567	1091868	7.29%
2011	107348	1067267	10.06%
2012	110990	1047865	10.59%
2013	117925	1041825	11.32%

资料来源：根据国家统计局（2007—2013 年）统计数据推算。

第三节 城乡居民收入差距与养老保障

近年来，随着城乡居民收入持续较快增长，无论是城镇居民还是农村居民，家庭储蓄能力进一步增强，开始重视养老保障问题，特别是城乡社会保障制度的逐步完善，各级政府对解决民生问题的大量投入，为城乡居民养老保障提供了更好的政策环境，城乡居民参加养老保险的积极性明显提高。但长期以来受城乡居民收入水平、就业人员工资水平较低、城乡收入差距大等因素影响，城乡居民养老保障水平差距较大。特别是农民工居住在城市、生活在城市、工作在城市，而养老保险因城镇灵活就业人员缴费标准过高，深感缴费压力过大，只能按农村居民标准缴费，养老保障水平较低，难以保障未来生活所需。因此调整现行企业和城镇就业人员缴费政策和缴费标准，使之与城乡居民收入水平相适应势在必行。

一 西部地区城乡居民收入增长差距

改革开放以来，随着经济增长由慢到快的进程变化，西部地区城乡居民收入也呈现出持续增长的势头。2000—2013 年，扣除价格因素后，全国城镇居民人均可支配收入实际年均增长 9.6%，农村居民人均纯收入实际年均增长 7.7%。而宁夏城镇居民人均可支配收入年均增长 9.3%、农村居民人均纯收入年均增长 7.4%。2000—2013 年，宁夏城乡居民收入增长均慢于全国 0.3 个百分点，而 1978—2012 年，宁夏城乡居民收入增长分别慢于全国0.9个和1个百分点。可以看出，宁夏与全国城乡居民平均收入水平增长差距出现缩小。比较全国31个省、市、自治区居民收入增长情况，2000—2013年，宁夏农民人均纯收入年均实际增长速度与广西并列排27位，快于青海、广东、甘肃；城镇居民人均可支配收入年均实际增长速度排第12位。表明宁夏城乡居民收入增长与全国平均水平的差距不尽相同。

表3-12 2000—2013年宁夏与全国农民收入水平及实际增长情况对比

年份（年）	全国农民人均纯收入（元）	宁夏农民人均纯收入（元）	收入水平差距	全国农民人均纯收入实际增长（%）	宁夏农民人均纯收入实际增长（%）	收入增长差距
2000	2253	1724	-529	2.1	-3.2	-5.3
2001	2366	1823	-543	4.2	3.5	-0.7
2002	2476	1917	-559	5.0	5.7	0.7
2003	2622	2043	-579	4.3	4.5	0.2
2004	2936	2320	-616	6.9	8.7	1.8
2005	3255	2509	-746	8.5	6.9	-1.6
2006	3587	2760	-827	8.6	7.5	-1.1
2007	4140	3181	-959	9.5	8.8	-0.7
2008	4761	3681	-1080	8.0	5.3	-2.7
2009	5153	4048	-1105	8.6	8.4	-0.2
2010	5919	4675	-1244	10.9	10.4	-0.5
2011	6977	5410	-1567	11.4	7.7	-3.7
2012	7917	6180	-1737	10.7	12.3	1.6
2013	8896	6931	-1965	9.3	8.1	-1.2

资料来源：国家统计局宁夏调查总队《宁夏调查数据（2000—2013年）》。

宁夏与全国城镇居民人均可支配收入水平绝对差距由2000年的1368元扩大到2013年的5122元。到2020年，宁夏城乡居民收入要实现全国平均收入倍增目标任务艰巨。

表 3-13 2000—2013 年宁夏与全国城镇居民收入水平差距情况对比

年份（年）	全国城镇居民人均可支配收入（元）	宁夏城镇居民人均可支配收入（元）	收入水平差距	全国城镇居民人均可支配收入实际增长（%）	宁夏城镇居民人均可支配收入实际增长（%）	收入增长差距
2000	6280	4912	-1368	6.4	10.1	3.7
2001	6860	5544	-1316	8.5	11.4	2.9
2002	7703	6067	-1636	13.4	10.1	-3.3
2003	8472	6530	-1942	9.0	6.0	-3.0
2004	9422	7218	-2204	7.7	7.0	-0.7
2005	10493	8094	-2399	9.6	10.4	0.8
2006	11760	9177	-2583	10.4	11.5	1.1
2007	13786	10859	-2927	12.2	12.6	0.4
2008	15781	12932	-2849	8.4	10.4	2.0
2009	17175	14025	-3150	9.8	8.1	-1.7
2010	19109	15344	-3765	7.8	5.4	-2.4
2011	21810	17579	-4231	8.4	8.3	-0.1
2012	24565	19831	-4734	9.6	10.4	0.8
2013	26955	21833	-5122	7.0	6.6	-0.4

资料来源：国家统计局宁夏调查总队《宁夏调查数据（2000—2013 年）》。

二 城乡居民收入水平差距

2013 年宁夏农民人均纯收入 6931 元，相当于全国平均水平的 77.9%，比 2000 年提高了 1.4 个百分点。在 31 个省、市、自治区中居第 24 位，与 2000 年一致，但比 2007 年提升了一位。在西部 12 省、市、自治区中，位居第 5 位，与 2000 年一致，低于内蒙古、重庆、四川、新疆，比 2007 年提升了一位。在西北 5 省（区）中排第 2 位，低于新疆。

2013 年宁夏城镇居民人均可支配收入 21833 元，相当于全国平均水平的 81%，比 2000 年提高了 2.8 个百分点。宁夏城镇居民收入一度与全国乃至西部地区差距较大，在全国 31 个省（市、区）中，2000 年排 29

位，2003年、2004年连续两年排列全国末尾。随着地方财力的增强和自治区党委、政府对民生问题的高度重视，经过几年努力，在全国和西部地区的位次逐渐前移，2007年排全国第25位、西部第7位、西北第1位。2013年继续维持排全国第25位、西部第7位，低于内蒙古、广西、重庆、四川、云南、陕西，西北5省（区）第2位，居陕西之后。

表3-14　　2013年全国31个省、市、自治区城乡居民收入水平　　单位：元

地区	农民人均纯收入	位次	城镇居民人均可支配收入	位次
全国	8896		26955	
北京	18337	2	40321	2
天津	15841	4	32294	6
河北	9102	12	22580	19
山西	7154	23	22456	20
内蒙古	8596	15	25497	10
辽宁	10523	9	25578	9
吉林	9621	11	22275	23
黑龙江	9634	10	19597	29
上海	19595	1	43851	1
江苏	13598	5	32538	5
浙江	16106	3	37851	3
安徽	8098	20	23114	15
福建	11184	7	30816	7
江西	8781	14	21873	24
山东	10620	8	28264	8
河南	8475	16	22398	21
湖北	8867	13	22906	17
湖南	8372	17	23414	12
广东	11669	6	33090	4
广西	6791	25	23305	13

续表

地区	农民人均纯收入	位次	城镇居民人均可支配收入	位次
海南	8343	18	22929	16
重庆	8332	19	25216	11
四川	7895	21	22368	22
贵州	5434	30	20667	26
云南	6141	29	23236	14
西藏	6578	26	20023	27
陕西	6503	27	22858	18
甘肃	5108	31	18965	31
青海	6196	28	19499	30
宁夏	6931	24	21833	25
新疆	7296	22	19874	28

资料来源：国家统计局《2014年中国统计年鉴》。

表3–15　　宁夏与全国农民人均纯收入差距对比情况　　单位：元、%

年份	全国	宁夏	宁夏占全国份额	在全国31个省（市、区）排位	在西部12省（区）排位	在西北5省（区）排位
2000	2253	1724	76.5	24	5	1
2005	3255	2509	77.1	23	4	1
2007	4140	3181	76.8	25	6	2
2010	5919	4675	79	25	4	1
2012	7917	6180	78.1	24	5	2
2013	8896	6931	77.9	24	5	2

资料来源：国家统计局《中国统计年鉴（2000—2013年）》。

表 3-16　　宁夏与全国城镇居民人均可支配收入差距对比情况　　单位：元、%

年份	全国	宁夏	宁夏占全国份额	在全国31个省（市、区）排位	在西部12省（区）排位	在西北5省（区）排位
2000	6280	4912	78.2	29	11	5
2005	10493	8094	77.1	28	9	2
2007	13786	10859	78.8	25	7	1
2010	19109	15344	80.3	27	7	2
2012	24565	19831	80.7	25	7	2
2013	26955	21833	81	25	7	2

资料来源：国家统计局《中国统计年鉴（2000—2013年）》。

三　城镇就业人员收入水平差距

长期以来，城镇职工、城镇就业人员缴纳养老保险的基数以社会平均工资为标准，而被作为社会平均工资来使用的，实际上是非私营单位职工工资水平。然而，按照国家统计局统一的统计口径范围，非私营单位职工平均工资只是社会就业人员中一部分人员的平均工资，把非私营单位职工平均工资当作社会平均工资，按照此标准缴纳养老保险，无疑会使部分私营单位和灵活就业人员因工资水平低、缴费标准高而无力缴纳社会保险金。非私营单位职工工资实际上是指在国有单位、城镇集体单位、联营经济、股份制经济、外商投资经济、港澳台投资经济等单位就业的人员工资总额。不包括私营有限责任公司、私营股份有限公司、私营合伙企业和私营独资企业和个体就业人员、自由职业者等灵活就业人员工资。

由于非私营单位工资统计范围有限，非私营单位内部行业工资差距较大，且大量在城镇私营单位就业的人员未包括在内，而这部分人员工资水平又比较低，所以宁夏社会平均工资，也就是非私营单位平均工资水平一直偏高，在全国31个省、市、自治区排第8位，与城镇居民人均可支配收入排全国31个省、市、自治区第25位反差较大。按此标准缴费直接加重了企业和城镇就业人员的缴费负担。而农民工是私营单位就业人员的主体，年收入不足30000元，更无力按灵活就业人员养老保险标准缴纳养老保险。

（一）私营单位就业人员年平均工资仅是社会平均工资的63.6%

2013年，全区城镇非私营单位就业人员年平均工资50466元，私营单位就业人员年平均工资32097元。

从五市情况看，就业人员工资差距较大。2013年，城镇非私营单位就业人员年平均工资最低的石嘴山市为42437元，最高的银川市为53900元；五市城镇私营单位就业人员年平均工资最低的固原市仅为24695元，最高的银川市为33472元。

表3-17　　2013年城镇私营与非私营单位就业人员平均工资水平　　单位：元

地区	城镇私营单位	城镇非私营单位	私营单位工资相当于非私营单位的（%）
总计	32097	50466	63.6
银川市	33472	53900	62.1
石嘴山市	32634	42437	76.9
吴忠市	31162	46030	67.7
固原市	24695	50398	49.0
中卫市	30865	44220	69.8

资料来源：宁夏统计局、国家统计局宁夏调查总队《2014年宁夏统计年鉴》。

（二）不同行业不同就业人员工资水平差别明显

非私营单位多数就业人员工资水平低于全区平均水平，行业之间就业人员工资水平差距较大。

表3-18　　2013年城镇非私营单位分行业就业人员年平均工资　　单位：元

行业	2013年
总计	50476
农、林、牧、渔业	33699
采矿业	80147
制造业	43324

续表

行业	2013年
电力、热力、燃气及水生产和供应业	80137
建筑业	39589
批发和零售业	41688
交通运输、仓储和邮政业	54726
住宿和餐饮业	32363
信息传输、软件和信息技术服务业	65043
金融业	74026
房地产业	42676
租赁和商务服务业	33492
科学研究和技术服务业	57000
水利、环境和公共设施管理业	35624
居民服务、修理和其他服务业	35155
教育	50283
卫生和社会工作	44547
文化、体育和娱乐业	48919
公共管理、社会保障和社会组织	47962

资料来源：宁夏统计局、国家统计局宁夏调查总队《2014年宁夏统计年鉴》。

从登记注册类型看，有限责任公司的年平均工资为52368元，是全区平均水平的1.04倍；其次为股份有限公司，为50172元，是全区平均水平的99.4%；第三位是国有单位，为49914元，是全区平均水平的98.9%。年平均工资最低的是联营单位，为30376元，是全区平均水平的60.2%。

表3-19　2013年城镇非私营单位分登记注册类型就业人员年平均工资　单位：元

登记注册类型	2013年
总计	50466
国有	49914
集体	48650

续表

登记注册类型	2013 年
股份合作	44109
联营	30376
有限责任公司	52368
股份有限公司	50172
其他内资	34531
港澳台商投资	48112
外商投资	47264

资料来源：宁夏统计局、国家统计局宁夏调查总队《2014年宁夏统计年鉴》。

（三）城镇非私营单位就业人员年平均工资低于全国平均水平

2013年，全区城镇非私营单位就业人员年平均工资50466元，比全国平均水平低988元。从行业看，在19个国民经济行业门类中，占就业人员83.3%的16个行业门类均低于全国平均水平。

（四）城镇私营企业就业人员年平均工资低于全国平均水平

2013年，宁夏城镇私营企业就业人员年平均工资比全国平均水平低609元。在行业门类中，占全区私营单位就业人员72.2%的14个行业年平均工资均低于全国平均水平。

四 城乡居民收入增长与参加养老保险的协调性分析

从宁夏城乡居民收入和就业人员工资水平看，与全国平均水平相比差距较大，特别是就业人数较多的行业、岗位工资水平较低，明显低于全国平均水平，而这部分就业群体应该是社会保险政策惠及的重点对象。但是，按照现行政策执行的社会平均工资（即城镇非私营单位平均工资）的一定比例缴纳养老保险，个人缴费比例过高，与宁夏城镇就业人员的工资水平、城乡居民收入现状不相协调，大多数灵活就业人员深感缴费压力大，从而放弃了按企业职工养老保险缴费，选择了参加城乡居民养老保险，而相当一部分私营单位也因为缴费负担重而采取不给职工办理社会保险或仅给部分骨干职工办理社会保险。据宁夏调查总队城乡一体化住户抽样调查结果表明，2013年宁夏城镇常住居民户的就业人员中，仅有

38.1%参加了城镇职工基本养老保险，11.5%参加了城镇居民社会养老保险，还有50.4%没有参加任何养老保险。农村常住居民户就业人员中，仅有3.6%的参加了城镇职工基本养老保险，69.8%的仍然参加农村社会养老保险，还有26.6%的没有参加任何养老保险。农民工监测调查结果表明，在就业农民工（农村以外就业6个月以上和在农村本地从事非农产业6个月以上人员）中，仅有6.5%的参加了城镇职工基本养老保险，58.2%的仍然参加农村社会养老保险，还有35.3%的农民工没有参加任何养老保险。可以看出，由于缴费标准高，高标准的职工养老保险参保率明显很低，多数仍然参加了低标准的居民养老保险。

通过以上的比较分析，我们可以看出，民族地区城乡居民收入、城镇就业人员平均工资与发达地区具有明显差距。因此，构建与民族地区经济发展、城乡居民收入、城镇就业人员平均工资和社会保险缴费标准相适应的保障体系迫在眉睫。党的十八届三中全会通过的《中共中央关于全面深化改革若干重大问题的决定》提出"要完善社会保险关系转移接续政策，扩大参保缴费覆盖面，适时适当降低社会保险费率"的目标要求。从这个意义上讲，在民族地区建立经济发展与社会保险缴费联动机制，适时适当调整社会保险缴费基数及费率，对增加城乡居民收入、减轻企业和个人缴费负担、稳定就业、促进经济发展、提高社会保险参保率和参保水平、增加社保基金总量、维护社保基金平稳运行、可持续发展具有积极的作用。

第四节 居民收入现状与实现倍增难点

近年来，宁夏居民收入增长已经走上快车道。但是，与全国平均水平相比仍有差距，城乡居民高低收入户之间收入还存在较大差距，特别是中南部地区居民收入增长的基础不牢、中低收入居民户收入增长缓慢，还没有形成居民收入持续较快增长的长效机制和产业基础。2007—2012年宁夏农村居民和城镇居民人均纯收入和可支配收入，增速虽然分别比全国快0.4个和0.5个百分点。但与2012年全国平均收入水平相比，农民人均纯收入低1736元，城镇居民人均可支配收入低4733元。到2020年，宁夏要在2010年基础上按照可比价格计算达到全国城乡居民收入倍增的目标,即农民人均纯收入达到 11838 元,城镇居民人均可支配收入达到 38218 元,还任重道远。时间短,任务更艰巨,难度更大。宁夏居民收入倍增目标的确定,受到各地和各方面高度重视,各级党委、政府积极响应,结合实际谋划本地居民收入倍增计划。居民收入倍增问题已经成为各方面关注的热点问题、焦点问题和经济社会发展的重大问题,引起了全区上下广泛关注,各方面都在分析研究如何保持居民收入较快增长?如何通过统筹城乡发展、山川发展,经济社会生态发展,建立促进居民收入增长的长效机制。基于此,我们在借鉴国内相关方面已有研究成果的基础上,紧扣宁夏实际,以实现城乡居民收入倍增目标为主线,从居民收入增长的历史轨迹、增长差距和实现倍增的难点等方面展开研究,为实现全区居民收入倍增目标提供参考依据和实践基础。

一 居民收入倍增目标的提出和实践基础

(一)国内外成功案例

从国内外居民收入倍增的实践经验看,通过实施居民收入倍增计划,可有效提高人民生活水平。从国内看,"十二五"和十八大以来,江苏、山东、湖南、湖北、山西、广西、贵州、甘肃等地提出了"收入倍增"规划,并形成了一些行之有效的政策体系。从国外看,主要有日本、俄罗斯、德国、韩国等国的收入倍增计划。如日本的国民收入倍增计划,主要是通过加强基础产业和设施建设、促进产业结构的合理调整,推动区域经济协调发展,提高 R&D 比例保护知识产权等推动收入倍增目标的实现,该倍增计划使国民收入提前 3 年实现了翻番目标。[①] 韩国一方面实施出口导向战略,加速劳动力向工业部门转移;另一方面大力发展"公共教育",提高教育公平程度。同时还开展了"新农村运动",有效缩减城乡差距,将政府投资的一半分配到农村地区,提高了农村生产率,增加了农民收入。国内外的实践表明,实现居民收入实际翻番一般需要 7—10 年时间,政府需要强有力的制度安排和转移支付投入。从宁夏城乡居民收入增长轨迹分析,过去实现收入较低基础上的倍增最少也得 5 年时间,随着收

---

① 张车伟、蔡翼飞、董倩倩:《日本"国民收入倍增计划"及其对中国的启示》,《经济学动态》2010 年第 10 期。

入基数的增加,倍增的年限必然延长。未来随着收入增长基数的提高,倍增的难度和压力也将不断增大。

(二) 倍增目标

1. 宁夏要实现全国居民平均收入倍增目标难度较大

按全国居民收入倍增目标要求,到2020年,不考虑价格因素,即按照2010年价格计算,农民人均纯收入在2010年的基础上翻一番达到11838元、城镇居民人均可支配收入翻一番达到38218元。实现这一目标,2010—2020年,全国城乡居民平均收入年平均增长7.2%,可完成收入倍增目标。而宁夏要达到全国居民平均收入倍增目标,城乡居民收入年平均需分别增长9.6%、9.7%,分别超过全国平均增速2.4个、2.5个百分点。面对这一增收形势,如何实现倍增目标,任务艰巨。与宁夏前十年城乡居民收入实际增长相比,2010—2020年,宁夏农民人均纯收入平均增长要比前十年快2.8个百分点,城镇居民人均可支配收入增长要快0.3个百分点。2011年、2012年、2013年宁夏农民人均纯收入实际分别增长7.7%、12.3%、8.1%,仅2012年超过预期增长9.7%的速度外,其他两年均低于预期增长速度。城镇居民人均可支配收入实际分别增长8.3%、10.4%、6.6%,仅2012年超过预期增长9.6%的速度,其他两年均低于预期增长速度。从目前城乡居民收入增长趋势看,到2020年,宁夏城乡居民要达到全国居民平均收入倍增目标,任务艰巨,特别是农民收入实现倍增压力更大。

表3-20 宁夏实现全国居民平均收入倍增目标需要的增长速度

		2010年收入水平(元)	2020年全国收入倍增目标(元)	实现倍增的年度平均实际增长速度(%)
农民人均纯收入	全国	5919	11838	7.2
	宁夏	4675		9.7
城镇居民人均可支配收入	全国	19109	38218	7.2
	宁夏	15345		9.6

资料来源:根据国家统计局宁夏调查总队《宁夏调查数据》有关指标测算。

2. 十年(2010—2020年)宁夏居民收入倍增目标有望实现

以宁夏2010年城乡居民收入水平为基础,到2020年实现收入倍增,即2020年宁夏城镇居民人均可支配收入在2010年15345元基础上实现翻番，达到30690元，农村居民人均纯收入在2010年4675元基础上实现翻番，达到9350元，扣除价格因素，按可比价格计算，与全国同步增长，2011—2020年，城乡居民收入的年均增长速度均要达到7.2%。按可比价格计算，2011年、2012年、2013年，农民人均纯收入年度实际分别增长7.7%、12.3%、8.1%，均超过预期7.2%的增长速度。城镇居民人均可支配收入年度实际分别增长8.3%、10.4%、6.6%，仅2013年增长略低于预期，其他年份增长均超过预期。从近几年宁夏城乡居民收入增长趋势看，这一收入倍增目标有望实现。

表3-21　十年（2010—2020年）宁夏实现居民收入倍增目标需要的增长速度

	2010年收入水平（元）	2020年宁夏收入倍增目标（元）	实现倍增的年度平均增长速度（%）
宁夏农民人均纯收入	4675	9350	7.2
宁夏城镇居民人均可支配收入	15345	30690	7.2

资料来源：根据国家统计局宁夏调查总队《宁夏调查数据》有关指标测算。

二　宁夏居民收入现状和差距

（一）农民收入增长变化轨迹

改革开放以来，宁夏同全国一样，随着农村经营体制的重大调整，农业发展方式和农民就业方式发生了明显的变化，农民收入获得前所未有的增加。如2013年全区农民人均纯收入跨上新的台阶，达到6931.0元，比1978年增加了6815.1元，增长了58.8倍，平均每年增加194.7元、增长12.4%。农民收入增长量相当于新中国成立初期至改革开放前29年的176倍。纵观改革开放以来宁夏农民收入增长轨迹，农民人均纯收入实现第一个倍增（1978—1982年）用五年时间，这五年是在较低基数上的倍增；第二个倍增（1982—1988年）用六年时间，仍然是在较低基数上的倍增；第三个倍增（1988—1994年）也用六年时间，基数相对较低；第四个倍增（1994—2001年）用七年时间，基数不断提高，倍增的难度加大；第五个倍增（2001—2008年）也用七年时间，基础进一步提高，倍增的难度较大；2008—2013年在较高基数基础上，五年时间完成农民人均纯收入倍增94%的任务。之后四年，实现农民收入倍增目标基数更大，实现的难度也更大。

(二) 城镇居民收入增长变化轨迹

改革开放以来，宁夏国民经济逐渐走向持续快速健康发展的轨道，城镇居民收入呈现持续增长态势，收入结构发生显著变化，2000年城市居民生活实现了从温饱到小康的重要跨越。进入21世纪，宁夏城镇居民生活正从基本实现小康朝着更加殷实、全面小康目标迈进。随着社会主义市场经济体制的建立，分配制度改革的不断推进以及各种社会福利制度的改革，特别是基本社会保障制度的逐步建立，以及资本市场、房地产市场的不断发展等因素共同作用，宁夏城镇居民收入在新的起点上进入了持续较快增长阶段。仅2013年城镇居民人均可支配收入跨上了两万元的新台阶，比1978年增加了21487.3元，增长了62.1倍，平均每年增加632元，年平均增长12.6%。改革开放35年来，城镇居民人均可支配收入增长量相当于新中国成立初期至改革开放前29年的93.8倍。纵观改革开放以来宁夏城镇居民收入增长轨迹，城镇居民人均可支配收入实现第一个倍增(1978—1985年)用了七年时间，这七年是在较低基数上的倍增；第二个倍增(1985—1990年)用了五年时间，仍然是在较低基数上的倍增；第三个倍增(1990—1994年)用了四年时间，主要是1993年10月国家对机关、事业单位的工资制度进行新中国成立以来的第三次重大改革，推动了机关事业单位和全社会居民工资性收入的较快增长；第四个倍增(1994—2002年)用了八年时间，这期间工资相对稳定，基数进一步增加，倍增的难度加大；第五个倍增(2002—2008年)用了六年时间，这期间建立起了符合事业单位特点体现岗位绩效和分级分类管理的收入分配制度，完善工资正常调增机制，加之自治区成立50周年大庆效应，对增加居民收入起到重要作用；2008—2013年在较高基数基础上，五年时间完成城镇居民人均可支配收入倍增84%的任务。

(三) 城乡居民收入水平差距

改革开放以来，宁夏经济呈现出加快、趋缓、稳定和持续较快发展的特征，经济总量持续增加，特别是进入21世纪，发展的步伐明显加快，城乡居民在改革发展中也充分享受到了发展成果，收入持续增加。一段时期扩大的城乡居民收入与全国平均水平的差距进一步缩小，出现趋稳的态势。

2013年宁夏城镇居民人均可支配收入21833元,相当于全国平均水平的81%,比2000年提高了2.8个百分点。城镇居民收入一度与全国乃至西部地区差距较大,在全国31个省(市、区)中,2000年排29位,2003年、2004年连续两年排列全国末尾。随着地方财力的增强和自治区党委、政府对民生问题的高度重视,经过几年努力,在全国和西部地区的位次逐渐前移,2007年排全国第25位、西部第7位、西北第1位。2013年继续维持排全国第25位、西部第7位,西北5省(区)第2位。

三 制约宁夏城乡居民收入倍增的瓶颈

(一) 低收入群体实现收入倍增难

宁夏农村低收入者以种植业收入为主,种植业收入增长明显不力,直接影响到农村低收入者收入倍增。2010年宁夏20%最低收入农户人均纯收入仅为1540元,比全区平均水平低3135元,仅为全区平均水平的三分之一。与20%最高收入户收入相比差距则更加明显,最高收入户人均纯收入是最低收入户人均纯收入的6.4倍。若要实现全区平均收入倍增的目标,即到2020年,农民人均纯收入达到9350元,2010—2020年,这20%最低收入农户农民收入每年需增长19.8%,快于全区平均增长速度12.6个百分点。显然,增收难度很大。2010年宁夏20%最低收入城镇住户人均可支配收入仅为5221元,比全区平均水平低10124元,约为全区平均水平的三分之一。与20%最高收入户收入相比差距则更加明显,最高收入户收入是最低收入户的6倍。若要实现全区平均收入倍增的目标,即到2020年,城镇居民人均可支配达到30690元,2010—2020年,这20%最低收入城镇居民收入每年需增长19.3%,快于全区平均增长速度12.1个百分点。显然,增收难度也很大。

(二) 纯农业户农民实现收入倍增难

纯农业户是家庭劳动力以从事农业生产经营为主体的农户,这部分农户收入受市场和自然双重因素影响,增长相对缓慢且不稳定,目前这部分农户约占全体农户的四分之一,其家庭收入来源主要是农业收入,农业收入占家庭总收入的60%以上。2012年,纯农户农民人均纯收入为5517元,相当于全区平均水平的89%,相当于非农业兼业户和非农业户农民收入的83%、85%，收入水平明显较低，若要实现全区平均的收入倍增目标，即到2020年，农民人均纯收入达到9350元，纯农业户农民收入增长明显要快于平均增长。

（三）劳动力文化素质低的农户实现收入倍增难

劳动力文化素质高低与收入呈正相关关系，文化程度高低决定劳动技能和经营理念，对收入增长必然产生积极影响。一般情况下，劳动力文化程度越高，收入水平也越高。目前，农村劳动力文化程度是小学及以下的农户占全体农户的五分之一，这部分农户家庭收入相当于全区平均水平的78%。若要实现全区平均的收入倍增目标，即到2020年，农民人均纯收入达到9350元，这部分农户农民收入增长同样要明显快于平均增长。

（四）职工收入提高与企业成本压力加大之间的矛盾影响收入倍增

能否实现城乡居民收入倍增战略目标，在很大程度上取决于工资性收入能否有一定幅度的增长。而随着工资水平的提高，企业用工成本势必要增加，如果企业"增薪提价"，则工资—物价上涨的成本将会影响收入增加效应。

（五）居民收入倍增与缩小城乡、行业、区域、阶层间收入差距问题影响收入倍增

目前宁夏山区农民收入仅为全区平均水平的76%，固原市城镇居民收入仅为全区平均水平的86%，若要实现全区平均收入倍增目标，2010—2020年，山区城乡居民收入增长要快于全区平均增长0.8个和3.4个百分点。

由此可见，民族地区城乡居民收入、社会保险缴纳标准与发达地区具有明显差距。依据民族地区经济社会发展实际，建立经济发展与社会保险缴费联动机制，适时适当调整社会保险缴费基数及费率，对增加城乡居民收入、减轻企业和个人缴费负担、稳定就业、促进经济发展、提高社会保险参保率、增加社保基金总量、维护社保基金平稳运行、可持续发展具有积极的作用。

下篇

个案研究与对策建议

第四章　西部地区新型农村养老保险与城乡居民基本养老保险研究

养老保险制度是指国家根据劳动者的体质和劳动力资源情况，确定一个年龄界限，当劳动者达到这个年龄界限时则认为其已丧失劳动能力，由国家和社会提供相应帮助，保障其晚年基本生活的一种社会保障制度。现阶段，我国的养老保险制度主要包括机关事业单位养老保险制度（公务员养老保险制度）、企业养老保险制度以及城乡居民社会养老保险制度。①

养老保险的目的是为保障老年人的基本生活需求，为其提供稳定可靠的生活来源。养老保险制度通常具有的特点：一是由国家立法与强制实行，个人和企业都必须参加，只要个人满足领取条件，就能从社会保险部门领取养老金。二是单位和个人双方或国家、单位和个人三方共同负担养老保险费用。三是养老保险通常具有社会性，所需费用开支大，享受人数众多，影响范围较广。②

第一节　西部地区新型农村养老保险运行现状

我国农村养老保险制度是在艰难探索中不断拓展和创新的。从20世纪80年代开始尝试建立农村社会养老保险制度，21世纪初期新型农村社会养老保险，到城乡居民基本养老保险经历了三个阶段。

---

① 社保查询网，http://www.chashebao.com/yanglaobaoxian/2228.html。
② 百度百科，http://baike.baidu.com/link?url=7yv05XqFRvoYtUJtJU7iFkww PWNlHS2M01DF804Ay6fQtQ1qlpEs1jETcKUdXQe67X_ S6As1sRYwEn1gx—n1UHn8zKQFRkxGQC7 T2GE7—19Gb2M0_ AINMInJ5z8ZNmuXEEGtA4xGJpcUR_ WuIU2CsMdzOfDz03f6ZaGND9P5 mAtxOUoo—Eo3DuL31HHuiISM8vHVps5wh2Tjr2ujIfupca。

一 农村社会养老保险制度

1992年1月,国家民政部下发《县级农村社会养老保险基本方案(试行)》的通知(民办发〔1992〕2号),即通常大家所说的"老农保"。随后全国各地区开始了"老农保"的试点工作。"老农保"的建立是国家根据我国广大农村地区实际情况的需要,用来保障广大农村地区农民晚年基本生活的一种制度,它也是政府为农民制定的一项非常重要的社会保障政策。该制度的资金筹集以个人缴费为主,集体补助为辅,国家予以政策扶持,农保基金完全实行个人账户管理。但老农保在执行中存在个人缴费标准不高、保障水平过低、国家政策扶持没有到位、集体补助资金难以落实等问题,该方案最后实质成了农民自己拿钱为自己养老的"储蓄式"养老保险,农民对参保没有积极性,致使"老农保"工作于20世纪90年代后期基本停滞。由于"老农保"存在着众多先天性缺陷,促使国家对其进行全面改革。

二 新型农村社会养老保险制度

鉴于"老农保"存在各种弊端,2009年9月1日,国务院颁布《关于开展新型农村社会养老保险试点的指导意见》(以下简称《指导意见》),新型农村社会养老保险制度(以下简称新农保)的试点工作开始在全国10%的县(市、区、旗)进行。该项制度坚持"保基本、广覆盖、有弹性、可持续"的基本原则,结合农村发展的现状,使各个方面的制度设计与当前的经济发展水平相适应,同时由个人、集体、政府三者进行合理的承担责任,将各方的权利与各方的义务相对应,妥善引导农民普遍和自愿参保,明确了新老制度衔接的界限。

"新农保"制度的实施,填补了我国农村养老保险制度的空白,是继取消农业税、农业直补、新型农村合作医疗等政策之后的又一项重大惠农政策,在一定程度上有效解决了我国广大农村农民的晚年基本生活问题,有利于构建和谐社会的需要。同时,也可以积极应对老龄化对我国社会带来的严峻挑战。该制度的建立进一步缩小了城乡居民的收入差距,实现了社会公平,有助于我国社会进一步稳定及社会与经济的和谐发展。

三 城乡居民基本养老保险制度

2011年6月,国务院颁布《关于开展城镇居民社会养老保险试点的指导意见》。新型农村社会养老保险制度和城镇居民社会养老保险制度的相继建立,使我国的养老保险事业迈入了制度养老的时代。但考虑到新型农村社会养老保险与城镇居民养老保险在"筹资模式、待遇发放原则"等主体框架上大致相同,两者并行实施存在浪费公共资源、保险关系转移困难等不利因素,国务院于2014年2月颁布了《关于建立统一的城乡居民基本养老保险制度的意见》(国发〔2014〕8号)(以下简称《意见》)。《意见》总结了两项制度的试点经验,决定将新型农村社会养老保险制度和城镇居民社会养老保险制度合并实施,在全国建立城乡居民基本养老保险制度,实现城乡居民养老保险的制度平等。该制度是以实现城乡居民社会养老保险协调发展为目标,坚持和完善个人账户与社会统筹相结合的模式,巩固和扩大个人缴费、集体补助、政府补贴相结合的资金筹集渠道,完善个人账户养老金与基础养老金相结合的待遇支付政策,实现"待遇平等、城乡一体化管理"的保险制度。城乡居民基本养老保险制度的建立,将消除因户籍城乡二元化导致的养老待遇差别,促进城乡统筹发展和社会的公平正义,标志着我国城乡居民社会养老保险制度发展进入了一个新的历史阶段。

四 西部地区新型农村社会养老保险的实施状况

(一)新疆维吾尔自治区新型农村社会养老保险实施状况

2009年9月1日,《国务院关于开展新型农村社会养老保险试点的指导意见》(以下简称《国务院新农保指导意见》)颁布,当年,全国10%的县(市)启动了新型农村社会养老保险试点工作。新疆维吾尔自治区13个县(市)首批启动国家新农保试点,同时,玛纳斯县参照新农保模式自行启动了试点。同年11月,依据《国务院新农保指导意见》,新疆维吾尔自治区制定了《自治区新型农村社会养老保险试点实施方案》(以下简称《新农保险实施方案》)。2010年6月,为让广大农牧民群众得到更多实惠,新疆维吾尔自治区对《新农保险实施方案》做了必要的补充和完善,制定了《自治区扩大新型农村社会养老保险试点实施方案》,调整自治区缴费补贴标准,由原来的每人每年30元调整为50元;缴费档次由原来的100—500元5

个档次调整为 100—1000 元 10 个档次。对选择 100 元以上（不含 100 元）档次缴费的，（市）财政按每提高一个档次，由县增加不低于 5 元的标准予以鼓励；对累计缴费满 15 年（不含补缴费年限）以上的农牧民，每增加 1 年缴费，增发不低于 2 元的基础养老金；对新农保试点启动后继续担任（或新任）村干部但未满 60 周岁的人员，由试点县（市）按年给予缴费补贴，卸任不补；试点县市对计划生育"双证"人员的参保缴费和养老金待遇给予适当补贴。2010 年 7 月，喀什市等 43 个县（市）启动了第二批新农保试点，南疆三地州和哈密地区、阿勒泰地区所有县市实现新农保全覆盖，全区所有的贫困县、边境县均启动了试点。2011 年 7 月，乌鲁木齐市天山区等 36 个县（市、区）启动第三批试点，全区新农保实现全覆盖。[①]

经过三批试点，新农保和城镇居民社会养老保险于 2011 年双双实现了制度全覆盖。2012—2013 年，新疆城乡居民社会养老保险由制度全覆盖向人群全覆盖转变。与此同时，为了进一步提高城乡低保保障水平，新疆维吾尔自治区党委研究决定，安排专项资金为城乡低保对象、农村五保供养对象等困难群众发放肉食补贴和在全区开展临时救助。此次调整包括三项内容：一是从 2013 年 7 月 1 日起，提高全区现有 86.2 万城市低保对象月补助水平，每人每月增加 30 元；二是从 2013 年 7 月 1 日起，提高全区现有 129.9 万农村低保对象月补助水平，每人每月增加 16 元；三是安排 1.5 亿元用于城乡低保对象等困难群众肉食补贴和在全区全面开展临时救助。这次城乡低保补助水平一次性提高 30 元和 16 元，提高幅度历年最高，困难群众得到的实惠历年最多。提高城乡低保补助水平后，自治区城乡低保对象补助水平分别进入全国前十和前十二位以内。[②] 截至 2013 年 11 月底，新疆新农保应参保 502.66 万人，已参保 495.64 万人，其中领取待遇 92.15 万人，参保率达 98.60%，提前并超额完成了自治区重点民生工程年所提出的新农保参保率达 95% 的全年目标任务，新农保由制度全覆盖向人群全覆盖迈出了新步伐。[③]

---

① 张昕宇、李涵之：《自治区新农保实现全覆盖》，《新疆日报》2011 年 9 月 30 日。
② 高波：《新疆提高城乡低保保障水平 涨幅历年最高》，《中国日报》新疆记者站，http://www.chinadaily.com.cn/dfpd/xj/bwzg/2013—09/11/content_ 16961069.htm。
③ 徐博、潘莹：《新疆新农保接近 100% 参保率》，《人民日报》（海外版）2014 年 1 月 1 日。

(二) 内蒙古自治区新型农村社会养老保险实施状况

内蒙古自治区根据《国务院关于开展新型农村社会养老保险试点的指导意见》，于2009年9月14日印发《内蒙古自治区新型农村牧区社会养老保险试点办法》，从参保范围、基金筹集、建立个人账户、养老保险待遇、养老金待遇领取条件、业务经办与管理服务、基金管理与监督、相关制度衔接等方面做出了详细规定。2011年11月为了进一步统筹城乡社会发展，完善养老保险制度，结合当地实际，内蒙古自治区决定将城镇居民社会养老保险与新型农村牧区社会养老保险（以下简称新农保）合并实施，并且建立城镇和农村牧区居民社会养老保险（以下简称城乡居民养老保险）制度，同年11月25日，内蒙古自治区人民政府办公厅下发了《关于开展城镇和农村牧区居民社会养老保险试点的实施意见》，规定年满16周岁（不含在校学生），未参加城镇职工基本养老保险的城镇非从业居民、农村牧区居民，均可在户籍所在地自愿参保。

目前，启动的内蒙古自治区城乡居民养老保险试点，实施范围在已开展新农保试点地区的基础上，扩大到了61个旗县（市、区），截至2012年7月，内蒙古自治区基本养老保险参保人数为429.84万人。全区各地按时足额地为119.72万名参保企业离退休人员发放了基本养老金，并且全部实行了社会化发放；全区12个盟市的56个旗县区开展了新型农村养老保险制度试点，参保人数达到292.49万人，完成年度计划的97%，享受待遇人数为64.45万人；呼和浩特市、包头市、鄂尔多斯市、锡林郭勒盟的28个旗县（市、区）启动了城镇居民基本养老保险工作，参保人数达到9.61万人，完成年度计划的96%，享受待遇人数为5.6万人。全区失业保险参保人数229.67万人，接近年度计划任务，累计3.45万名（上年结转2.15万人）失业人员按时足额领取了失业保险金；基本医疗保险参保人数为895.12万人，参加工伤保险人数为215.02万人，参加生育保险人数为245.6万人，分别比上年末增加8.8万人、7.5万人、11.7万人，完成年度计划的99%、98%、94%。①

(三) 广西壮族自治区新型农村社会养老保险实施状况

2010年1月和10月，广西壮族自治区先后启动了两批共计27个县

---

① 池墨：《内蒙古扩大"新农保"试点范围今年实现全覆盖》，正北方网，http://www.northnews.cn/。

(市、区) 新农保试点工作，覆盖农业人口 1007.68 万人，占广西农业人口总数的 24%。截至 2011 年年底，全区参加城镇基本养老保险、基本医疗保险、失业保险、工伤保险和生育保险人数分别为 483.75 万人、981.32 万人、240.77 万人、272.52 万人、243.77 万人。全区社会保险基金总收入 403.23 亿元，总支出 327.31 亿元，基金累计结存 75.92 亿元。全区企业退休人员人均基本养老金从 1182 元提高到 1345 元，月人均增加 163 元；城镇居民医保财政补助提高到年人均 200 元，城镇职工医保和城镇居民医保统筹基金最高支付限额分别提高到当地职工年平均工资和当地居民可支配收入的 6 倍以上。新型农村社会养老保险和城镇居民社会养老保险试点稳步推进，第三批 45 个新农保试点县和首批 66 个城镇居民社会养老保险试点县全部启动。截至 2011 年年底，全区新农保和城镇居民社会养老保险试点覆盖分别达到 68%、66%。①

（四）西藏自治区新型农村社会养老保险实施状况

2009 年 11 月，西藏自治区在 7 个县（市、区）全面展开了新型农村社会养老保险试点工作。2010 年 11 月，新农保制度在全区 73 个县（市、区）、682 个乡（镇）实现了全覆盖，覆盖农业总人口 221 万人，20.88 万年满 60 周岁的农牧区居民按月领到了新农保基础养老金。2011 年 12 月西藏自治区人民政府下发《西藏自治区新型农村社会养老保险实施办法》（以下简称《实施办法》）。《实施办法》规定，新农保实行个人缴费、集体补助和财政补贴相结合的筹资模式，个人自愿选择缴费标准。缴费档次设定为 100—1200 元共 12 个档次，以 100 元为一个缴费档次，参保人可根据自身实际，自主选择缴费档次，多缴多得。政府补贴有两部分构成：一是对符合领取基本养老金条件的参保人员按月全额支付基础养老金。二是对参保缴费人员政府给予缴费补贴。具体标准最低为 30 元，最高为 85 元，以 5 元为一个缴费补贴档次，根据参保人自主选择的缴费档次给予相应的缴费补贴。② 新农保制度实施时，年满 60 周岁的老人无需个人缴费，每人每月可直接领取 55 元的基础养老金。基础养老金标准将

---

① 谢琳琳：《广西新农保将实现制度全覆盖比全国部署提前半年》，广西新闻网，2012 年 2 月 13 日，https://www.baidu.com/index.php?tn=93121100_hao_pg。

② 索朗达杰、罗布次仁：《西藏自治区将出台新农保实施办法》，中国广播网，2011 年 12 月 30 日，http://news.cnr.cn/gnxw/201112/t20111230_508997738.shtml。

随着经济社会发展而相应提高。截至 2012 年年底，西藏新农保参保率达到 91%，参保农牧民人数突破 200 万人。根据西藏社会保障规划，到"十二五"（2011—2015 年）末，西藏新农保、城镇居民社会养老保险参保率都将达到 95% 以上，实现制度的应保尽保。[①]

（五）贵州省新型农村社会养老保险实施状况

贵州省自 2009 年在 11 个县（市、区）启动新型农村养老保险试点以来，2011 年启动城镇居民（指城镇户籍非从业人员）社会养老保险试点。从试点到全面推广，将新农保试点工作作为"十大民生工程"和重点考核目标，围绕制度建设、加强干部培训、强化政策宣传、积极推动县乡平台建设及构建全省统一的信息系统等方面开展工作，目前已实现省市县乡四级联网的服务网络和经办力量，最大限度地让农村老人"老有所养"得到优质服务。各试点县千方百计解决好基层工作力量不足的问题，通过整合有效资源，建立公益性岗位等，对县、乡两级劳动保障机构及村级工作站，充实人员、办公场所、硬件设备、工作经费等，确保新农保工作有人办事、有地点办事、有钱办事。在构筑社会保障"安全网"上取得新突破，50 个国家扶贫开发工作重点县实现新型农村社会养老保险试点全覆盖，60 岁以上农村贫困人口每人每月可领取 55 元养老保险金。已有 73 个县实施新农保试点，覆盖率达到 77.5%，新农保参保人数已达 330 万人，综合参保率为 70%，其中 60 岁以上参保并领取养老金人数达到 95 万人，参保率为 83%，发放养老金 6.57 亿元。[②] 截至 2012 年 12 月底，贵州省城乡居民社会养老保险参保人数超过 1260 万人。参保人群中，农村居民 1226.8 万人，城镇居民近 34 万人，基本实现应保尽保，其中 400 余万 60 岁以上的老年居民领取养老金，包括 390 万农村居民和 14 万城镇居民。新型农村和城镇居民社会养老保险制度实现了全省覆盖。[③]

（六）云南省新型农村社会养老保险实施状况

云南省人民政府依据《国务院关于开展新型农村社会养老保险试点

[①] 黎华玲、郭雅茹：《西藏新农保参保人数占农牧民总人口九成》，新华网西藏频道，2013 年 1 月 7 日，http://www.tibet.cn/news/xzzw/shjj/201301/t20130107_1847511.htm。

[②] 周芙蓉：《国家扶贫开发工作重点县实现新农保试点全覆盖》，新华网，2011 年 8 月 7 日，http://news.xinhuanet.com/local/2011-08/07/c_131034082.htm。

[③] 《贵州省城乡居民社会养老保险参保人数超 1260 万人》，中国政府网，2013 年 1 月 21 日。

的指导意见》，制定了相关配套政策，各州市、各试点县根据各自经济发展状况和财力承受情况，制定了激励性缴费补贴政策，加大补助力度，体现了多缴多得、长缴多得、早参保早受益，调动了广大农民的积极性。首批"新农保"试点县包括13个国家级试点县和3个省级试点县。在补"入口"方面，对选择较高档次缴费的参保农民，分别提高了5—40元不等的激励性缴费补贴；在补"出口"方面，部分试点县在国家补助55元的基础上，还提高了5—30元不等的基础养老金。部分试点县还增加了对五保户、优抚对象、计生户的补助。2010年9月30日，全省试点参保县参保人数287.3万人，领取待遇53.1万人，平均参保率为86%，超过全国平均参保率达16%。[①] 2012年年末，云南省实现新农保和城居保两项制度全覆盖。截至2013年6月底，全省共2104.25万人参加城乡居民养老保险，参保率达到90%，其中领取待遇的60周岁以上老人共420.2万人。养老金每月按时足额发放。[②]

2013年，云南省人力资源和社会保障厅与省财政厅联合下发了《关于新农保与老农保制度衔接有关问题的通知》（以下简称《通知》），就新老农保衔接有关问题做出规定。今后，凡符合参加新农保条件的老农保参保人员，将全部过渡到新农保。户籍已转为城镇居民的老农保参保人员，按规定并入城镇居民社会养老保险。《通知》提出，已领取老农保养老金的参保人，按老农保养老金标准继续享受待遇；年满60周岁时，按规定享受新农保基础养老金；未领取老农保养老金的参保人，老农保个人账户积累资金全部并入新农保个人账户，按最低100元缴费档次标准折算缴费年限；折算年限达到或超过15年的，年满60周岁时，可享受新农保基础养老金。未满60周岁的，也可按新农保规定继续缴费。折算年限未达到15年的，按新农保规定继续缴费；参保人符合享受新农保待遇条件时，原老农保个人账户资金与新农保个人账户资金分别计算，合并享受个人账户养老金，同时享受新农保基础养老金。老农保基金并入新农保基金账户后，与新农保基金实行统一管理、分账

---

① 孟俊：《云南新增21个"新农保"试点县》，新浪财经，2010年10月27日，http://www.sina.com.cn。

② 陈莹莹：《云南城乡居保参保率达90%》，《中国证券报·中证网》2013年8月6日。

核算。①

（七）青海省新型农村社会养老保险实施状况

青海省于 2009 年 12 月启动国家新型农村社会养老保险试点工作，到 2010 年实现全省新型农村社会养老保险制度全覆盖。2012 年 1 月青海省自筹资金调整新型农村社会养老保险基础养老金标准，将基础养老金每人每月 55 元提高到 85 元。② 截止到 2012 年 5 月，青海省参加新型农村社会养老保险人数为 183 万人，参保率达到 79%，其中 60 岁以上享受养老金待遇的人数达到 33.67 万人。③

（八）宁夏回族自治区新型农村社会养老保险实施状况

宁夏回族自治区成立于 1958 年，是一个少数民族自治区。全区总面积 6.64 万平方公里，是全国除台湾、海南和 4 个直辖市外面积最小的省级行政区；④ 地处祖国西北地区，黄河中上游，与甘肃省、陕西省和内蒙古自治区毗邻；现辖 5 个地级市，2 个县级市，11 个县，9 个市辖区，共 22 个县（区），193 个乡镇。截至 2013 年年底，全区总人口 654.19 万人。其中，回族人口 230.12 万，占总人口 35.56%；汉族 412.16 万人，占总人口 63.68%；其他民族 4.91 万人，占总人口 0.76%。全区农业人口 393.76 万人，占总人口的 60.19%；非农业人口 260.43 万人，占总人口的 39.81%；16—59 周岁人口 433.07 万人，占总人口 66.20%；60 周岁以上人口 76.67 万人，占总人口 11.72%。

1. 新型农村社会养老保险试点

2009 年 9 月 1 日，国务院发布了《关于开展新型农村社会养老保险试点的指导意见》。同年 11 月，宁夏回族自治区率先将贺兰、平罗、盐池三县作为国家新农保试点县。试点过程中，由于试点规模不能满足广大农民参保的迫切需求，没有纳入试点范围的市、县（区）党委、政府和广大农民强烈要求尽早纳入新农保覆盖范围。为此，宁夏回族自治区党

---

① 杨雁：《云南出台新老农保制度衔接政策》，云南昆明网，2013 年 3 月 25 日，http://www.km.gov.cn/xxgkml/zwdt/636969.shtml。

② 李志强：《青海省新农保和城居保养老金提高到 85 元》，新华网，2012 年 6 月 19 日，http://news.xinhuanet.com/local/2012—06/19/c—123305096.htm。

③ 孟军：《老有所养，老有所依，老有所为》，《青海日报》2013 年 10 月 13 日。

④ 《宁夏区情数据手册（2013—2014）》，阳光出版社 2014 年版，第 56 页。

委、政府高度重视，按照国家试点标准将灵武市、青铜峡市、大武口区、惠农区、沙坡头区、利通区6个川区县（市、区）作为自治区试点，银川市兴庆区、金凤区、西夏区、永宁县、中宁县5个县（区）作为地级市试点。同时，向国家积极争取将固原市原州区、西吉县、隆德县、泾源县、彭阳县、吴忠市同心县、红寺堡区，中卫市海原县共计8个山区县（区）纳入国家试点范围。2010年9月30日国家新农保试点工作领导小组正式批准将固原市原州区等8个山区县（区）全部纳入国家新农保试点范围。至此，自治区国家试点县达到22个县（市、区）总数的50%，成为全国试点覆盖范围最大的省区（不包括新疆与西藏）。当全国其他试点县（区）仍在为国家新农保试点探索路径、总结经验时，宁夏回族自治区所辖22个县（区）已顺利实现新农保制度全覆盖，这比国家提出的到2020年全国覆盖远景奋斗目标提前了整整10年，比自治区政府原定奋斗目标提前了2年，新农保制度的试点走在了全国前列。

2. 新型农村社会养老保险试点人员覆盖及财政投入状况

宁夏回族自治区2009年开展的3个国家级试点县共有农民45万人，其中16—59周岁28.7万人，60周岁以上5.5万人。若按照个人每年缴费100元，政府补贴30元计算，地方政府每年需要补贴资金861万元；按照基础养老金每人每年660元计算，中央财政每年需要补贴资金3630万元。以上两项合计，每年需要补贴资金4491万元。

2010年纳入国家级试点范围的自治区山区8县，具体为：固原市原州区、彭阳县、西吉县、泾源县、隆德县、海原县、同心县、吴忠市红寺堡开发区8个山区县（区）的214万农民，其中16—59周岁有134.1万人，60周岁以上有21.5万人。若按照个人每年缴费100元，政府补贴30元计算，地方政府每年需要补贴资金4023万元；按照基础养老金每人每年660元计算，中央财政每年需要补贴资金14190万元。以上两项合计，每年需要补助资金18213万元。

3. 新型农村社会养老保险试点参保状况

截至2010年11月底，在自治区全区22个县（市、区）农村适龄参保的295.87万农民中，新农保参保人数达到158.67万人，登记参保率53.63%。其中首批开展国家试点的贺兰、平罗、盐池3县参保人数达25.42万人，参保率达78%，征收基金2923万元。有4.72万名年满60

周岁以上的参保农民人均每月领取55元基础养老金,养老金发放率为100%。按照试点批次划分,首批开展国家试点的盐池县、贺兰县、平罗县和11个自治区和地市新农保试点的兴庆区、西夏区、金凤区、永宁县、灵武市、大武口区、惠农区、利通区、青铜峡市、沙坡头区、中宁县共14个县(市、区)录入参保人员信息数据97.83万人,占全区适龄参保人数33%;南部山区8个县、区国家新农保试点的红寺堡、同心县、原州区、西吉县、彭阳县、隆德县、泾源县、海原县录入参保人员信息数据60.83万人,占全区适龄参保人数20.5%。参保人员信息数据入库登记率排前三位的县(市、区)为:泾源县、惠农区、永宁县。

在征收方面,兴庆区、西夏区、金凤区、灵武市等4个县(市、区)开始运用新农保信息系统软件与银行金融系统对接方式,征收新农保基金610万元。在待遇计发方面,永宁县、大武口区、惠农区、利通区4个县(市、区)已为60周岁以上符合待遇领取条件的3.4万名农民发放了养老金。

4. 新型农村社会养老保险制度的主要做法与特点

在初始设计新农保制度时,宁夏回族自治区充分考虑全区农村各类参保群体的不同情况,统筹规划,确定了新农保试点的指导思想、基本原则、总体目标和政策措施,从一开始就做到了目标任务、制度安排、缴费标准、财政补贴、待遇标准、经办服务"六统一",为以后逐步实现新农保的区级统筹奠定了坚实基础。新农保制度主要做法和特点主要表现为以下8个方面。

第一,两年实现新农保制度全覆盖。国家拟用10年时间完成新农保制度全覆盖,自治区结合自治区区域小、人口少的实际,自筹资金,采取国家级、自治区级和地市级三级新农保试点的办法,提前两年实现新农保制度全覆盖,这比国家政策要求提前了10年时间完成,基本解决了全区260余万农村居民养老问题。

第二,鼓励参保农民选择较高档次标准缴费,建立"多缴多得"机制。按照《宁夏回族自治区新型农村社会养老保险试点实施意见》(以下简称《实施意见》)规定的100元、200元、300元、400元、500元5个档次缴费标准,自治区和试点县(市)对参保缴费的农民分别给予财政补贴。按100元最低缴费,每人每年给予不低于30元的补贴。其中,自治区财政补贴川区20元、山区25元；川区、山区试点县（市）财政补贴不低于10元和5元。鼓励多缴多补，按200元、300元、400元、500元档次缴费，自治区在山区财政补贴为30元、35元、40元、45元，在川区财政补贴为25元、30元、35元、40元，其中差额部分由所在政府财政补足。

第三，引导中青年农民积极参保、长期缴费，建立"长缴多得"机制。《实施意见》规定，凡缴费年限达到15年以上的，每增加一年，其达到领取养老金条件时，可适当加发基础养老金，具体加发标准根据宁夏回族自治区经济社会发展情况确定。贺兰和平罗两县对于缴费年限达到15年以上的参保农民做出规定，即每增加缴费一年，其达到领取养老金条件时，将分别加发基础养老金4元、2元。从而鼓励农村中青年农民积极参保，长缴多得。

第四，对农村重度残疾及低保农村家庭等缴费困难的相关人员，自治区财政和试点县（市）财政按每人每年100元的最低缴费档次给予全额或部分缴费补贴。其中，对缴费困难的农村重度残疾人，川区县（市）由自治区和试点县（市）财政各承担50元；山区县（市）由自治区承担70元，试点县（市）承担30元。对于农村低保家庭的参保人员，自治区和县（市）财政各补贴25元。这一举措将使农村缴费困难人员参加新农保在制度上有了保障。

第五，对农村计划生育独生子女户、两女户和"少生快富"户参加新农保实行奖励缴费补贴政策，即在新农保参保缴费财政补贴的基础上，政府再按每人每年75元的标准给予其奖励缴费补贴，并由自治区财政与试点县（市）财政按照比例分担。具体为：川区县（市）由自治区和试点县（市）财政各承担50%；山区县（市）由自治区和试点县（市）财政分别按照70%和30%分担。奖励缴费补贴标准将参照自治区农民人均纯收入适当进行调整。这一政策有力的促进了计划生育基本国策在广大农村，特别是贫困农村人口中的贯彻落实。

第六，对已实行村干部养老保险制度的，在新农保试点实施时，全部纳入新农保制度范围。年满60周岁已领取村干部养老金的，仍按原待遇标准计发，并享受新农保基础养老金。

对已参加村干部养老保险的在职村干部和新任职村干部，继续按照村干部缴费补贴标准参加新农保。具体为：个人按照川区和山区上一年度农民人均纯收入的16%缴费，自治区和县（市）财政按照24%的比例给予补贴。具体标准由自治区党委组织部会同财政厅、人力资源社会保障厅根据上年度农民人均纯收入取整数确定，逐年发布。

为妥善解决新农保制度实施前已离职的村党支部书记或村委会主任养老保障问题，采取在新农保试点时鼓励其参保，待其达到领取养老金年龄时，在享受新农保基础养老金的基础上，同时再按任职年限给予适当补贴的办法给予解决。具体补贴标准为：任职3年至9年的，每月增加基础养老金5元；任职10年至20年的，每月增加基础养老金10元；任职20年以上的，每月增加基础养老金15元。所需资金山区由自治区财政承担，川区由自治区财政和县（市）财政各承担50%。这一举措有力地解决了"老村干部"养老保障的历史遗留问题。

第七，整合农村现有的社会服务资源，确保新农保工作规范、安全有序进行。针对自治区没有新农保经办队伍的现状，明确由自治区编办牵头，会同人力资源社会保障厅、财政厅和民政厅等部门，并结合自治区乡（镇）政府机构改革的有利时机，整合基层现有农村社会服务资源。在乡（镇）建立民生保障服务中心，在行政村设立民生保障服务站，主要负责新农保的参保、登记、初审、发卡等服务工作。

第八，建立全区统一的新农保信息管理系统，并纳入自治区民生保障"一卡通"管理系统，为广大参保农村居民提供一个快捷、方便、安全的服务环境。《实施意见》明确规定，由自治区经济信息化委员会、财政厅牵头，整合民政、人力资源社会保障、卫生、计生等信息资源，建立覆盖所有区、市、县、乡、村五级民生保障信息平台，实现数据交换、业务联动与资源共享。

第二节　村民参加新型农村社会养老保险需求行为和影响因素

本节以宁夏回族自治区平罗县、贺兰县、银川近郊华西村民意调查为个案，在实地调研的基础上，对农村新型社会养老保险实施情况、影响因素进行综合评价，以期为我国西部地区农村养老保险制度的进一步完善提供参考依据。

一 被调查点的基本情况与调查样本数据分析

平罗县位于宁夏回族自治区北部，总面积2251.6平方公里，人口29.3万人，其中，农业人口18.3万人，占62.5%，回族人口9.6万人，占32.8%。平罗地处呼包银、陕甘宁蒙、能源金三角、宁夏沿黄城市带等经济区前沿地带，包兰铁路穿境而过、京藏高速、西线高速、滨河大道贯通南北，距银川河东机场60公里，距宁夏陆路口岸30公里，区位优势明显，产业基础较好，是宁夏的统筹城乡试点县和国家农村土地经营管理制度改革试点县。2009年，平罗县被确定为全国新农保第一批试点县，2011年，平罗县大胆创新，将新型农村社会养老保险和城镇居民社会养老保险进行了制度整合，在宁夏率先建立了城乡居民社会养老保险制度。这是继城镇职工基本养老保险、新型农村社会养老保险工作后又一重大惠民政策，实现了社会养老保险制度的全覆盖。

贺兰县位于银川北部，西依贺兰山，东临黄河，隶属银川市。西部为山地，东部为平原，温带大陆性气候。年均温度9.7℃，年降水量138.8毫米，无霜期平均155天。矿藏主要有煤、磷矿、白云岩、贺兰石等。总面积1527平方千米，总人口18万人，其中农业人口13.7万人，占76.1%。有汉、回、满、蒙、土、白、壮等11个民族，其中汉族占76.1%，回族占23.6%。全县辖4个镇、1个乡：习岗镇、金贵镇、立岗镇、洪广镇、常信乡。县人民政府驻习岗镇，距市中心12千米。境内有南梁台子管委会、暖泉农场、宁夏原种场、京星农牧场。

华西村是江苏华西村帮扶宁夏贺兰山东麓建立的移民新村，距西部影视城1公里，距沙湖35公里，距西夏王陵30公里。华西村经过5年的开发、建设，已初步建成一个集工、农、贸、林等为一体的东西部合作扶贫开发示范村镇。5年前从贫困山区搬迁移民800户，4600余人组建成为宁夏华西村，他们在新开发的8600亩土地上植树19万株，绿化面积达2000多亩；招商引资2亿元，建起了20多家工厂企业、年产值6000多万元。目前，500多村民当上了工人，全村1999年人均收入2000余元。2012年5月30日宁夏华西村被农业部命名为"东西合作示范基地"。

为了客观了解和掌握被调查点的情况,本次调研主要采用了问卷调查和个别访谈的方法。问卷调查主要由基本状况和新型养老保险政策的实施情况两部分组成,基本状况问卷是对性别、年龄、民族、学历、职业、家庭户口类型等人口学变量以及新型养老保险参与程度的调查。在此基础上,课题组成员进入调查点,参与村民的社会生活,观察村民日常行为。在确认村民愿意配合研究之后,由村民开始填答问卷,问卷填答完毕之后,再由村民自己将问卷装入信封密封。正式访谈由两名主试负责,一名主持访谈,另一名对访谈过程进行记录。本次调查共发放调查问卷 250 份,收回有效问卷 216 份。其中男性 107 人,女性 109 人,回族 53 人,汉族 163 人。

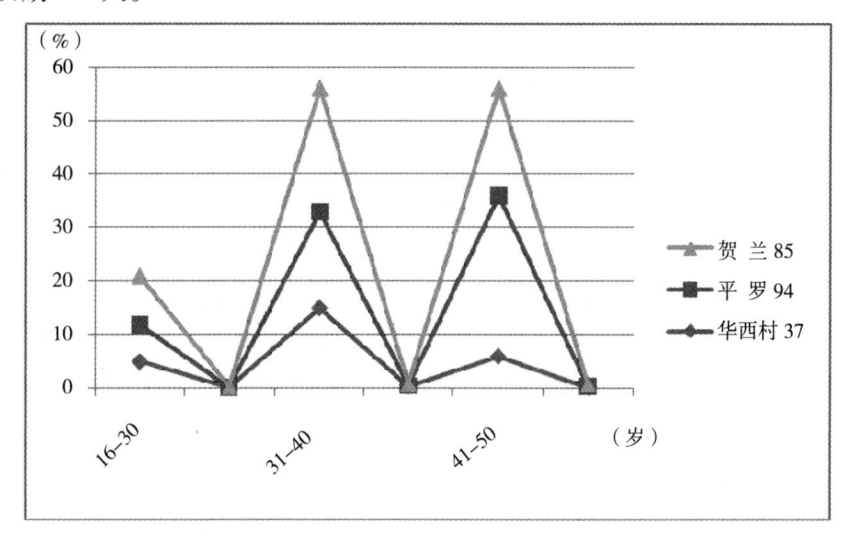

图 4-1　平罗、贺兰、华西村年龄结构

(一) 年龄结构分析

平罗、贺兰、华西村农村中老年人口占比例较大。40 岁以上的人的比例明显比 16—39 岁人口比例要大得多。比如平罗,16—40 岁被调查的人有 25 人,占抽样总人数的 26.7%;而 41—60 岁被调查人数有 54 人,占抽样被调查人数的 57.4%;同样能够看到贺兰有同种情况,16—40 岁被调查的人有 32 人,占抽样总人数的 37.8%;而 41—60 岁被调查人数有 39 人,占抽样被调查人数的 45.8%。

表 4-1　　　　　　　　　被调查村民的年龄结构

地区	总人数	16—30		31—40		41—50		51—60		60 以上	
华西村	37	5	13.5%	15	40.6%	6	16.2%	5	13.5%	6	16.2%
平罗	94	7	7.5%	18	19.2%	30	31.9%	24	25.5%	15	15.9%
贺兰	85	9	10.5%	23	27.3%	20	23.5%	19	22.3%	14	16.4%

（二）文化程度结构分析

表 4-2　　　　　　　　　被调查村民的文化程度

地区	总人数	文盲		小学		初中		高中以上	
华西村	37	9	24.3%	6	16.2%	16	43.4%	6	16.2%
贺兰	85	15	17.6%	27	31.7%	32	37.6%	11	12.9%
平罗	94	25	26.5%	21	22.4%	42	44.6%	6	6.3%

表4-2反映了"新农保"试点村县被调查人的文化状况，从中我们可以看出：农村人口受教育程度仍然很低。像平罗这样地处城市枢纽处，经济发达，城市化进程快的县域，高中以上文化程度的人口只占6.3%，贺兰为12.9%，华西村则是16.2%。相反，小学、初中人数占比例很大，华西村的文盲比例占到24.3%。这些数据让我们发现，"新农保"何以出台而不被他们大多数人了解，主要原因是不同文化层次的人对新政策的意愿和态度以及对政策的了解度都明显不同。因此，解决农民问题、农村问题仍然很大程度上要依赖人口素质的提高，人口素质提高的关键当然是教育。

（三）职业类型分析

表 4-3　　　　　　　　　被调查村民的职业类型

地区	总人数	纯农户		季节性外出打工		个体户		外来打工	
华西村	37	10	27%	10	27%	7	18.9%	10	27%
平罗	94	62	65.9%	24	25.5%	8	8.5%	0	0%
贺兰	85	48	56.4%	32	37.6%	5	5.8%	0	0%

从表4-3中我们可以看出：其一，纯农户占很大比例，说明农民大部分收入依靠土地，其他收入只是补充；其二，外来打工人口比例小，如：平罗和贺兰外来打工人口都为0%，这也正是城市化和工业化过程中的一个必然趋势。由于工业化征地、占地，农业土地面积大大减少，无论是矿产资源开采加工型、农副产品加工型还是原有主导产业拓展型的工业化，都需要使用大量的土地资源，伴随工业化产生的城镇化效应，也要求在公共基础设施、居住、商业服务业方面使用土地。

（四）家庭人口状况分析

从表4-4被调查人口的家庭结构可以看出：宁夏农村家庭规模小型化，一般家庭人口为3—4人。如平罗、贺兰、华西村，占比例最大的都是3—4口人的家庭。这种趋向会产生正反两种结果。其一，小型化家庭更容易脱贫，对国家"新农保"政策的缴费难度会有所缓和。其二，小型化家庭的趋向表明，我国家庭结构在历史上呈"倒金字塔"结构，这就给独生子女们稚嫩的肩膀增加了养老负担。

表4-4　　　　　　被调查村民的家庭人口结构

地区	总人数	1—2口人		3—4口人		5—6口人		7—8口人	
华西村	37	4	10.8%	20	54.0%	11	29.7%	2	5.4%
平罗	94	17	18.0%	44	46.8%	28	29.7%	5	5.3%
贺兰	85	12	14.1%	50	58.8%	19	22.3%	4	4.7%

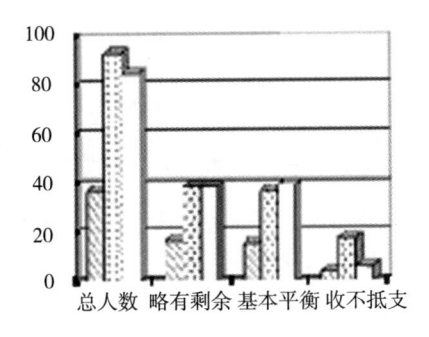

图4-2　被调查人口的收支状况

（五）被调查人口的经济状况

从图4—2中我们可以看出大部分家庭基本是收支平衡或略有剩余，说明当地农民生活水平逐渐提高。

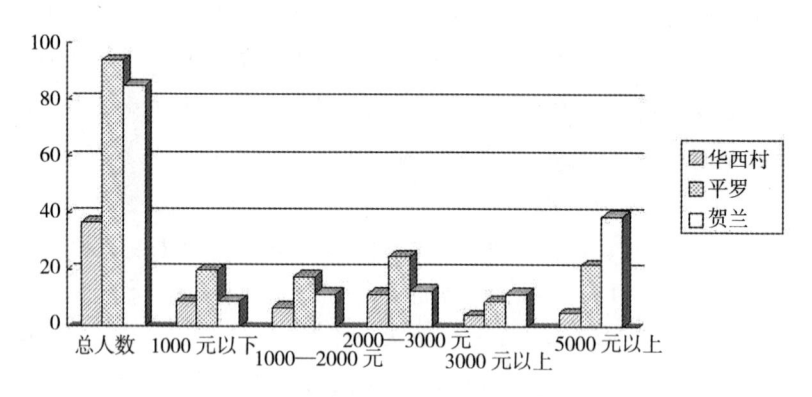

图4-3　被调查人口的人均收入状况

从图4-3中我们可以看出，近年来人均收入5000元以上的比例在贺兰、平罗较高，华西村由于属于移民村，经济以1000元以下居多，但总体收入能够支付养老保险最低档次——100元/年。

表4-5　　　　　　　　　被调查的村民经济收入情况

地区	总人数	1000元以下		1000—2000元		2000—3000元		3000元以上	
华西村	37人	15	40.6%	5	13.5%	8	21.6%	9	24.3%
平罗	94人	28	29.8%	13	13.8%	26	27.6%	27	28.7%
贺兰	85人	18	21.2%	11	12.9%	12	14.1%	44	51.8%

从图4-4数据中可以看出：平罗消费水平高，农民收入相对也高，相应支出也多。总体上看，虽然华西村、平罗和贺兰可能受物价高涨等相关因素的影响，支出都在某种程度上占很大比例，但人们仍然减缩着消费，因此，1000元以下消费人群总体占多数。所以，与上面总体状况收入表相吻合，尽管平罗等地部分人收入高，但支出同样高，因此，总体经济收入与支出持平的人数比例大。同样，人们有未雨绸缪的心理，收入高时会节余一部分资金，不会全花完，因此，在调查的农民总体收支情况表中的数据表明，略有节余的比例占最大。作为老年人，节余的一部分就是

自己以后预存的养老保险金。因而，国家"新农保"为他们提供了契机，国家农保政策的实施自然是水到渠成，有很大的可操作性。

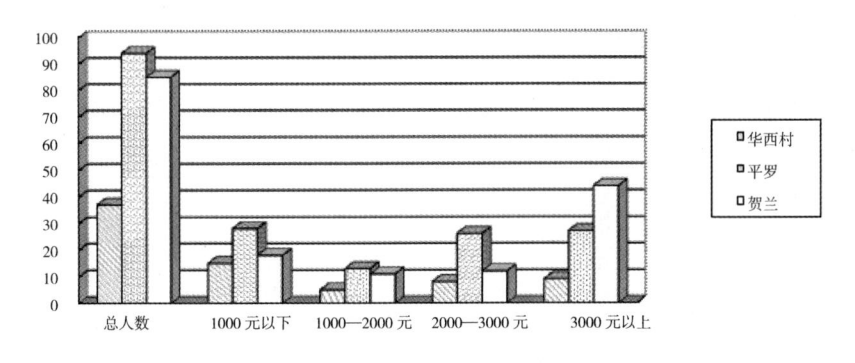

图 4-4 被调查村民收入状况

二 被调查点新型养老保险参与程度

以上我们就被调查人的年龄结构、文化程度、职业类型、家庭人口状况、经济收入状况等方面进行了分析，下面我们看看调查结果中他们对参加"新农保"的意愿。

（一）是否愿意参加"新农保"

表 4-6   被调查村民是否愿意参加"新农保"

地区	总人数	愿意参保人数		不愿意参保人数		观望人数	
华西村	37	29	78.4%	4	10.8%	4	10.8%
平罗	94	85	90.4%	4	4.2%	5	5.4%
贺兰	85	73	85.9%	12	14.1%	0	0%

平罗县愿意参保人数达到 90.4%，贺兰和华西村愿意参保人数分别达到 85.9% 和 78.4%，说明农村养老的呼声比较大，愿望急切。当然由于农民自身文化条件的局限性，以及其他种种原因，还有一小部分人不愿意参保，一部分人还持观望态度。根据调查和分析，原因有以下几点：其一，一部分人由于经济窘迫，承担不了除了基本生活保障以外的其他支出。其二，由于自身文化层次，他们对"新农保"政策缺乏了解，这就需要国家在推广中加大宣传力度。其三，农保政策不完善，自实行以来多

次修改,以至农民觉得政策缺乏稳定性,缴费期限很长,难保政策不变。其四,被调查人还年轻,对养老问题还未考虑。其五,他们对"新农保"的可行性表示怀疑。

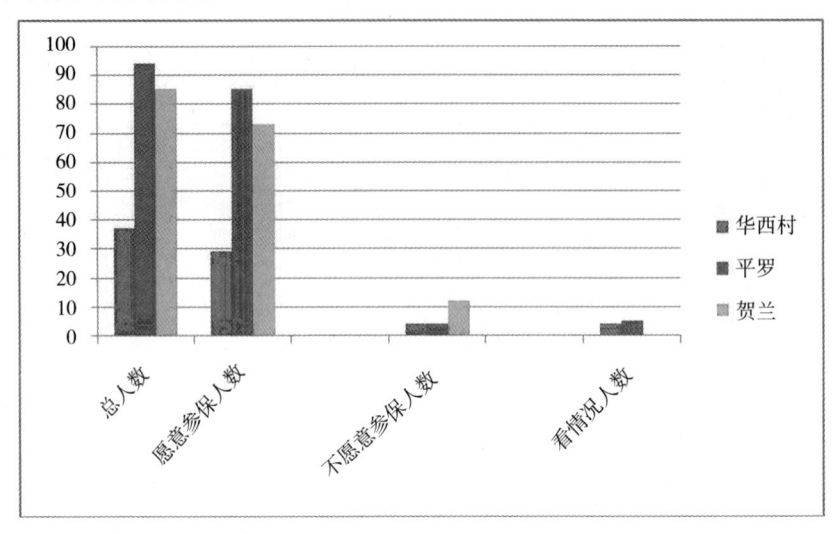

图4-5 被调村民参加"新农保"情况

（二）对"新农保"政策的了解程度

平罗是宁夏"新农保"政策的指定试点,因此知道"新农保"的人数比例占到94.7%,但华西村由于不是新政策的试点村,相对以上两个试点村,知道政策的人数很少,只占37.8%。大部分人或几乎所有村民对"新农保"政策并不太清楚。原因如下：其一,农村消息闭塞。其二,农民自身文化局限性,只知干活,不闻政治,甚至对他们有益的政策,特别是文化水平低下的农村妇女,不知道去关注。其三,政策刚出台,宣传力度不够,所以国家要加大力度解决"三农"问题,从经济、文化、公共设施等各个方面去解决这一系列问题,对新政策还需加大力度宣传,得到他们的积极支持。

表4-7 被调查村民对"新农保"政策的了解程度

地区	总人数	知道一些		不太清楚		不知道	
华西村	37	14	37.8%	12	32.5%	11	29.7%
平罗	94	89	94.7%	4	4.2%	1	1.1%
贺兰	85	66	77.6%	14	16.5%	5	5.9%

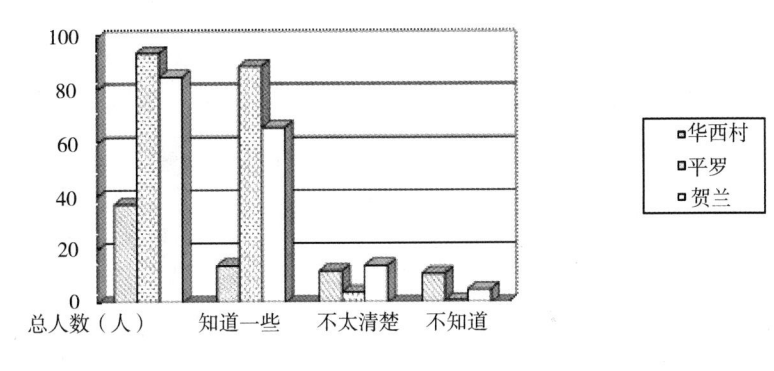

图 4-6　被调查村民对"新农保"政策了解程度状况

(三) 参保金额

国家对参保金额分为五个档次——100元、200元、300元、400元、500元。农民到底愿意参与什么档次的保障呢？

表 4-8　　　　　　　　被调查点村民参保金额

地区	总人数	100元		200元		300元		400元		500元	
华西村	37	7	18.9%	3	8.2%	7	18.9%	6	16.2%	14	37.8%
平罗	94	34	36.2%	6	6.4%	16	1.2%	13	13.8%	25	26.6%
贺兰	85	16	18.8%	18	21.2%	20	23.5%	11	12.9%	20	23.5%

从表 4-8 中可以看出，被调查对象愿意参保 500 元的占 37.8%，这表明农民对养老问题很重视，大部分人愿意多缴多领多补贴，充分为今后养老问题做准备，在华西村和贺兰的调查数据中我们发现，参保 300 元档的人数也占一定比值，这完全是一部分农民不了解政策，还有所保留，因此，采取了比较折中的 300 元档次，减少他们由于对新政策的不了解而产生的心理风险和物质风险。另外，愿缴 100 元的人数比例同样很高，究其原因：其一，经济收入低。其二，农民对新政策不了解，盲目畏惧。其三，养老政策近几年的不稳定，"旧农保"变"新农保"，产生了本能的政策畏惧。其四，文化教育程度的局限性，对惠民政策缺乏正确认识。

(四) 对被调查人在今后希望领取养老金数额的调查分析

这是一个期望值的调查，人的本能当然希望今后领取到的养老金额是更高的，因为金额与生活保障是成正比的。这当中还有一部分人确实生活较宽裕,他们还打算缴更多,再增设缴费档次,如,800元档次。表格中的另外一组数字也占比例很大,就是200档,他们考虑到自己的缴费能力,这200元的金额,再加政府补贴,省着点,就够用了。还有希望领取50元、100元、150元的人群,其根本的原因是经济条件限制着他们的投保额度。

表4-9　　　　　　　被调查点村民领取养老金所占比例

地区	总人数	50元		100元		150元		200元		300元以上	
华西村	37	1	2.7%	1	2.7%	1	2.7%	10	27%	24	64.9%
平罗	94	1	1.1%	1	1.1%	2	2.1%	12	12.8%	78	82.9%
贺兰	85	1	1.2%	2	2.4%	1	1.2%	8	9.4%	73	85.8%

从此次的调查结果来看,影响村民参加新型农村养老保险意愿的因素很多,其中个人因素、家庭因素、性别因素、年龄因素、经济因素、社会因素和政策因素最为明显,这些因素的交互作用使得部分村民对参保还存在等待、观望心态。

第三节　村民对城乡居民基本养老保险制度的意愿与潜在需求分析

2014年2月21日,国务院颁布了《关于建立统一的城乡居民基本养老保险制度的意见》(以下简称《意见》)。《意见》对城乡居民基本养老保险的指导思想、任务目标、参保范围、基金筹集、个人账户、相关待遇、领取条件、转移接续、制度衔接、基金管理运营监督、经办管理服务、信息化建设十二个方面进行了明确的规定。

由于宁夏回族自治区提前3年就完成了城镇居民社会基本养老保险制度与新型农村社会养老保险制度的归并,国务院《意见》与宁夏回族自治区已经实施的城乡居民社会基本养老保险制度在制度模式、筹资渠道、待遇支付结构等涉及制度框架方面基本一致。因此,为了贯彻落实《意见》,巩固城乡居民基本养老保险全覆盖成果,2014年8月4日,宁夏回族自治区制定了《关于进一步完善我区城乡居民基本养老保险制度有关问题的通知》(以下简称《通知》),对现行制度中的参保范围、个人账户计息、个人账户余额继承、强化经办管理服务等做了进一步的完善和优化,主要从以下 5 个方面对原有制度进行了完善:

一是进一步规范了保障范围,将非国家机关和事业单位工作人员也纳入了保障范围。

二是明确了其他社会经济组织、公益慈善组织、村集体(居委会)及个人为参保人缴费提供资助、补助金额的上限,即以政策规定的最高缴费档次为限。

三是改变了个人账户计息的相关政策。《通知》将原来确定的每年参考中国人民银行公布的金融机构人民币一年期存款利率计息调整为按国家相关规定计算利息。这样将能进一步维护参加保险人员的权益,更好地适应管理方式与相关政策的改变。

四是参保人账户余额继承政策有所调整。《通知》规定参保人死亡,个人账户资金余额可以依法继承,不再剔除政府补贴。

五是进一步强化了经办管理服务。对经办队伍建设、信息系统完善、经费保障等做出了具体的要求和安排。特别是对财政确有困难的市、县(区),自治区财政将适当给予补助。

由于城乡居民基本养老保险制度是一项前所未有的新政策,在实施过程中难免存在一些问题。为此,2015 年 8 月,我们到宁夏回族自治区城乡居民基本养老保险工作开展比较好的永宁县望远镇、望洪乡、杨和镇,贺兰县的立岗乡、潘昶乡、金贵镇共 6 个乡镇进行实地调查。此次问卷调查采取分层随机抽样的方法进行,每个乡镇选择 6 个村,每个村随机选择 26 个农户进行问卷调查,共填写调查问卷 1000 份,收回调查问卷 1000 份。

一 宁夏永宁县、贺兰县调查数据基本情况的分析

表 4-10　　城乡居民基本养老保险被调查人员的基本情况　　单位:人,%

调查项目	调查人数	民族		年龄			文化程度		
		回族	汉族	16—40	41—59	60 以上	文盲	小学	初中以上
总人数	1000	318	682	268	357	375	158	362	480

续表

调查项目	调查人数	民族		年龄			文化程度		
		回族	汉族	16—40	41—59	60以上	文盲	小学	初中以上
占%	100.0	31.8	68.2	26.8	35.7	37.5	15.8	36.2	48.0
男性	458	146	312	128	160	170	45	160	253
占%	45.8	31.9	68.1	27.9	34.9	37.1	9.8	34.9	55.2
女性	542	172	322	140	197	205	113	202	227
占%	54.2	31.7	59.3	25.8	36.3	37.8	20.8	37.3	41.9

资料来源：宁夏永宁县、贺兰县城乡居民基本养老保险调查问卷统计汇总，2015年8月

（一）村民对城乡居民基本养老保险政策的了解状况

面对一项新政策，广大人民群众只有在充分了解基本内容之后，才能做出正确的选择取舍。尤其是作为信息相对闭塞、文化水平相对较低的西部地区的农民，城乡居民基本养老保险相关政策只有越公开、越透明，农民了解的越透彻、越明白，他们才能越好地参与其中。为了调查农民对城乡居民基本养老保险政策了解的状况，我们设计了以下一些问题：你对城乡居民基本养老保险的相关政策：A. 了解一点点；B. 曾经听说过；C. 不完全清楚；D. 完全不知道。调查结果，对城乡居民基本养老保险相关政策了解一点点的231人，占23.1%；城乡居民基本养老保险政策曾经听说过253人，占25.3%；对城乡居民基本养老保险政策不完全清楚202人，占20.2%；完全不知道的314人，占31.4%。

从中我们可以看到不同性别、不同年龄段的农民，对城乡居民基本养老保险政策了解的情况不尽相同。从不同性别来看，男性总体上比女性了解得多一些。其主要原因在于，男性尤其是年轻男性，外出打工者较多，各类信息了解得多。女性特别是中年及以上妇女，多在家种地、带孩子、伺候老人，信息相对闭塞，城乡居民基本养老保险政策必然了解得少。从不同的年龄段来看，16—40岁的年轻人，外出打工的较多，容易接受新事物，加之父母都在农村，需要解决养老问题，他们对城乡居民基本养老保险政策比较关心，对城乡居民基本养老保险政策知道一点点和曾经听说

过的占60.5%。41—59岁年龄段的农民，对城乡居民基本养老保险政策比较关心，知道一点和曾经听说过城乡居民基本养老保险政策的也接近50%，加上对城乡居民基本养老保险政策知道一些的，总共占到75%以上。60岁以上年龄段的老年人，平时外出活动少，大都不参加农业生产，与村民接触沟通较少，信息闭塞，消息不灵，对城乡居民基本养老保险政策不太清楚的占到25%，完全不知道的占15.4%。

（二）村民对城乡居民基本养老保险政策了解的途径

通过调查问卷汇总我们看到，村民关于城乡居民基本养老保险政策的相关信息，61.2%的农民主要是从广播电视新闻中得知的，从社保局发放的宣传材料中得知的为30.8%，从报纸中得知的占到近5.5%，通过家人或其他人得知的仅占2.5%左右。从调查数据可以看出，广播电视在宣传党的政策方面发挥了巨大的作用，广播电视是广大农民获取信息、了解政策的最主要途径。农村由于经济不发达，农民收入低，个人订报纸的人数较少，因此，从报纸中得知相关政策的人数比例很低。另外，也可以看出相关职能部门对城乡居民基本养老保险政策的宣传还不到位，有关城乡居民基本养老保险的实施办法、缴费标准、享受待遇等具体政策，远远没有做到家喻户晓、人人皆知，致使15.4%的农民对城乡居民基本养老保险政策完全不知道。

（三）村民参加城乡居民基本养老保险的意愿状况

在村民是否愿意参加城乡居民基本养老保险这个问题上，被调查农民中"愿意参加城乡居民基本养老保险"的比重占到90.2%，而"不愿意参加城乡居民基本养老保险"的仅占1.2%，回答"看看情况再说"的占5.3%，"说不清楚"的占3.3%。从不同性别看，愿意参加城乡居民基本养老保险的比例女性高于男性，达90.5%，男性为86.8%。从不同年龄段看，60岁以上的农民，愿意参加城乡居民基本养老保险的比例达到100%以上，这主要是因为60岁以上的农民可以不用缴费，国家每人每月发放55元的基础养老金。16—39岁的年轻人，参保的积极性则比较低，愿意参加城乡居民基本养老保险的仅达到60.4%。主要原因在于，一方面，从现在缴费到60岁以后才能领到基础养老金，缴费后等待领取养老金的时间长达三四十年，时间长变数大。农民比较务实，对现状比较关心，对三四十年后的未来说不清楚也不太放心，故缴费的积极性不高。另一方面，二三十岁的农民，认为自己还年轻，离60岁还有几十年，目前身强力壮，凭自己的身体和劳动，完全可以自己养活自己，现在为几十年以后的养老问题考虑，为时过早没有必要，几十年之后物价上涨多少很难预料，自己能否活到60岁说不清楚，所以参保积极性也不高。40—59岁的中老年人，愿意参加城乡居民基本养老保险的比例达到85.5%，他们的参保积极性高于年轻人，低于老年人，最主要的原因在于，他们大都属于农村中的"4050人员"，在城市打工没技术、没体力、没优势，在农村种地务农是把好手。但随着年龄的增长，他们的体力越来越差，而距离领取养老金的年龄越来越近，因此他们愿意缴纳一定数额的养老保险费，主要是为今后能够领取一定数额的养老金。因此，这个年龄段的参保意愿比例高于年轻人。

（四）农村居民参保缴费金额的意愿状况

国务院关于城乡居民基本养老保险的意见，设置了农民缴纳养老保险费可以自由选择100元、200元、300元、400元、500元、600元、700元、800元、900元、1000元、1500元、2000元十二个档次，在经济欠发达的宁夏永宁、贺兰县，农民会在十二个档中如何做出选择呢？根据调查资料的汇总，我们可知：

表4-11 农民参加城乡居民基本养老保险缴费金额的意愿状况 单位：人，元

调查项目		调查人数	愿意缴纳100—500元		愿意缴纳600—900元		愿意缴纳1000元		愿意缴纳1500元		愿意缴纳2000元	
			人数	%	人数	%	人数	%	人数	%	人数	%
总人数		1000	937	93.7	38	3.8	25	2.5	0	0	0	0
性别	男	458	418	41.8	25	2.5	15	1.5	0	0	0	0
	女	542	519	51.9	13	1.3	10	1.0	0	0	0	0
年龄	16—40	268	268	28.6	0	0	0	0	0	0	0	0
	41—59	357	294	31.4	38	3.8	25	2.5	0	0	0	0
	60以上	375	0	0								

资料来源：城乡居民基本养老保险问题研究调查问卷统计汇总，2015年8月

在被调查的1000人中，愿意缴纳100—500元的人数达到937人，比重占到93.7%，愿意缴纳600—900元的人只有38人，比重仅占3.8%，

愿意缴纳1000元的仅25人，占2.5%，愿意缴纳1500元和2000元的为零，也就是说没有农民愿意缴纳1500元或2000元。从不同的性别角度看，愿意缴纳养老保险费的女性多于男性，这主要是调查中女性人数多于男性，但她们大都愿意缴纳100—500元最低限度的养老保险费，而缴纳600—900元、1000元的则是男性多于女性。这主要是男性大都外出打工，城镇职工多缴费多领取养老金的情况，对他们产生一定的影响，因此他们愿意多缴纳养老保险费，以便老了以后多领取养老保险金。从不同的年龄段来看，16—40岁的年轻人，外出打工者多，他们的收入比中老年人多，所以他们大都愿意缴费。但他们同样是愿意缴纳100—500元，600元以上完全没有人愿意缴纳。41—59岁的中老年农民，外出打工年龄大、没技术，大都以务农为主，经济收入低，决定了他们不愿意多缴费。60岁以上的老年人，因为他们直接领取养老金而不用缴纳养老保险费，所以他们全都选择了不愿意缴纳养老保险费。而愿意缴纳1500元和2000元的农民根本就没有。在实地调查中，我们感觉到农民不愿意缴纳1500元或2000元，最根本的原因在于他们的经济收入过低，全年的人均收入不过5000—6000元，相当于城镇职工一个月的工资，他们内心也愿意多缴费，今后老了多领取养老金，但他们实在拿不出那么多的钱。加之，他们担心现在缴纳这么多，将来二三十年后谁知道还能领多少？谁知道是否还能活到领取养老金的那一天？这两种情况，决定了农民不愿意多缴费，缴纳1500元和2000元的几乎没有。

二　现行制度实施中发现的问题与缺陷

在实地调查过程中，我们看到城乡居民基本养老保险制度在永宁与贺兰两个县已经全面推开，绝大部分村庄已经进行了宣传动员，16岁以上的农村居民大都进行了调查摸底、注册登记，许多乡镇的农民按照城乡居民基本养老保险政策的相关规定已经缴纳了养老保险费。据永宁社保局介绍，截至2014年7月底，永宁县城乡居民应参保8.42万人，实际参保8.29万人，参保率为98.5%，应缴费6.53万人，实际缴费0.47万人，缴费率仅为7.2%，60周岁以上领取养老金为1.76万人，人均月领取养老金142元。据贺兰县社保局介绍，截至2014年7月底，贺兰县城乡居民应参保为7.57万人，实际参保7.21万人，参保率95.2%，应缴费

4.86万人，实际缴费0.25万人，缴费率为5.1%，60周岁以上领取养老金为1.71万人，人均月取养老金135元。尽管城乡居民基本养老保险已经全面推开，但在实际实施的过程中，还存在许多问题。就全国而言，发展情况参差不齐，有的地方存在停滞甚至倒退现象。与已往城镇养老保险相比，最大的差别是缺少城镇养老保险的社会统筹部分。这种保障模式完全依赖于一定的经济基础，取决于所在地区的经济发展水平，或者说是农村居民的个人可支配收入的多少。

（一）16—40岁的年轻农民参保积极性不高

在我们实地调查的六个乡镇的1000位农民中，80%以上的农民对城乡居民基本养老保险政策知道或曾经听说过，有近15%的农民对城乡居民基本养老保险相关政策不完全清楚，60岁以上的老年人，对城乡居民基本养老保险制度几乎完全不清楚。由于农民对城乡居民基本养老保险政策不了解、主要内容不清楚、相关认识不到位，加之缴费时间长、领取基础养老金数额少，16—40岁的农民参保的积极性不高。在我们的调查中，愿意参加城乡居民基本养老保险的农村居民占到85.2%，还有近15%的人不打算参保，或等一段时间再说。尽管从永宁县、贺兰县社保局提供的资料中看到参保率分别为98.4%和95%，但从缴费率来看，两县分别仅为7.2%和5.1%。年轻农民参保积极性不高的主要原因，一是经济收入低，拿不出更多的钱去缴费，尤其是不愿意去缴纳每年1500元、2000元的养老保险费。二是缴费期太长，从缴费到领取养老金，之间要有二三十年时间的等待，农民担心变数大，因此参保尤其是缴费的积极性不高。

（二）城乡居民基本养老保险政策宣传不到位

在我们所调查的永宁县、贺兰县的六个乡镇，所到之处很少见到关于城乡居民基本养老保险政策的宣传标语牌、宣传条幅、宣传栏，村庄里关于城乡居民基本养老保险政策的宣传氛围不浓。在所调查的1000位农民中，关于新型农村社会养老保险的有关政策，知道一点、曾经听说过城乡居民基本养老保险政策的为80.4%，对城乡居民基本养老保险政策不完全清楚的占15%，完全不知道城乡居民基本养老保险政策的占4.6%。就他们对城乡居民基本养老保险政策了解的途径，通过调查问卷我们可以看到，农民关于城乡居民基本养老保险政策的相关内容，通过广播电视了解到的占61.2%，而通过社保局印发的宣传材料了解到的仅30.8%。由此可见，关于城乡居民基本养老保险的相关政策的宣传，在农村远远没有做到家喻户晓、人人皆知。

(三) 16 岁开始缴费的规定不实际更缺乏法律依据

国务院关于城乡居民基本养老保险意见，规定了城乡居民缴费从 16 岁开始，累计缴费 15 年。这一规定既不科学合理，在现实中也不可行。一是在现实的社会生活中，16—20 岁的城乡居民大都处在上学年龄段，要么上高中，要么上大学，已经就业的不多。况且国家的相关法律规定企业只能招收 18 岁以上的员工，否则违反国家劳动法。正规单位、企业不敢招收 18 岁以下的未成年人，即便是偷偷接受的单位或私企，也不给劳动者购买养老保险。二是让 16 岁的人去缴纳养老保险费脱离实际，即便是就了业，也没有参加养老保险的意识，再退一步讲，就是有养老保险的意识，未必有能够缴纳养老保险的资金。

(四) 集体补助在现实生活中无法实现

按照国务院《关于建立统一的城乡居民基本养老保险制度的意见》，城乡居民养老保险基金由个人缴费、集体补助、政府补贴构成。在我国现行的经济体制下，家庭承包责任制实行以后，农村集体经济几乎成为"空壳"。绝大部分村集体，只有村两委会这个村民自治的基层组织，其村上的土地全部承包给了农民个人，村委会基本上不收取村民个人家庭的土地承包费。村委会既没有自己的乡镇企业，又没有自己的经济收入，村集体给村民个人进行养老保险缴费补助，只能是写在纸上、说在嘴上，在现实生活中则无法落实在实际行动中。在我国绝大部分农村，除了极个别的村子，如华西村有比较强的集体经济实力，可以给所属村民缴纳养老保险集体补助外，全国绝大部分农村，村集体是没有能力给村民养老保险集体补助的。如何在家庭承包经营的基础上，重新构建农村集体经济发展框架，培育壮大村级集体经济实力，改变村集体"空壳村"现状，使村集体"手中有粮""手中有钱"，进一步强化农村集体经济组织的服务功能，增强农村基层组织的凝聚力，促进农村集体经济发展和农民群众共同富裕，既是建设社会主义新农村迫切需要解决的重大课题，也是落实国务院城乡居民基本养老保险基金由个人缴费、集体补助的一个重要内容。

(五) 农保政策不稳定，农民缺乏信任感

宁夏养老保险政策在农村实施，经历了"老农保""新型农村养老保险"和"城乡居民基本养老保险"三个阶段。以老农保为例来说，老农保始于20世纪90年代初，后因国家政策扶持没有到位，集体补助资金难以落实，结果形成了农民自己拿钱为自己养老的"储蓄式"养老保险，且保障水平低，导致农民对参保没有积极性，致使农保工作基本停滞。有的农民受当时政策鼓励，参保时一次性缴费数额较大，后因为老农保政策停滞，投进账户的钱被冻结。这些实际上严重地影响了农民对于后续政府农保政策的信任感，降低了农民的参保意愿。因此，如何消除农民对国家政策的顾虑，让其信任新农保制度真正能给他们的老年生活带来实惠并愿意长期参保，是农保制度在推行中有待解决的一个重要问题。

（六）经办工作缺乏稳定性和连续性

目前，宁夏回族自治区社会养老保险经办队伍能力仍然比较薄弱。一是经办队伍总量少。2014年，全区共有246个乡镇和街道民生服务中心，其中乡镇202个，街道44个。全区乡镇（街道）民生服务中心社会保险服务对象共有643万/年人次（其中城乡居民养老保险参保人员181.3万人，城乡居民医疗保险参保人员462万人），按现有编制内人员460人计算人均工作量，人均服务人次比例1：14000，是全国人均服务人次比例的两倍多。人员少、经费标准不一、设备少、工作量大的现象各地普遍存在。二是人员不稳定。各乡镇从事统筹城乡居民社会养老保险的业务人员大部分为公益性岗位人员和"三支一扶"大学生，有的聘用零就业家庭人员和"4050"人员，有的县由村信息员、记账员等从事城乡居民社会养老保险工作，人员素质参差不齐，流动性大，更换频繁，致使统筹城乡居民社会养老保险经办工作缺乏稳定性和连续性。由此造成监督管理不力，养老保险基金存在虚报、冒领的现象。

第四节 完善西部地区城乡居民基本养老保险的对策建议

通过以上的分析，可以看出，西部地区城乡居民基本养老保险制度在试点过程中出现的诸多问题，既有政府职能部门宣传不到位的原因，也有农村居民认识不到位的因素，更有制度设计本身不尽科学、合理的因素。为此，我们建议：

一 加大宣传力度，提高农民对城乡居民基本养老保险政策的认知水平

任何一项新政策要使群众接纳、认同它，必须进行深入广泛的宣传。我们在实地调查中，所到乡村之处，几乎看不到城乡居民基本养老保险的宣传标语、横幅和宣传栏，还有不少农民群众搞不清城乡居民基本养老保险是怎么一回事。由于农民对城乡居民基本养老保险政策认识不到位，加之60岁以后基础养老金太低，致使农民参保缴费的积极性不高，城乡居民基本养老保险政策的社会效益远没有收到预期的效果。因此，地方政府及相关职能部门，应通过不同方式加大宣传力度，一是力求让农村居民弄清他们最关心的问题，比如：参保交的钱将来究竟能不能养老？政策还会不会变？只有让农民弄清这些诸如此类的问题，明白农保政策真正是一项惠民政策，对他们将来养老是有利的，才能打消他们的种种顾虑，增强对于制度的信心。二是不断提高基层村委会有关人员的综合业务素质，让他们明白宣传政策的重要性，消除懈怠心理，把宣传工作真正落到实处。三是通过在村里、村委会悬挂各种横幅，创造出一种参加农保的热烈氛围，让村民知道有农保这个政策。同时，编写简明易懂的农保政策小册子，采用集中发放或者上门发放等形式，让他们领会政策的实质。四是结合当地的实际情况，每个村庄都应该悬挂横幅、刷写标语、利用黑板报、宣传栏、流动宣传车等多种形式，进行政策宣传，形成一种良好的宣传氛围。同时还应通过广播、电视、网络以及召开村民宣传动员大会，印发宣传材料，深入田间地头和每一农户家中，把城乡居民基本养老保险政策讲明、讲透。五是以已经领取养老金的村民为代表，谈谈他们对参加农保的认识。用这样现身说法的实例比说教更有说服力，因为老百姓只相信自己眼睛，看到了，宣传的目的也就达到了。只有使城乡居民基本养老保险政策家喻户晓、人人皆知、参保者清楚明白，认识到它的好处，才能使广大农民积极参保。

二 加强组织领导，将城乡居民基本养老保险工作做深、做细、做扎实

县人民政府，应按照中央政府的统一部署，成立以主管县长为首的城

乡居民基本养老保险工作领导小组，切实加强城乡居民基本养老保险工作的组织领导。人力资源和社会保障部门，要切实履行城乡居民基本养老保险工作行政主管部门的职责，会同财政部、发改委、税务等部门，做好城乡居民基本养老保险推广、实施的统筹规划、统一管理、综合协调等工作。同时，由人力资源和社会保障部门牵头，抽调县乡镇党政机关精干得力的工作人员，组成城乡居民基本养老保险宣传教育推广实施工作队，分期分批组织工作队员深入到全县所有的村庄和农户家中，挨村逐户的进行宣传、注册、登记，把国家的城乡居民基本养老保险政策给广大农民群众讲清、讲透、讲明白，使所有符合条件的农民都尽可能的参保。同时，在乡镇尽快成立相应的城乡居民基本养老保险经办管理服务机构，落实办公地点，充实工作人员队伍，建立健全参保农民的参保档案，做好参保农民的缴费登记和养老金的发放，将城乡居民基本养老保险工作做深、做细、做扎实，从而使更多的农民群众感受到党的城乡居民基本养老保险政策的温暖和怀关。

三 增加政策透明度，使参保农民明明白白缴费

城乡居民基本养老保险试点指导意见规定"养老金待遇由基础养老金和个人账户养老金组成，支付终身。个人账户养老金的月计发标准，为个人账户全部存储额除以139"。许多农民群众对这两点不太明白：一是个人账户全部存储额到底有多少？二是139是什么意思？为什么要除以139？我们认为，一是县社保局在城乡居民基本养老保险政策宣传资料中，应该附一张个人账户存储额计算表，使参保农民明白自己缴费100元、200元、300元、400元、500元、600元、800元、1000元、1500元、2000元1年、2年、3年……N年其存储额总计是多少，也就是说N年后个人账户上总共有多少钱。二是县社保局在宣传材料中应该补充说明为什么要除以139。我们在下乡调研时也搞不清楚，后来专门请教了社保局的相关工作人员，才明白了139是指60岁以后领取养老金的时间平均为139个月。这139个月又是根据我国人口的平均预期寿命71.6岁＝60岁+11.6岁，这11.6岁×12个月＝139个月，也就是说60岁以后平均大体能够领取139个月的养老金。其实不复杂，但就因为表述过于笼统，而使大多数农民群众以及相当一部分市民都搞不清楚为什么要除以139。为此，我们建议各地政府及人力资源社会保障部门，在宣传城乡居民基本养老保险政策时，一定要附一张个人存储额和利息明细计算表，使广大农民群众能够知道自己现在每年的缴费额加上地方政府的补贴以及利息，60岁以后自己账户上总共有多少钱以及每个月能够领取多少养老金。增加政策的透明度，使广大农民明明白白缴费，清清楚楚领取养老金。

四　16 岁开始缴费应该调整为 25 岁开始缴费

国务院《关于建立统一的城乡居民基本养老保险制度的意见》规定，养老保险缴费从 16 岁开始（在校学生除外）累计缴费 15 年。但在现实社会中，16 岁的城乡居民大都处在上学年龄段，正常的大专毕业生，年龄基本上在 21 岁以上。国家规定 18 岁才有资格就业，16 岁就去打工，违反了国家的劳动法，正规单位、企业不敢招收，偷偷接受的单位或企业，也不愿意给买保险。让 16 岁的人去缴纳养老保险费既不实际，也不合常理。即便是 16 岁的人就了业，也没有养老保险的意识，再退一步，有养老保险的意识，未必有能够缴纳养老保险的资金。我们认为，设立 16 岁为参保缴费期，既没有法律依据，违反劳动法，也没有缴费的经济基础，更没有缴费的意识。这个政策既不合理，也不符合实际。应该将缴费的年龄调整为 25 岁开始缴纳，累计缴纳 15 年。从 25 岁开始缴纳养老保险费，缴费者已经实现了就业，且有了一定的经济收入和积蓄，具备了缴费的经济条件，也开始有了养老保险的意识。因此，应该将 16 岁开始缴费调整为 25 岁开始缴费，这样更科学、更合理、更符合实际，也可以为广大城乡居民所接受。

五　增加财政支出，提高基础养老金标准

现阶段中央财政给 60 岁以上农民发放的每人每月 55 元的基础养老金，宁夏回族自治区城乡居民基本养老保险基础养老金每人每月为 85 元，其中 55 元由中央财政负担，30 元由自治区财政负担。以当前的社会物价消费水平而论，每人每月 85 元的基础养老金，保障水平过低，难以吸引广大农民积极参保。为此，建议国家应根据我国经济发展与财政能力不断提高的情况，大幅度增加公共财政支出，加强以保障民生为重点的社会保障体系建设，适时提高基础养老金标准。在增加企业退休职工养老保险金

的同时，也应该相应的提高城乡居民的基础养老金标准，才能从根本上解决城乡居民的养老问题，逐渐缩小城乡差距，真正做到统筹城乡协调发展，维护城乡社会稳定，实现城乡经济、社会和谐与可持续发展。

六　积极探索养老保障的制度创新

在坚持城乡居民基本养老保险制度的前提下，针对不同的群体建立补充型的养老保障。如在土地流转过程中，土地资源收入作为社会保障，特别是养老保险缴纳的一部分，对西部地区农村居民参保者根据经济收入情况给予一定的补助。目前，尽管出台的一些政策和即将建立的相关制度，在一定程度上解决了一部分农村人口的养老问题。但是，与城镇职工养老保险制度的"强制性"不同，农村养老保险制度采取的是"政府主导和农村居民自愿相结合"的实施方式。如何让西部地区农民长期自愿参保是农村养老保险制度运行中面临的一个实际问题。为此，我们建议：一是在建立农村最低生活保障制度的同时，将包括贫困老年人口在内的贫困群体纳入到"低保"范围，这样，对土地和家庭保障不能有效提供农村老年人基本生活保障的，可以通过"低保"给予解决。二是国家和西部地区省（自治区）政府应将享受奖励政策的人群扩大到双女户，这在普遍存在重男轻女的农村地区，将会产生更为积极的影响，把这一政策同农村养老保险政策进行适当的整合，可以有效地在西部地区农村养老保险中发挥作用。

七　推进西部地区城乡制度整合和待遇衔接

在不断完善西部地区城乡最低生活保障制度的同时，把着力点逐步转向西部地区城乡统筹，推进城乡制度整合和待遇衔接。一是坚持低标准起步，以个人缴费为主，可考虑按农民人均纯收入作为缴费基数，缴费比例由各地制定；二是按照当地财政能够承担又能调动农民参保的积极性的原则，财政给予适当补贴；三是分别建立统筹账户与个人账户，财政补贴部分作为统筹资金，个人缴费及利息全部记入个人账户；四是由各地城镇企业职工养老保险经办机构管理，人员经费与工作经费列入当地财政预算，一律不得从基金中开支；五是建立严格的管理制度，按照收、管、用相分离的原则，将基金纳入财政专户，实行收支两条线管理，形成各部门相互制约、相互监督的管理机制；六是由中央统一制定基金的投资管理办法及银行的优惠存款利率，拓宽投资渠道，确保基金的保值增值。

八 不断完善法律体系，确保农保政策的稳定性

西部地区自从建立农村养老保险制度以来，大都以实施意见、方案和政府通知等临时性文件来指导方案实施，没有完备的法律保障来约束，导致政策的稳定性难以保障。比如宁夏回族自治区过去实施的老农保政策，由于存在较多弊端，刚起步不长时间就遭到废止。这些都是因为立法滞后，政策的执行没有法律保障，能执行就执行，不能执行就停下来。这种政策不稳定、不可持续及弊端过多的情况，都会让村民参加农保的积极性严重受挫。为此，建议国家和省级政府应以立法的形式将农保制度确立下来。在法律的制定过程中，需要正确处理顶层设计与基层探索的关系、理论层面与执行层面的区别等。有了完备的法律体系，才能确保养老保险政策执行的稳定性和可持续性。

第五章　西部地区新型农村
医疗保险制度研究

我国自2003年实施新型农村合作医疗制度和近年来推行的城乡居民基本医疗保险制度以来，虽然在解决西部地区农村居民"看病难、看病贵"的问题取得了显著成效，但在政策实施过程中还存在诸多问题。新型农村合作医疗制度，只是在一定程度上解决了农村居民无钱看病的问题，仍未解决到什么地方看病和是否有合格的医技人员为他们看病的问题。特别是西部地区农村医疗资源匮乏，群众的医疗需求得不到满足。

第一节　西部地区新型农村合作医疗的实施状况

新型农村合作医疗制度是由政府组织、引导、支持，农民自愿参加，个人、集体和政府多方筹资，以大病统筹为主的农民医疗互助共济制度。[①] 自2003年先行试点，逐步推广以来，西部地区各省（区）根据《中共中央、国务院关于进一步加强农村卫生工作的决定》要求，制订了本省（区）新型农村合作医疗制度的管理办法。

新疆维吾尔自治区人民政府着力加快健全全民医保体系，巩固完善基本药物制度和基层医疗卫生机构运行新机制，积极推进公立医院改革，统筹做好基本公共卫生服务均等化、医疗卫生资源配置、社会资本办医、医疗卫生信息化、药品生产流通和医药卫生监管体制等方面的配套改革，巩固已有成果，在重点领域和关键环节取得新突破。职工基本医疗保险、城镇居民基本医疗保险和新型农村合作医疗三项基本医疗保险参保（合）

[①] 国务院办公厅：《关于建立新型农村合作医疗制度的意见》，2003年1月16日。

率稳定在95%以上。城镇居民医保和新农合政府补助标准提高到每人每年290元，城乡居民个人缴费水平相应提高。鼓励有条件的地方积极探索建立与经济发展水平相适应的筹资机制。城镇居民医保和新农合政策范围内住院费用支付比例分别提高到70%以上和75%左右，进一步缩小与实际住院费用支付比例之间的差距，适当提高门诊医疗保障待遇。[①]

西藏自治区人民政府2012年11月颁布《西藏自治区农牧区医疗管理办法》指出：农牧区医疗基金分为大病统筹基金、门诊家庭账户基金和医疗风险基金三类。其中，大病统筹基金占农牧区医疗基金总量的60—70%，用于农牧民住院医疗费用和特殊病种门诊医疗费用的报销补偿。门诊家庭账户基金占农牧区医疗基金总量的28—38%，用于农牧民门诊医疗和健康体检费用的报销补偿。农牧民在各级定点医疗机构就医所发生的住院费用，凭《家庭医疗账户本》和医疗费用有效票据，按比例在其大病统筹基金中核销或报销。1. 在乡（镇）定点医疗机构就医所发生的住院费用，交纳个人筹资的免收90%；未交纳个人筹资的免收70%。2. 在县（市、区）定点医疗机构就医所发生的住院费用，交纳个人筹资的免收或报销85%；未交纳个人筹资的免收或报销65%。3. 在地（市）及以上定点医疗机构就医所发生的住院费用，交纳个人筹资的在大病统筹基金中报销70%；未交纳个人筹资的报销50%。[②]

宁夏回族自治区从2012年在全区实施统筹城乡的居民基本医疗保险制度（统称为城乡居民基本医疗保险），农村居民可以享受到与城镇居民完全一样的待遇，在全国率先实现了城乡医疗保险的同等对待。目前宁夏回族自治区各市县农村居民基本医疗保险的参保率均在90%以上。青铜峡市农村居民参保人数20.9万人，参保率达到95%以上。在固原市调查的4个行政村中，有3个村的所有农户都参加了新型农村合作医疗，另外1个村仅有5户农民没有参加医保，占该村总户数的2.7%。海原县农村居民参加基本医疗保险人员的比重从2007年的85%提高到2013年的97.2%。2013年隆德县城乡居民医疗保险参保138836人，其中农村居民

[①] 新疆维吾尔自治区人民政府办公厅：《关于印发自治区2013年深化医药卫生体制改革主要工作安排的通知》，2013年9月12日。

[②] 西藏自治区人民政府：《西藏自治区农牧区医疗管理办法》，2012年11月26日。

参保人数为127332人,占整个城乡居民参保人数的91.7%。2013年盐池县农村居民基本医疗保险的参保率达到98%以上。与此同时,2013年宁夏各级财政对城乡居民医疗保险补助标准为每人每年300元,城乡居民医疗保险个人缴费标准为:一档50元,二档200元,三档400元。其中,未成年人和在校大学生可以选择一档或三档缴费,按一档标准缴费后,享受二档基本医疗保险待遇。

在以上补助标准不变的前提下,由财政对城乡居民中三级中度残疾人员再补助150元,对城镇"三无"人员和贫困家庭中二级以上重度残疾人员再补助288元,对农村五保对象和贫困家庭中二级以上重度残疾人员再补助350元。表5-1为宁夏2013年在全区实行统一的城乡居医疗保险住院报销标准,按照缴费档次以及就医医院级别不同,享受的报销比例不同。

表5-1　　宁夏回族自治区城乡居民医疗保险住院报销比例

参保档次	住院起付标准(元)				政策范围内住院费用报销比例(%)			
	三级	市二级	县二级	一级	三级	市二级	县二级	一级
一档	700	450	400	200	45	70	80	85
二档					60	80	85	90
三档					65	85	90	95

数据来源:根据宁夏回族自治区卫生厅编《宁夏回族自治区城乡居民医疗保险统计资料》整理

目前,宁夏回族自治区城乡居民基本医疗保险已实现了全覆盖,统筹资金标准逐年提高,有效缓解了农民看病难、看病贵的问题。如宁夏固原市黄铎堡镇村民李某说:"每人一年缴50元医疗保险费,有病住院大部分能报销,有头疼脑热的小病,在本村卫生室花30%的钱就能取上药,医保真正惠及了我们老百姓。今年我得了肾结石,医院住院花费了2082元,报销了1289元,如果不参加医疗保险,所有费用都要自己出,所以每年我都把家里所有人的医疗保险费及时缴清。"盐池县花马池镇村民田某,2013年参加农村医保一档且为低保人员,缴费10元,因胆结石在县人民医院住院,由于是低保人员,住院时不用交押金,出院时一次结清报销后个人支付了650元费用。永宁县李俊镇村民刘某,缴纳农村医疗保险

40元（2012年医疗保险一档缴费金额为40元），2013年8月因脑溢血住院治疗，住院两次共花费3万多元，医保报销9180元。隆德县温堡乡村民闫某67岁，是个长期病号，2013年参加的是一档医保，全年花去医疗费3.4万元，报销了1.8万元。可见，政策实施作用明显，报销比例有所提高。

第二节 西部地区城乡居民大病保险运行分析

近年来，宁夏将农村特困户医疗救助和农村新型合作医疗保险有机地结合起来，把门诊救助和大病住院补助有机地结合起来，民政部门资助特困人员参加新型农村合作医疗基金，将特困人员全部纳入农村合作医疗保险范围，享受有关政策待遇，提高了特困群众抵御重大疾病风险的能力。截至2013年年底，全区用于医疗救助的各级财政性资金支出21379.5万元，其中，资助参加合作医疗保险资金1601.7万元，民政部门资助参加合作医疗33.6万人，人均资助参合水平47.7元；资助参加医疗保险资金618万元，民政部门资助参加医疗保险10.9万人次，人均救助水平56.7元。民政部门直接医疗救助资金17896.4万元，直接医疗救助32.8万人次。其中门诊救助支出2237.2万元，门诊救助16.7万人次，人均救助水平133.96元；住院救助支出15659.2万元，住院救助16.1万人次，人均救助水平972.6元[①]。

一 宁夏城乡居民大病保险基本情况

（一）试点启动和公开招标

从2013年7月1日开始，宁夏城乡居民大病保险从5个地级市中选择石嘴山市（川区）和固原市（山区）进行试点，2014年实现自治区全覆盖，保障对象为城乡居民基本医疗保险参保人员。通过公开招标，银川市城乡居民大病保险由中国人寿保险股份有限公司宁夏分公司承保；石嘴山市、吴忠市、固原市、中卫市城乡居民大病保险由中国人民财产保险股份有限公司宁夏分公司承保。

---

① 宁夏民政厅：《宁夏民政事业统计季报》，2013年，内部资料。

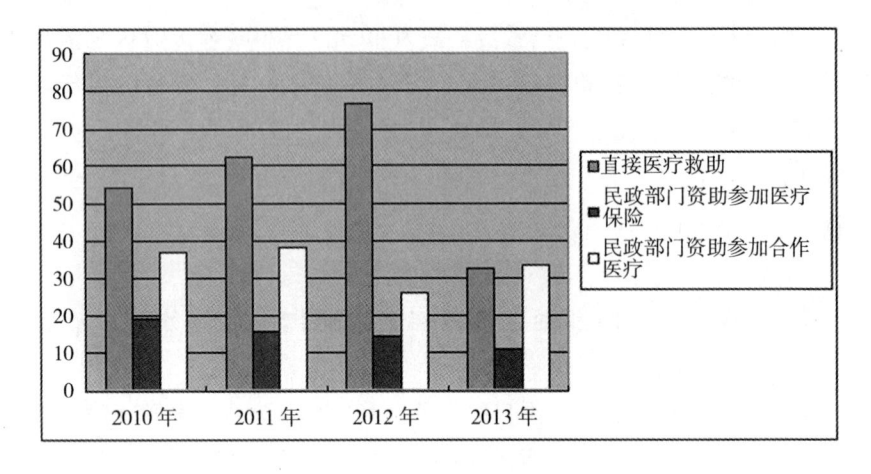

图 5-1　2010—2013 年宁夏医疗救助情况

资料来源：依据宁夏民政厅 2013 年宁夏民政事业统计季报（内部资料）绘制

（二）人均筹资和待遇标准

宁夏城乡居民大病保险筹资按低标准起步，2014 年人均 25 元，2015 年提高至人均 32 元，筹资 14995 万元，资金从城乡居民医疗保险基金中直接划拨。2014 年大病保险起付标准为 6000 元，2015 年大病保险起付标准调整为 8400 元，患病人员在基本医保报销之后，超过 8400 元的个人自负合规医疗费用，由大病保险资金按规定比例支付。支付比例从 50% 起步，最高报销 70%，共分 8 档，报销额度上不封顶。此外，对儿童先天性心脏病、急性白血病、终末期肾病、妇女乳腺癌、宫颈癌等 20 种重大疾病的医疗费用，在大病保险规定的分段支付比例基础上再提高 1—3 个百分点，即报销比例相应达到 51%—73%。

二　运行分析

（一）参保情况

2015 年，城乡居民大病保险参保人数达到 470 万人，实现了城乡居民参保人员全覆盖。参保人群中，成年人为 316.17 万人，占比 67.73%，；学生儿童为 146.93 万人，占比 31.26%；大学生 6.90 万人，占比 1.47%。

（二）待遇享受情况

2015 年，宁夏回族自治区城乡居民共有 2.87 万人次享受了城乡居民

第五章　西部地区新型农村医疗保险制度研究　　177

图 5-2　宁夏回族自治区 2015 年城乡居民大病保险按年龄段人员参保情况

数据来源：根据宁夏回族自治区卫生厅编《宁夏回族自治区城乡居民大病医疗保险统计资料》整理绘制

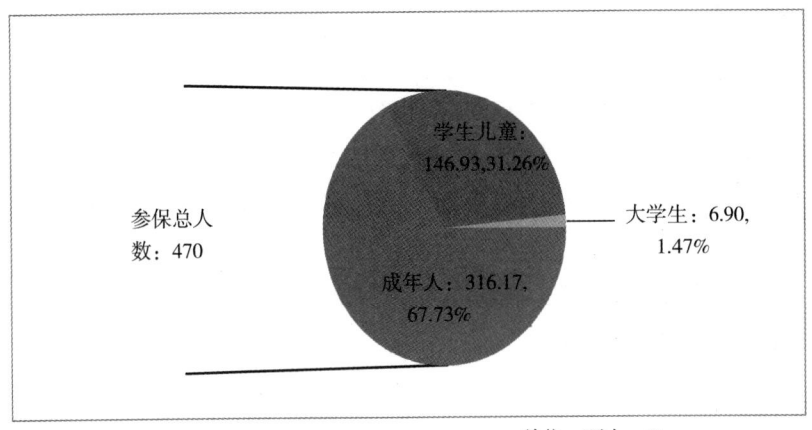

大病保险待遇，占总参保人数的 0.61%；占基本医疗保险住院人次的 5.1%。

1. 大病受益人群分布

享受大病保险待遇人群中，60 岁以上老年人占 42.31%，40—60 周岁之间中年人占 39.32%，18—40 周岁的青壮年占 9.65%，18 周岁以下人群占 8.72%。

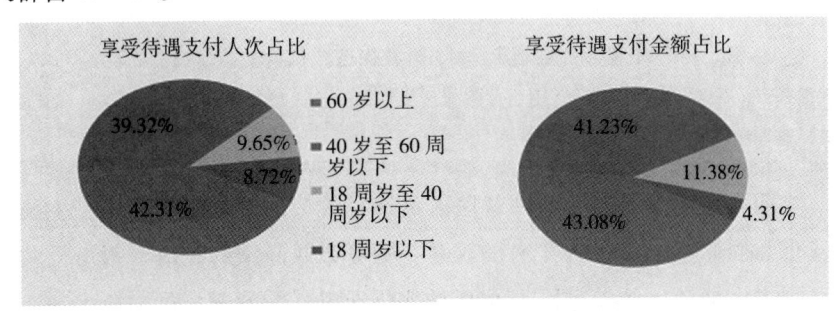

图 5-3　宁夏回族自治区 2015 年城乡居民享受大病保险情况

数据来源：根据宁夏回族自治区卫生厅编《宁夏回族自治区城乡居民大病医疗保险统计资料》整理绘制

从享受待遇人员情况可以看出，宁夏回族自治区 60 岁以上老年人所占比例较高，属于大病易发人群。

2. 医保待遇构成

进入大病保险待遇的人员住院总费用 100397 万元，其中基本医疗保险基金支出 49018 万元，大病保险资金支出 15303 万元。享受城乡居民大病保险待遇的人群全口径（基本＋大病）实际报销比例为 64.07%。大病保险在基本医疗保险报销的基础上提高 15.24 个百分点。

进入大病保险的人群，大病保险支付比例增加，起到了支撑其继续治疗的作用，有效缓解了重大疾病人员的就医压力。

3. 参保人员住院医疗机构分布

从大病患者就诊医院分布情况来看，住院人次和医疗费用总额均集中在三甲医院，且宁夏医科大学总医院和宁夏回族自治区人民医院占比最高。其中宁夏医科大学总医院大病保险费用支出占全区总费用的 53.45%。

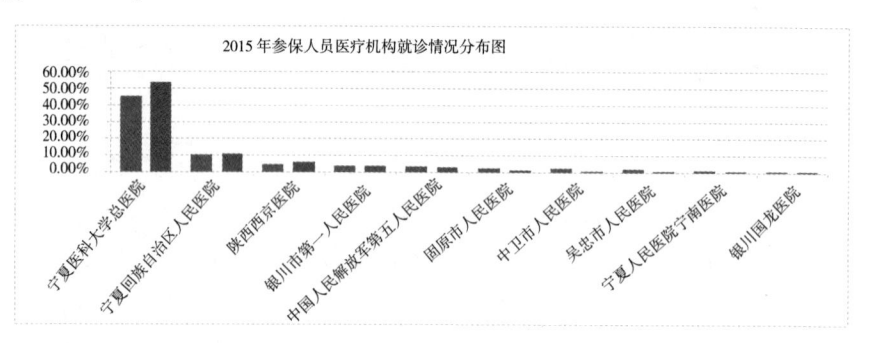

图 5-4　宁夏回族自治区 2015 年参保医疗机构就诊情况分布图

数据来源：根据宁夏回族自治区卫生厅编《宁夏回族自治区城乡居民大病医疗保险统计资料》整理绘制

陕西西京医院是宁夏转外就医人员选择最多的一家医疗机构，主要是西安市与固原市毗邻，医疗水平较高。随着银西高铁的建成，银川至西安的路程大大缩减，区外就医，尤其是到西安市就医的人员可能会出现大幅度上升趋势。

4. 参保人员病种分布

（1）按照国际疾病分类学 ICD—10 对病种的分类方法，考虑到参保患者治疗情况的复杂性，图 5-5 仅依据住院病例的主要诊断为统计口径。

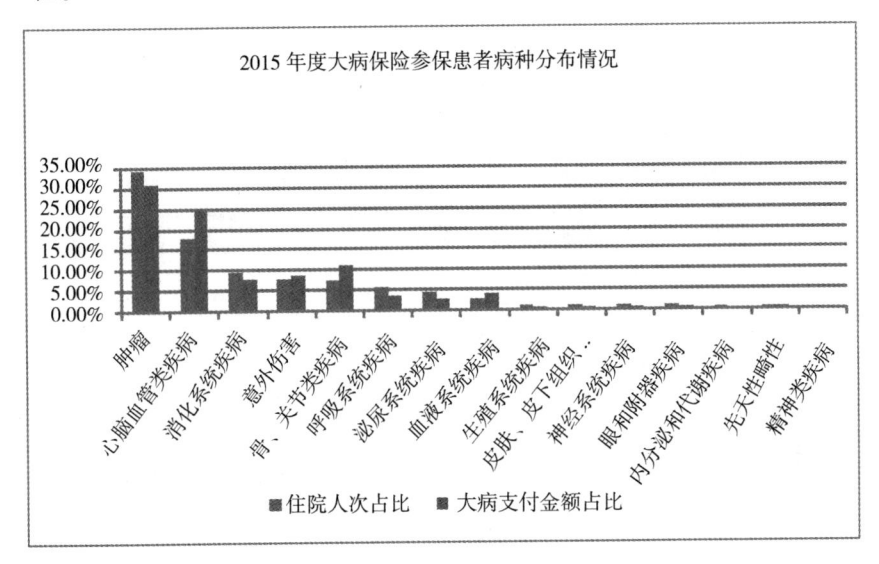

图 5-5 宁夏回族自治区 2015 年度大病保险参保患者病种分布情况

数据来源：根据宁夏回族自治区卫生厅编《宁夏回族自治区城乡居民大病医疗保险统计资料》整理绘制

从图 5-5 中可以看出，肿瘤（包括恶性肿瘤）、心脑血管类，两个病种的支付金额为 8494 万元，超过当年大病保险总金额的 50%。另外，意外伤害就诊人次占前四位，费用支出占到第三位，成为影响大病保险资金支出的一个重要因素。同时，也可以看出，心脑血管类、骨、关节类疾病因常使用血管支架、椎弓钉、椎间盘融合器等大额一次性耗材的缘故，其大病保险支付金额明显高于其他类疾病。

（2）按照大病保险中 20 种重大疾病的病种作为统计口径，统计 20 种重大疾病发病率及资金支出情况。从图 5-6 可以看出，20 种重大疾病中，妇女乳腺癌就诊人次占首位，胃癌支付金额占首位。

5. 参保人员就诊地域分布

按照区内区外、区内银川市和非银川市就诊人数，医疗费用及大病保险支付金额情况作为统计口径，对大病保险费用进行统计，可以看出在区内就诊的参保患者占总就诊人数的 84.24%，其中在银川市就诊的参保患者占 73.07%，明显高于区内其他地区。

20种重大疾病病种分布情况

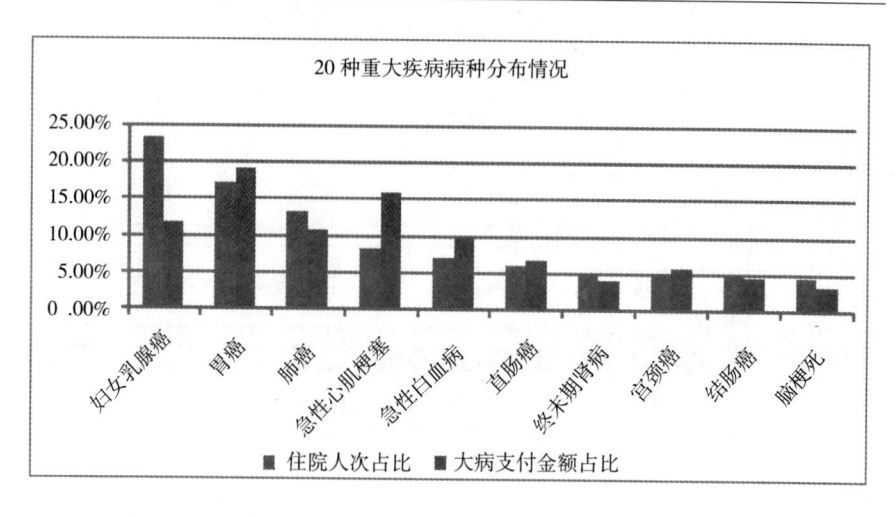

图 5 - 6　宁夏回族自治区 2015 年度 20 种重大疾病病种分布情况

数据来源：根据宁夏回族自治区卫生厅编《宁夏回族自治区城乡居民大病医疗保险统计资料》整理绘制

表 5 - 2　宁夏回族自治区 2015 年度参保患者区内外住院分布表　单位：人次、万元

区域		就诊人次		大病保险支付总额	
		就诊数	占比	支付金额	占比
区内	银川市	19597	68.23%	11182.14	73.07%
	区内其他	4597	16.01%	1019.60	6.66%
区外		4526	15.76%	3101.40	20.27%
合计		28720		15303.14	

数据来源：根据宁夏回族自治区卫生厅编《宁夏回族自治区城乡居民大病医疗保险统计资料》整理

（三）运行特点

一是受益比例合理，符合大病发生规律和政策设计初衷。宁夏回族自治区自 2014 年城乡居民大病保险全面实施起，累计 6.12 万人次受益于大病保险，达到了有限度普惠的目的，有效避免了泛福利化现象。从实际报销情况看，患癌症、血液病、戈谢病等重疾、罕见病的，个人累计报销金额均比较大，体现出了大病保险"保大病"的设计初衷。

二是保障重点突出，减轻高额医疗费患者负担作用明显。通过对待遇支付情况的分析，年度个人累计报销金额最高达 53.87 万元，极大程度地减轻了高额医疗费用患者的家庭负担。

三 存在问题

总体看来，宁夏回族自治区城乡居民大病保险制度运行平稳，保障效果良好，但在运行过程中也出现了一些问题，主要有以下几个方面：

（一）基本医保与大病保险经办管理衔接不顺畅

目前宁夏回族自治区基本医疗保险由社保经办机构管理，而大病保险由商业保险公司经办管理，使城乡居民参保人员一次住院诊疗行为出现两头报销、多头跑路的现象。

（二）大病保险保障范围过广过宽

大病保险工作起步之初，从政策设计、保障的范围、保障的内容上都比较宽泛，不设定具体报销范围而是采用排除法，报销金额上不封顶，意外伤害列入大病保险范围，这些都增加了大病保险资金压力。

（三）商业辅助的效果不明显

中标的两家商保公司，目前只起到二次报销的"出纳"作用，没有充分发挥出商业保险专业人员、全国联网稽查的监管优势。

（四）部分重特大疾病患者仍面临较高个人负担

部分城乡居民享受大病保险待遇，或因患特殊疾病发生非合规医疗费用较高，仍存在医疗费用个人负担过重的情况。如参保患者吴某，因胃癌累计花费医疗费104余万元，基本医疗保险报销15万元后，大病保险二次报销了54万元，个人自付35万元；周某因骨髓增生异常综合征累计花费医疗费用66万元，基本医保报销15万元，大病保险报销29万元，个人自付22万元。这些患者虽已充分享受了政策给予的优惠报销，但自付几十万元的医疗负担对其家庭仍然较为沉重。通过单一提高大病保险报销比例的办法已不能从根本上解决重特大疾病为其带来的困境。

四 对策建议

（一）完善大病保险制度，进一步规范保障范围

落实国家出台的《关于全面实施城乡居民大病保险的意见》（国办发〔2015〕57号），宁夏出台的《关于进一步完善城乡居民大病保险制度的

实施意见》（宁人社发〔2016〕6号）、《关于印发〈宁夏回族自治区城乡居民大病保险药品目录〉的通知》（宁人社发〔2016〕23号），规范大病保险报销范围，由以前的"排除法"转为"准入法"，在基本医疗保险三项目录的基础上，增加209种大病保险药品，使大病保险的保障范围不受影响。

（二）建立社保与商保合署办公模式

与商保公司建立合署办公机制，发挥专业管理优势和服务资源优势，降低运行成本，切实保障参保人的合法权益。一是实现结算一体化。利用现有的医保软件系统，加快与商业保险公司的联网结算，实现参保患者基本医保与大病保险费用同步即时自动结算，无须"二次报销""年终报销"，发挥"一站式服务"和"一条龙管理"机制，提高管理效率。二是实现监管一体化。城乡居民大病保险与基本医保可以实施同步监管，实现监管体系、监管人员一体化，对城乡居民医保基本保险段及大病保险段医疗费用同时实施跟踪监控，实现事前、事中、事后分段控费，可以保障大病保险医疗服务质量，提高大病保险资金使用绩效。

（三）建立重大疾病多层保障机制

对一些罕见病、重大疾病在基本医保、大病保险和民政医疗救助三层保障的基础上仍然负担过重的情况，建议制定商业健康保险作为补充。对低保、特困、优抚对象等特殊人群由政府出资保障，防止患者出现因病致贫、返贫现象，突显政府责任，让西部地区的患者充分享受社会发展成果。

（四）加强生态失衡下的预防性医疗

和其他发达国家发展历程相似，我国经济也是从劳动密集型、资源消耗型的粗放式经济起步，现在不可避免要面临着环境被破坏、水被污染、食品被污染的情形。因此，医疗保障需要从疾病源头开始做起，从预防疾病做起，应该提倡和加强生态失衡下的预防性医疗。将补氧、补水相关项目添加到日常护理项目中，在西部地区尝试建立长期护理保险制度。

第六章 西部地区农村社会救助制度研究

社会救助制度是社会保障制度的重要组成部分，也是民生保障的最后一道安全网。

社会救助制度是指国家和社会通过立法，在公民不能维持最低限度的生活水平时，由国家和社会按照法定的标准向其提供满足最低生活需求的资金和实物救助的社会保障制度。社会救助制度分为城市社会救助制度和农村社会救助制度。农村社会救助制度的建立和完善对解决"三农"问题、缓解农民贫困、维护社会公平和促进农村经济稳定发展具有重要的意义。

由于多种因素的综合影响，西部地区的贫困现象相对集中。改革开放以来，在国家扶贫政策的有效推进下，西部地区贫困人口的数量持续减少。但是，在新的历史时期，贫困又呈现出新的特点和问题，在西部民族地区表现得尤为突出。因此，研究西部地区农村的社会救助制度具有非常重要的意义。

第一节 研究西部地区农村社会救助制度的特殊性

一 西部地区社会救助制度有其自身的特殊性

任何一种制度的确立都是与其所处的客观环境、制度实施对象的特点相适应的。与其他地区相比，西部地区，尤其是西部民族地区的社会救助制度有其自身的特殊性。

根据我国 2010 年第六次全国人口普查数据显示，我国总人口达到 13.397 亿人，其中汉族人口为 12.26 亿人，占 91.51%；各少数民族人口为 1.15 亿人，仅占 8.49%，但是由于少数民族居住地表现出的"大杂居，小聚居"的特征，分布面积约 617 万平方公里，占全国总面积的 64%。由于历史、人文等多种因素的影响，我国少数民族主要居住在西部黄土高原、青藏高原和云贵高原，这些地区环境复杂、气候恶劣，再加上多年来对生态环境的破坏，暴雨、泥石流、山体滑坡等自然灾害频繁发生。由于区位条件的先天不足，少数民族地区的基础设施建设落后，交通运输极不发达，民族地区多属于全国贫困程度最深、绝对贫困人口最多的地区。2014 年 10 月 17 日是我国首个"扶贫日"，也是第 22 个国际消除贫困日。根据国务院扶贫开发领导小组办公室网站公布的贫困县名单，我国目前贫困县的总数是 592 个，包含中部省份 217 县，西部省份 375 县，民族八省区 232 个[①]。

随着扶贫开发的进一步深入，剩余贫困人口越来越集中分布在少数民族贫困地区。根据国家统计局对全国 31 个省（自治区、直辖市）7.4 万农村居民家庭的抽样调查，按年人均收入 2300 元（2010 年不变价）的国家农村扶贫标准测算，2014 年民族八省区农村贫困人口为 2205 万人，占乡村人口的比重为 14.7%，占全国农村贫困人口的 31.4%。从贫困发生率来看，民族八省区高于全国 7.5 个百分点；从民族八省区农村贫困人口和乡村人口分别占全国比重来看，八省区农村贫困人口占全国的比重（31.4%）是其乡村人口占全国比重（约 17%）的近两倍。[②]

从中我们可以看出，我国民族地区不仅贫困面大，而且随着扶贫开发的深入，面临的扶贫攻坚任务越来越重。因此，研究西部民族地区的特殊性是为探讨建立与西部地区经济社会发展相适应的民族地区社会救助制度。

二　西部地区建立社会救助制度的劣势

1. 社会救助发展滞后

由于自然条件恶劣、基础教育落后以及基础设施的欠账等综合因素的影响，造成西部地区的产业构成以农牧业为支柱产业，其他产业比重极低，经济发展水平低，经济总量小，绝大多数地方财政不能自给，长期靠

---

① 《592 个国家级贫困困县名单》，人民网，2014 年 10 月 17 日，http：//politics.people.com.cn/BIG5/n/2014/1017/c1026—25854065.html。

② 《2014 年少数民族地区农村贫困监测结果》，中央政府门户网站，www.gov.cn。

国家补贴，属于吃财政饭。要建立健全社会救助体系，则从总量上要求资金规模大且持续性的支出，而西部地区的财政转移能力差和居民的经济承载能力低恰恰是社会救助发展滞后的经济根源。西部地区经济滞后的原因，首先表现在农业、农村经济发展的先天性的差距对农业发展的天然制约；其次，西部地区的城镇化水平低，就业人员多数为农业劳动力，是典型的农业经济区，在我国早期实行城乡分割的社会救助发展过程中没有很好地兼顾，因而这些地区的社会救助发展相对缓慢。

2. 社会价值观念落后

社会价值观念的形成是经济社会发展过程中内外部条件综合作用的结果，一旦形成又势必反过来加固外部条件，影响外部资源条件变动的方向，因而，在某种意义上说，西部地区与其他地区的经济社会发展上的差距首先是社会价值观念发展的差距，而且是比经济发展更为重要的一种差距。另外西部民族地区的少数民族的散居状态也增加了一些社会救助政策执行的难度。

综上所述，自然条件、经济落后、价值观念等因素交叉叠加所产生的综合效应，形成了明显的地区差距。这将成为西部地区社会救助的关键制约因素。

三 西部地区发展社会救助制度的优势

由于历史和自然原因，在生活困境面前，西部地区，尤其是西部民族地区逐渐形成了亲邻互助、尊老爱幼的风俗习惯，在地域范围内和宗族内部形成一定的规范作用。在少数民族传统文化中，都蕴含着睦邻友好、互助互爱、扶助贫弱等文化精神，他们非常崇尚乡里或邻里之间的团结和睦。在民族同胞中，更是亲如一家。这种民族意识的存在，对建立农村社会救助制度也有着积极的影响。

第二节 我国农村社会救助制度的历史考察

一 农村社会救助制度的基本概念

（一）社会救助的内涵

社会救助（Social Assistance），又称公共救助或公共扶助，是指国家通过立法,对因各种原因导致生活陷入困境的社会成员给予物质援助和精神扶助,以维持其最低生存需要,保障其最低生活水平的各种措施。

社会救助的内涵包括三方面的内容。

1. 社会救助是国家和社会向社会困难群体提供的援助。社会救助的主要实施主体是政府,其目的在于通过救灾济贫帮困等措施来缓解最困难社会成员的生存危机,确保社会秩序的稳定。

2. 享受社会救助是社会困难群体的一项基本权利。我国《宪法》中,第45条明确规定:"中华人民共和国公民在年老、疾病或者丧失劳动能力的情况下,有从国家和社会获得物质帮助的权利。"

3. 社会救助是社会的最后一张"安全网"。社会救助只有在公民不能维持最低生活需要时才发挥作用,其目标并非在于改善或提高福利和生活质量,从而处于现代保障体系最低或最基本的层次,因此,社会救助又被称作社会保障的"最低纲领"。

(二) 农村社会救助制度的概念

关于"农村社会救助制度"的概念,国内外学者有不同的表述。亚洲发展银行曾经这样定义"农村社会救助制度":针对因为各种原因导致难以维持最低生活水平的农村居民,由中央或地方政府依据预定的资格定义的标准和家计调查的结果,给予的最低水平的现金或实物帮助,以使其最低生活得到保障的一种社会保障制度。

国内学者对"农村社会救助制度"的定义基本上可以概括为:农村社会救助制度是与城镇社会救助制度相对而言的,指的是国家和集体对农村中无法定抚养义务人、无劳动能力、无生活来源的老年人、残疾人、未成年人和因病、灾、缺少劳动能力等造成生活困难的贫困对象,采取物质帮助、扶持生产等多种形式,保障他们的基本生活的一项社会保障制度。

虽然国内外对于农村社会救助制度的定义不完全相同,但可以看出其共同点就是,都比较侧重于对农村困难群体提供现金和实物帮助的生存救助,而对医疗、法律、教育等发展能力的救助比较欠缺,这种救助不能从根本上帮助他们脱贫,而且容易使人养成"懒汉"心理。因此,农村社会救助制度应在生存救助为主的前提下,加大促进农村持续发展的能力救助,加强其造血功能,提高其自救自助能力。

二 农村社会救助制度的主要特点

(一) 农村社会救助是最低层次的社会保障

我国建立的是一个多层次的现代社会保障体系。其中，社会福利是最高层次的保障，旨在提高社会成员的生活水平和品质；社会保险是化解社会成员的各种风险以保障其基本生活需要；社会优抚是对保障对象的一种社会褒奖。这三种保障保证了社会成员维持一定水平的生活品质。而社会救助只能保障救助对象的最低生活水平，维护其基本生存权。所以社会救助是社会保障体系中的保障水平最低，也是保障的最后一道"安全网"。

(二) 农村社会救助对象具有普遍性特征

社会救助的对象是社会成员中那些丧失劳动能力或者因某种特殊原因而需要特别帮助的人。因此，社会救助对象并不按行业、职业、地域、性别、民族来确定，而是只要面临生存困难，都可以普遍地享有国家和社会对其提供的基本生活帮助。农村社会救助主要针对农村贫困人口，它同样具有普遍性特征。任何时候、任何农村公民，一旦因为各种不同原因而导致生活陷入困境时，都可以享有国家和社会给予的社会救助以摆脱生活困境。

(三) 农村社会救助以政府救助为主导

当今世界各国所实行的社会救助都是国家通过立法并强制实施的。社会救助内容、救助对象、救助方式、救助程序等都是由法律明确规定的，是一种以政府救助为主导的社会保障制度。当社会成员的基本生存状况符合法律规定的条件和程序时，他们就享有依法获得社会救助的权利。

(四) 农村社会救助以物质救助为主要内容

当前我国农村社会救助更注重对农村贫困人口的最低生活需要的救助，无论是农村低保，特困户定期定量救助，还是五保供养救助，都侧重于解决困难群众的最低生活需要，国家实施的是一种"低水平、广覆盖"的农村社会救助制度。在保障内容上，虽然已经建立了医疗救助、教育救助和法律救助制度，但是覆盖面还太小，他们的自我发展能力没有得到多大提升，随时都会因这些因素而导致返贫的危险。

三 新中国成立以来我国农村社会救助制度的历史变迁

社会救助作为一种社会现象早已有之，通过发挥诸如扶危济困、互助帮扶等传统救助形式的作用，在一定程度上发挥着安抚民心、维护社会稳定的作用。中国历代统治者出于维护其统治地位的需要，也要关注百姓生计。但在历史发展过程中，社会救助都没有形成规范化的制度，也就没能真正体现社会救助的本质要求。近代以来，我国的社会救助理念发生了深刻变化，现代社会救助政策开始出现，救助措施也进一步完善。尤其是新中国成立以来，党和政府高度重视社会救助工作，以社会救助政策为主要内容的农村扶贫工作取得了举世瞩目的成就，社会救助工作也有了大发展。

从我国农村社会救助制度的变迁来看，大体经历了以下五个时期。

(一) 新中国成立初期的大规模紧急救助

新中国成立初期，百业待兴，但是人民生活水平极为低下，大多数人面临着贫困、饥饿、瘟疫和死亡，再加上遭受严重的洪水灾害，导致农村贫困人口数量剧增。为此，党和政府在财政极其困难的情况下，拨出大量资金和物资进行灾民救济。同时，积极动员社会各方力量进行大规模的紧急救助，使得灾民摆脱了死亡威胁。这个时期的大规模紧急救助不仅对安定人民生活、恢复和发展农村经济起到了重要作用，更重要的是进一步巩固了新生的政权，扩大了我党和人民政府的影响力，树立了威信。自此，我国社会救济工作进入了新的阶段。

(二) 计划经济时期农村社会救助制度的建立和发展

20世纪50年代，伴随着国家第一个"五年计划"的顺利实施，经济好转，大多数农民解决了温饱问题，社会救助也开始走上正常化轨道，农村社会救助的任务和方法也开始调整，新型的农村社会救助制度开始逐步形成。当时，由于农业集体化的兴起和发展，农村社会救助也就形成了以集体救济为主、国家救济为辅的模式。在这一时期，农村救助工作最大的突破是创立了"五保制度"。1956年6月，一届人大三次会议通过的《高级农业生产合作社示范章程》规定："农业生产合作社，对于缺乏劳动能力或者完全丧失劳动能力，生活没有依靠的老、弱、孤、寡、残疾的人员，在生产上和生活上给予适当的安排和照顾，保证他们的吃、穿和柴火供应，保证年幼的受到教育和年老的死后安葬，使他们生养死葬都有依靠。"[①] 文件

[①] 中共中央文献研究室：《新中国成立以来重要文献选编》（第8册），中央文献出版社1994年版，第422—423页。

规定的保吃、保穿、保烧，年幼的保证受到教育和年老的保证死后安葬，简称为"五保"。"五保"制度成为党在农村的一项长期政策，成为各级政府以及民政部门的一项经常性工作。这一时期，敬老院在全国迅速发展起来。

（三）国民经济调整时期的农村社会救助

1958年，由于错误经济建设指导思想和三年自然灾害的影响，国民经济陷入了困境，人民生活水平也急剧下降。为了做好农村社会救济工作，1963年3月内务部通过了《认真贯彻执行农村人民公社工作条例进一步做好农村社会救济工作》的文件，要求社队从总收入中提取一定数量的公益金，用于补助贫困户；在口粮分配上，对贫困户给予照顾，保证其基本生活。[①]

（四）"文化大革命"时期的农村社会救助

在1966—1976年的"文化大革命"时期，我国的政治、经济、文化遭受了极大的破坏，社会救助事业基本上处于停滞，甚至是倒退。例如，1969年内务部被撤销，民政工作处于瘫痪状态，社会救助工作歪曲为"给社会主义抹黑"而受到影响以致大为削弱。

以上农村社会救助的四个时期，即从1949—1978年这一阶段，社会救助的主要形式是救灾、救危和救急，主要特点是救灾、救危和救急，但不救贫；由于它只是从人道主义和同情心理的角度出发的救助，并没有上升到制度层面，所以它与国家治理原则尚存在较大差距。

（五）改革开放以来的农村社会救助事业大发展

1. 1978—1999年的农村社会救助工作

党的十一届三中全会后，为了适应新形势下的新情况，在各地探索改革的基础上，逐步形成了救济与扶贫相结合的办法，既是我国解决贫穷问题的方式创新，又是一种积极的社会救济措施。1982年民政部等九部委联合下发《关于认真做好扶助农村贫困户的通知》后，扶贫工作在农村全面展开。民政部门积极从资金、技术、物资等方面扶持有劳动能力和生产条件的贫困户，通过兴办扶贫经济实体，吸纳有劳动能力的贫困户和残疾人就业。对那些不能就业的老弱病残和贫困户，仍然由民政部门给予救

[①] 焦克源：《西部新型农村社会救助制度研究》，中国社会科学出版社2012年版。

济,并且在农村推广了针对"五保户"和特困户的定期定量救济,推进了农村社会救助工作的发展。在这一时期,农村和城市的贫困问题出现了新情况和新变化。在农村,由于城乡和区域之间发展的不平衡,导致贫困出现了新问题,社会上迫切要求城乡之间的社会保障制度对接。在城市,由于我国经济体制改革和市场经济体制的确立和运行,在国有企业改革过程中,出现了一大批的下岗和困难职工,城镇居民最低生活保障制度应运而生。1993 年 6 月,上海市率先建立了城镇居民最低生活保障制度。到1997 年,全国有 206 个城市建立和实施了最低生活保障制度。1997 年 8 月,国务院颁发了《国务院关于在各地建立城市居民最低生活保障制度的通知》。1999 年 9 月,国务院颁布《城市居民最低生活保障条例》,标志着我国的社会救助制度走上了制度化轨道,使城镇居民最低生活保障工作的法制化向前迈出了最为关键的一步,填补了中国在社会救助制度方面的法律空白。[①] 随着我国城市最低生活保障制度的全面实施,探索建立农村居民最低生活保障制度也逐渐成为政府的重要工作。

1978—1999 年阶段,在农村实施的扶贫方式上主要是"开发式"扶贫。第一次实现了由"救急型"向"扶贫型"救助转变,在理念和实践上迈出了关键性的一步。

2. 2000 年以来的农村社会救助工作

20 世纪 90 年代,农村社会救助事业有了较快发展,但是农村贫困问题依然严峻,给社会救助工作的开展造成了一定的困难。在这种情况下,1994 年中央召开了第一次全国扶贫开发工作会议,同年颁布了《国家八七扶贫攻坚计划(1994—2000)》。国家重新划定了贫困县的标准和范围,并对国家扶贫资金的投放重点进行了调整,即在 1—2 年内减少用于粤闽浙苏鲁辽等沿海发达地区的扶贫信贷资金,调剂给中西部贫困严重的省区使用。此项政策调整后,全国农村贫困人口由 8000 万骤降到 3000 万,贫困发生率从 8.9% 下降到 3%,成效十分显著。[②] 1996 年民政部出台了《关于加快农村社会保障体系建设的意见》,建立农村最低生活保障制度成为农村社会保障体系建设的重中之重。2004 年 1 月,福建省成为我国

[①] 焦克源:《西部新型农村社会救助制度研究》,中国社会科学出版社 2012 年版。
[②] 康晓光:《中国贫困与反贫困理论》,广西人民出版社 1995 年版。

第一个全面实施农村居民最低生活保障制度的省份,也是在中国建立起了一个广泛覆盖城乡所有贫困群体的最后一道安全网的省份。到 2006 年年底,中国已有 23 个省、自治区、直辖市建立了农村最低生活保障制度。2007 年政府工作报告明确提出要在全国农村范围建立最低生活保障制度,将符合救助条件的农村贫困群体纳入保障范围,以确保稳定持久地解决农村贫困人口的温饱问题。党的十六届六中全会更加明确到 2020 年基本建立覆盖城乡居民的社会保障体系的目标。

建立农村最低生活保障制度后,农村"五保户"、特困户、家庭人均收入低于地方保障标准的群众的基本生活都得到了保障,保障覆盖面进一步扩大。除此之外,农村医疗救助、新型农村合作医疗救助、义务教育"两免一补"等惠农政策的跟进对农村反贫困工作的开展具有重要的建设意义。

四 我国农村社会救助制度的主要内容

社会救助是一项综合性、系统性的工程,涉及范围广,与社会成员的关系密切,而且由于救助对象的千差万别,救助资源又分布在不同的部门,独自由某一个部门难以承担起社会救助的全部事务,必须选择综合管理的领导体制和管理模式。我国现行的社会救助制度,纵向实行中央指导、分级管理的办法,横向涉及许多部门,分工不同,各司其职,归口管理。我国农村社会救助制度主要由民政部门负责实施。

随着国家与地方政府对农村社会救助政策的逐步出台以及落实,我国农村现行的社会救助制度主要包括以下内容。

(一)农村居民最低生活保障制度

农村居民最低生活保障制度是农村社会救助的一种,是指由国家为家庭人均纯收入低于当地最低生活保障标准的农村贫困群众,按最低生活保障标准,提供维持其基本生活的社会救助制度。

我国农村最低生活保障制度是在传统社会救济的基础上不断探索建立起来的。我国农民人口数量庞大,农业发展基础薄弱,致使农村的经济社会发展严重落后于城镇,形成了典型的"城乡二元体制",导致与城乡居民的社会福利待遇有很大的差别。长期以来,我国传统的农村社会救济是对农村五保户和特困户实行不定期、不定量的临时救济,这些救济制度虽然在一定程度上缓解了农村贫困居民的生活困难，但由于制度实施缺乏严格的标准，而且存在保障水平低、覆盖范围小、操作不规范等问题，使得农村扶贫工作无法走出困境。

为了解决这些问题，2007年7月11日，国务院发布了《关于在全国建立农村最低生活保障制度的通知》，这是首次从国家层面出台的指导全国实施农村最低生活保障制度的重要文件，极大地促进了全国农村低保制度建设的推进和完善。

（二）农村五保供养制度

农村五保供养制度是指对农村居民中无劳动能力、无生活来源又无法定赡养、抚养、扶养义务人，或者其法定赡养、抚养、扶养义务人无赡养、抚养能力的老年人、残疾人和未满16周岁的未成年人实行保吃、保穿、保住、保医、保葬和保教的一项救济制度。

1956年全国人大在通过的《高级农业生产合作社示范章程》中规定了对没有依靠的老、弱、孤、寡、残疾社员，给予保吃、保穿、保燃料、保教育、保安葬五个方面的保障，人们便把能够享受这种待遇的农户简称为"五保户"。农村五保供养制度是我国农村救助工作中一个传统的、重要的组成部分，几十年来，这项制度不断地进行修改、完善，在保障农村五保对象的基本生活、维护社会稳定、促进农村社会经济健康发展等方面发挥了极为重要的作用。[①]

1994年1月23日，国务院颁布实施《农村五保供养工作条例》，明确了五保的性质，统一规范了确定五保对象的程序、供养的内容、形式和标准、经费的来源与筹集办法、监督和管理等。同时，各省、自治区、直辖市也颁发了五保供养工作和敬老院管理的法规，把五保供养工作纳入法制化轨道，进一步规范和完善了五保供养制度，极大地促进了五保救助工作在各地的有序开展。自此，我国农村的五保供养制度与改革开放之前的五保政策相比，各方面都做了符合实际条件的调整。在责任主体方面，从人民公社时期的集体经济组织为责任主体转变为以农村基层政府为直接责任主体；在供养对象方面，明确限定为农村无法定抚养义务人，或者虽有法定抚养义务人但抚养义务人无抚养能力，无劳动能力和无生活来源的老

---

① 唐新民：《民族地区农村社会保障研究》，人民出版社2008年版，第49—51页。

年人、残疾人和成年人；在供养内容方面，将 1956 年规定的"保吃、保穿、保暖、保教和保葬"更改为"保吃、保住、保穿、保医、保葬"，以及对未成年人的"保教"；在融资方面，改变了以往筹资渠道单一的状况，体现出以社区为主，政府为辅，社会参与的多方筹资的特点。①

2006 年，随着我国新一轮的农村税费体制改革的完成，在取消了农业税和附加税之后，五保供养资金的筹集面临着新的挑战。国务院修订了《农村五保供养工作条例》。新条例以改革资金筹集渠道为重点，将农村五保供养纳入公共财政支出的范畴。至此，农村五保供养形成了国家保障、集体补助以及群众帮助相结合的体制。

农村五保供养的形式分为集中供养和分散供养两种。集中供养是由农村五保供养服务机构（如敬老院等）提供供养服务；分散供养由村委会提供日常照料，也可以由农村五保供养服务机构提供有关的供养服务。

(三) 农村医疗救助制度

农村医疗救助制度是指政府和社会对农村贫困人口中因病而无经济能力进行治疗的人实施专项帮助和支持的社会救助制度，它是社会救助体系的重要组成部分。

2003 年 11 月 18 日，民政部、卫生部、财政部联合发布了《关于实施农村医疗救助的意见》（民发〔2003〕158 号），提出到 2005 年力争在全国基本建立起规范、完善的农村医疗救助制度。农村医疗救助对象主要是农村五保户、农村贫困户家庭成员以及地方政府规定的其他符合条件的农村贫困居民，救助的方法是：在开展新型农村合作医疗的区域，救助对象先参加当地的合作医疗，享受合作医疗待遇。如果患病经合作医疗补助后，个人负担医疗费用过高而影响家庭基本生活的，再给予适当的医疗救助；在尚未开展新型农村合作医疗的区域，对因患大病个人负担费用难以承担而影响家庭基本生活的，给予适当医疗救助；国家规定的特种传染病的救治费用，按有关规定给予补助。②

合作医疗制度是一项主要的农村医疗救助制度，随着社会发展的变化，特别是 20 世纪 80 年代初，家庭联产承包责任制的推行，农村集体经

---

① 唐新民：《民族地区农村社会保障研究》，人民出版社 2008 年版，第 320—322 页。
② 民政部网站，http://dbs.mca.gov.cn/article/csyljz/zcfg/200712/20071200005478.shtml。

济组织逐步解体，使得原来由集体经济组织的、可以分配与扣除的筹资制度的合作医疗制度丧失了基础，合作医疗制度因此而瓦解。90年代以后，我国政府提出了恢复与重建农村合作医疗制度的要求。经过一段时间的建设和发展，其覆盖率表现出地区间不平衡的现象。2003年初，国务院办公厅转发了《关于建立新型农村合作医疗制度的意见》。经过试点，2006年卫生部等七部委联合下发《关于加快推进新型农村合作医疗试点工作的通知》，加快推进和不断完善新型农村合作医疗制度。① 新型农村合作医疗制度的建立和发展，有效地解决了农民因病致贫、因病返贫的现实问题。

(四) 其他救助制度

1. 农村自然灾害救助

自然灾害救助简称灾害救助，是指社会成员在遭受自然灾害袭击而丧失生活保障时，由政府和社会为其提供紧急救助，达到保障其最低生活标准的社会救助制度。根据救助方式的不同，可以分为紧急援助和生产自救。广义的救灾包括查灾、报灾、核灾、灾后救助等；狭义的救灾仅指对灾民的生活与生产中的困难给予救济，如基本口粮救济、衣被救济、房屋救济、现金救济、医药救济、生产资料救济等。农村自然灾害救助与其他社会救助相比，具有救助对象不固定的特点。

2. 农村特困户救助

农村特困户是指人均实际收入极低，且常年生活特别困难，无以维持基本生活的农村公民。农村特困户救助制度是指对那些因大病、重残、缺少劳动能力等原因而陷于长年生活困难的农村贫困人口进行现金、实物与服务方面进行定期、定量、帮助的制度。

开展对农村特困户的救助，不仅有利于农村特困群众摆脱困境、改善贫困地区人们的生活条件和生活水平、保障人民群众的基本生活权益，也有利于缩小特困人口与普通人口在生活等方面存在的差距，繁荣农村经济，维护社会稳定。

我国对农村特困户的救助分为定期救助和临时救助两种。定期救助是政府和社会对符合条件的农村特困户按照固定的标准定期进行救助的一种

---

① 唐新民：《民族地区农村社会保障研究》，人民出版社2008年版，第257页。

形式,可以是按月实施救助,也可以是按半年或一年进行救助;临时救助是指对因患病、重度残疾或遭遇其他突发灾害而导致生活困难的农村特困居民给予临时的生活救助。

3. 农村教育救助

教育救助是维护教育公平的必要手段,也是推进教育发展的重要形式。针对贫困家庭子女因为经济困难无法顺利完成学业,无法获得公平的教育的情况,我国建立了主要包括对中小学义务教育阶段的救助和对高等学校以"奖、贷、助、减、免"形式为主的救助。同时,还出台了一些辅助救助政策,包括流动儿童就学政策、进城务工就业农民工子女义务教育救助政策、特殊困难未成年人救助政策等,尽可能为贫困家庭子女提供教育,更好地体现了教育的公正和公平。

4. 农村贫困户住房救助

农村贫困户住房救助是指政府向农村贫困家庭或其他需要保障的特殊家庭提供现金补贴或直接提供住房的一种社会救助。政府通过承担部分或全部住房市场费用与农村贫困户支付能力之间的差额,解决部分贫困户对住房支出能力不足的问题。救助的对象主要包括户籍所在地不宜实行集中供养的农村五保户、家中无房或住房困难的农村最低生活保障对象、因各种自然灾害致使房屋倒塌或严重损坏的受灾户、居住房屋为危房而又无力改善的农村贫困家庭。

5. 农村临时救助

根据民政部《关于进一步建立健全临时救助制度的通知》(民发〔2007〕92号)中的定义,临时救助是指对在日常生活中由于各种特殊原因造成基本生活出现暂时困难的家庭,给予非定期、非定量生活救助的制度,具体是指国家对因火灾、交通事故等意外事件,家庭成员突发重大疾病等原因,导致基本生活暂时出现严重困难的家庭,或者因生活必需支出突然增加超出家庭承受能力,导致基本生活暂时出现严重困难的最低生活保障家庭,以及遭遇其他特殊困难的家庭,给予临时救助。

我国已经基本建立了包括最低生活保障、特困人员供养、受灾人员救助等基本生活救助和医疗、教育、住房、就业等专项救助制度为支撑的社会救助体系。但不容忽视的是,这一救助体系仍存"短板",在解决一些遭遇突发性、紧迫性、临时性生活困难的群众救助问题方面,缺乏相应制度安排。在当前时代背景下,加快建立临时救助制度,发挥"救急难"功能,更具现实意义。随着经济社会发展,人们在生产生活中遇到不确定因素的可能性不断增加,各种突发事件往往可能导致个人或家庭陷入困境。在亲友、邻里、单位等传统救助力量相对弱化的情况下,如果没有完善的政府救助制度"兜底",受到影响的个人或家庭可能难以摆脱困境,有的甚至可能陷入绝境。

2007年7月由民政部下发了《关于进一步建立健全临时救助制度的通知》,明确我国的临时救助定位于应急性、过渡性,具体指国家对遭遇突发事件、意外伤害、重大疾病或其他特殊原因导致基本生活陷入困境,其他社会救助制度暂时无法覆盖或救助之后基本生活暂时仍有严重困难的家庭或个人给予的应急性、过渡性的救助。

第三节　西部地区农村社会救助存在的问题:以宁夏为例

一　宁夏经济社会发展概况

2004年以来,宁夏回族自治区党委、政府高度关注社会保障工作,特别是加强了社会救助体系建设。2006年3月,自治区社会救助工作领导小组下发《关于制定专项社会救助实施办法的通知》后,各项救助制度建设稳步推进,在全区基本建立起了较完善的社会救助体系,并且有些创新的制度在全国率先提出并实施,譬如高龄老人津贴和孤儿养育津贴制度。以规范化管理和分类施保为重点,完善各项规章制度,加大资金投入,强化监督检查,积极推进的农村低保、五保供养等社会救助体系建设,有效保障了农村困难群众的基本生活需要。截至2014年12月,宁夏回族自治区生产总值2750亿元,地方公共财政预算收入339.8亿元,全社会固定资产投资3201亿元,社会消费品零售总额673.2亿元,城镇居民和农村常住居民人均可支配收入分别达23285元和8410元[①]。

二　宁夏农村社会救助制度存在的问题

近年来随着西部地区经济发展水平的不断提高,人民群众的幸福指数

---

① 刘慧:《宁夏回族自治区政府工作报告》,《宁夏日报》,2015年1月26日。

需求也越来越趋向于多样化。与群众的需求相比，宁夏目前的农村社会救助水平、内容、范围还不能完全满足贫困人口需求的变化。受到地方财政能力的局限，还不能实现提供全面充分的基本保障。

(一) 社会救助资金来源有限，保障能力弱，脱贫不可持续

现阶段，随着农村社会救助体系的建立与完善，社会救济水平也随着经济社会发展的进步而越来越高，因此，政府需要的救助资金规模也越来越大。然而，由于政府社会保障资金不足而表现出保障能力弱。

对于农村社会救助来说，保障资金主要来源于中央补助金、地方政府财政收入的配套资金。

表 6-1　2013 年宁夏社会救助保障标准、范围及资金来源表

制度类型	保障标准和范围	资金来源
农村低保制度	家庭年人均纯收入低于 1930 元可申请，标准 1930 元	合计 7.69 亿元，其中中央补助 4.83 亿元；自治区安排 2.22 亿元；各地共配套 6425 万元
五保供养制度	集中供养补助标准 3600 元/人/年；分散供养补助标准 1930 元/人/年	合计 5632.6 万元，其中中央补助 298 万元；自治区安排 4152.6 万元；各地共配套 1182 万元
高龄津贴制度	本区户口且年龄在 80 周岁以上的农村老年人和城市无基本养老金收入的老年人	从城乡低保资金中列支，中央无补助
医疗救助制度	门诊救助每人每年 60—1000 元；住院费用 2000 元以内全额救助，2000 元以上给予 40%—80% 比例的救助，年封顶 5 万元；低保边缘户和临时性特殊困难户给予 20%—40% 的救助，年封顶 3 万元	中央补助 1.93 亿元。自治区无配套，有 12 个县（市、区）共配套 1539 万元
临时救助制度	每次 5—3000 元，对个别特困家庭，可适当提高标准，最高不超过 5000 元，救助对象 1 年内享受临时救助不超过 2 次	由各地自筹，各地共安排 897.6 万元

资料来源：根据宁夏民政厅统计数据和政策文件整理而成

从表 6-1 可以看出，社会救济的保障资金主要来源于地方的财政收入。财政收入直接影响着救济工作。尽管宁夏财政不断增加社会救助资金的投入，但是救助资金缺口依然很大。仅全区农村 23 万特困群众按人均每月补助 35 元的标准，每年就需要资金达 8050 万元。而宁夏有 8 个国家级贫困县，即盐池县、同心县、原州区、西吉县、隆德县、泾源县、彭阳县、海原县。[①] 大多数县（区）则主要是依靠中央和自治区财政补助资金进行社会救助，尚未建立稳定的低保资金投入机制，特别是农村低保配套资金不足，严重影响了农村低保制度的实施。

（二）社会救助体系不完善，管理机制不科学，资金使用效率低

目前我国农村社会救助体系的建设还处于探索和积累阶段。虽然经过多年的努力，初步搭起了农村救助制度的框架，但这些制度供给与人们的需求相比还远远不够完善。

我国农村社会救助机构不健全，管理多头，效率低下。基层社会救助工作力量薄弱，人手不足。目前乡镇民政机构大多数没有专门的办公场所及专职人员，兼职人数基本上是一个人，且更换频繁，无法形成稳定的工作机制。基层监督机制不健全，从而导致在资格审查、对象确定、资金发放、标准执行等环节出现了不按政策办事以及不公正、不合理、不透明等违反政策规定的问题，甚至发生挪用、截留救助金和优亲厚友等违法违规行为。

目前，农村社会救助对象的确定问题尤为突出。各地一般都以农村居民人均纯收入或平均消费支出水平的高低与当地确定的贫困线进行比较来确定其贫困状况，进而确定是否为救助对象。与城镇居民相比，农民除了依靠种植农作物获得经济收入外，还可能从事多种副业，或出外打工，因而其收入来源具有多样性特点，对于农民潜在收入的准确核定，往往是确定救助对象的最大困难。在社会救助的实施过程中，救助资金的溢出和漏出现象经常发生。救助资金的溢出是指救助资金投入的人群中有高于贫困线水平的非贫困者存在。救助资金的漏出是指真正需要救助的贫困者未被列入救助对象，从而造成社会救助资金对应的贫困者的遗漏现象。然而，

---

① 《宁夏目前仍有 8 个贫困县》，银川新闻网，http://www.ycen.com.cn/xwzx/ycxw/ms/201410/t20141018_161289.html。

社会救助资金的溢出和漏出现象除了农民家庭收入难以核定所致之外，很多情况下都是由人为因素有意所为。比如，2009年宁夏在针对"人情保"等现象展开的清理活动中，共取消了不符合条件的低保对象14698户21326人，2010年3月又取消了678名低保对象享受农村最低生活保障救助的资格，先后清理不符合要求的农村低保对象15376人，占农村低保人数的5.1%，清理的不符合要求的农村低保家庭占享受低保家庭总数的8%。[①]

(三) 农村医疗救助水平很低，因病返贫现象突出

当前农村医疗救助也是本着"低水平、广覆盖"的原则，救助水平普遍不高，再加上农村卫生条件较差，因病返贫的现象十分突出。我国建立的农村医疗救助在一定程度上缓解了贫困人口无力承担大额医疗费用支出的问题，但毕竟救助的资金补偿额度有限，难以保证贫困对象患病的费用缺口。例如宁夏城乡医疗救助面临的筹资困难、救助水平低、救助病种少、救助时间滞后等问题很突出，在短期内很难得到根本解决。

农村医疗救助的起付线过高而封顶线过低，也在一定程度上限制了农村医疗救助的实施，导致救助面窄，影响范围小，大大削弱了农村医疗救助的功能。当前我国农村医疗救助病种主要包括恶性肿瘤、白血病、尿毒症、脑出血、脑溢血、脑梗死、冠心病、肺心肿、肝硬化（腹水）、再生障碍性贫血等重大疾病，费用都非常高昂。由于医疗救助的高起付线和低封顶线，使农村困难群体根本无力承担如此巨额的医疗费用。所以，大多数农民基本上采取自我医疗保障。得了小病，常常是忍着或就近就医、买药；得了大病，会因治病而倾家荡产。所以，在农村因病返贫的现象十分常见。

(四) 政府管理不统一，影响救助效率

由于社会救助涉及的范围广泛，所以必然涉及民政、劳动保障、卫生、教育等多个部门。虽然确定了"政府主导、民政主管、部门配合、社会参与"的工作机制，但实际上各部门之间仍然缺乏衔接和配合，致使出现部门之间相互推诿、扯皮等现象，办事效率低，老百姓怨声载道。具体而言，就是在宏观管理上缺乏统一而集中的管理，没有设立权威性的

---

① 民政部：《规范低保，避免错保、人情保等发生》，《人民日报》，2009年7月4日。

管理机构，导致农村社会救助缺乏统一的发展规划和工作规范，并在现实执行和操作中，几乎所有部门都参与，但都没有齐心协力来共同完成这一"民心工程"。各级各地区社会救助事务的管理、执行、监督都没能有效融合，与工作的社会化、法制化要求距离较大。

（五）非政府组织参与不广泛

社会救助的实质是社会成员之间的互帮互助，社会公民之间的互助意愿是主因，而政府在其中起到的是中介、桥梁的作用。西部地区的农村大多贫困，在地方政府财政紧张、救助资金不足的情况下，由政府倡导或民间组织发起的一些公益性社会捐助活动，无疑是政府救助资金的一个重要来源。然而，西部农村贫困地区受条件所限，习惯于接受慈善扶助，而伸出手去支援社会的慈善意识还比较淡薄，社会捐助资金尚不能构成对政府救助资金的有效补充。同时，在公众捐赠款物的储存、保管、变现以及分配方面，在"人人为我、我为人人"社会风气的营造等方面还有待进一步培育和加强。

三 宁夏农村社会救助制度存在问题的原因分析

对宁夏社会救助制度存在问题产生的原因做进一步分析，有助于找出完善社会救助制度的方法和思路。

（一）社会救助的立法观念相对滞后

立法的立场和出发点首先取决于立法观念。新中国成立以来，我国不断建立和完善了社会救助的相关制度，各级政府和相关职能部门也陆续颁布出台并实施了一系列相关政策，社会救助工作也逐步迈入制度化轨道。比如，我国已经制定了《社会保险法》。但是，社会救助方面的法律法规还不够完善，虽然国务院于2014年2月21日颁布了《社会救助暂行办法》，但是至今未出台社会救助法，现有许多社会救助制度只能"头痛医头，脚痛医脚"，缺乏政策的连贯性和稳定性，民众的预期不能稳定地得以维持，也不能给社会救助工作提供稳定的预期和依据。宁夏在社会救助方面的立法也都是以自治区政府出台的政策性文件为主，可见立法层次低，故不可避免地影响到制度的权威性和稳定性。表现在具体工作中，经常发生纠纷，不能主动及时地安排和长远地解决关系贫困居民的基本生存问题。

(二) 城乡二元分制格局，地方社会救助没有实现城乡统筹

我国还是发展中国家，城乡二元结构的特征依然显著，这已然成为制约经济社会发展的重要因素之一。社会救助制度同样也呈现出城乡二元格局，比如，城乡救助标准、对象、范围、内容、形式和程序等都有很大差异。此外，由于农村进城打工者和失地农民越来越多，对城乡救助体系的衔接和整合提出了更高的要求。目前有的大城市开始整合了城乡救助制度，但就宁夏等地区来看，城乡救助制度的整合进度很慢而也很难。城乡二元化的社会救助制度在一定程度上背离了社会救助制度的公平原则，因此，必须尽快找到缩小城乡隔阂的有效办法。

(三) 社会救助资金分担结构不平衡，经费难以保障

现行社会救助制度过于强调地方政府的责任，比如我国居民最低生活保障，对辖区贫困人口的救助一般由中央、省、市三方共同负责。这种责任分配原则虽然明确了各方都有应尽的责任，但是也带来各级所负担责任大小标准难以确定的问题，简单来说，也就是会出现"有钱的政府少付费，少钱的政府多承担"。筹资方式带来的问题对于民族农村地区影响更为明显，因为其地方财政或更次一级的财政往往会出现财政拮据的情况。在这种筹资模式下，由于经费缺乏最低生活保障制度的反贫困的功能很难发挥出来。

(四) 社会救助的社会化程度较低

目前，社会救助的非社会化特征主要表现在资金的筹集和救助工作的实施过程，都呈现官办的封闭式事业，不利于救助事业的进一步拓宽和延伸。在现阶段的社会救助实践中，一方面救助对象对于主流社会存在着疏离感，社会救助还无法帮助他们融入大众社会之中；另一方面，社会救助实施的效果仅仅停留在生活性的扶助层面，还没有能够起到唤起社会成员的慈悲之心和全社会的互助理念的树立，具体表现为民间慈善事业发展缓慢、民间互助力量薄弱、组织体系不健全等。

(五) 地方社会救助管理缺乏统筹

社会救助的有效实施依赖于各级政府之间、政府各部门之间的协调与合作。由于各项救助制度大多是在实际工作中逐步发展起来的，不同层级政府、不同地区政府在共担责任时难免会发生利益上的博弈，再加上我国社会救助没有统一的设计和专门的立法，社会救助制度的内容不一致，缺

乏系统的制度安排与稳定的框架。在此制度环境下，宁夏地方社会救助的管理也与全国一样，表现出缺乏协调和统筹的特征。没有统一的社会救助管理部门；政出多门，部门分割，管理和决策上矛盾多发。这种管理格局必然导致社会救助缺乏联动效应，严重影响了救助工作的效率和效果。再来是农村救助力量薄弱，西部地区农村社会需要救助的对象多，人员流动变化大，所以，进行收入的核查非常困难，信息严重不对称，致使工作量巨大，尤其是宁夏地质条件恶劣、地域面积大、人口居住分散、交通不便，特别是撤乡并镇后，工作范围扩大了一倍，而乡镇的工作人员编制少，一般只安排1名民政助理员来做这项工作，可想而知，根本难以准确完成调查核定和救助工作。

（六）社会救助激励机制和约束机制缺乏

救助权是一项由国家和社会承担的保证公民有尊严地生活的权利。在实施社会救助中，会发生正反两种激励效果，由于存在着信息不对称，社会救助会产生负激励，可能引发道德风险：一是隐瞒收入，依赖救助；二是隐瞒就业，陷入反工作伦理，出现需要救助的得不到救助，不该救助的反而纳入到救助对象之中。要转变这种负激励，就必须依靠来自外部力量的干预，即建立社会救助的激励机制和约束机制来解决这个问题。

第四节　完善西部地区农村社会救助制度的对策建议

按照以人为本、构建和谐社会的要求，在西部农村地区应该建立覆盖范围广、救助水平高、与经济社会发展水平相适应、城乡一体化的新型社会救助制度。然而，这是一项艰巨、繁重、复杂的系统工程。

一　规范救助政策，推进农村社会救助的法制化进程

加快推进社会救助立法，完善社会救助的法律体系，这是建立西部地区农村社会救助制度、规范救助程序和行为、提高救助水平、切实保障农村贫困人口生存权益的重要保证。从国外社会保障的立法实践来看，社会救助立法往往排在前位。西部地区农村社会救助制度能够切实保障居民的基本生存权，所以应当在实践发展到一定阶段和一定层次时得到法律的确认。西部地区社会救助法制化对推进我国社会保障法制建设，保证西部民

族地区社会救助的稳定性和持续性具有重要意义。通过立法可以明确社会救助是国家的一项长期性制度，从而为社会救助的持久稳定发展提供法律基础；通过立法也可以规定社会救助各方的权利和责任，特别是规定制度的救助主体和被救助者资格，从而更好地促进新型农村社会救助制度的发展；社会救助立法还有利于规范实施社会救助的运行程序，从而保证农村社会救助制度的平稳、有效运行。因此，应当尽快提高农村社会救助的立法层次，从部门规章、行政法规逐步向国家法律的层次发展。为使社会救助得到切实有效的作用，非常有必要建立一部《社会救助法》，以提高社会救助的权威性和强制性，该法应明确规定社会救助的内容、性质、对象、标准及相应的申报审批程序，社会救助资金的筹措、使用和管理，监管部门的职责以及法律责任等内容。我国已经颁布有《城市居民最低生活保障条例》，也应尽快制定《民族地区居民最低生活保障条例》，以切实保障西部地区居民的合法权益。

二 加大投入，建立稳定的财政投入机制

一直以来，制约我国西部地区社会救助发展的直接原因是地方政府资金缺乏问题。所以，必须建立稳定的资金保障机制，才能有助于建立和完善社会救助。各级地方政府作为社会救助工作的最后责任主体，必须加大政府投入，为社会救助的稳定运行提供充足的资金保证。

（一）健全责任共担机制。应合理确定各级财政按比例分担救助资金的制度。中央政府应该根据西部地区农村地方财政的现实情况，有重点、有倾斜地提高财政转移支付的比例。对于地方财政实力较强的地区，中央财政可以调整分担比例，逐步加大省、市级财政的投入比重。

（二）完善救助资金按时拨付制度。资金拨付的时机是否合适对于能否及时实施救助有着十分重要的意义。根据每年需要支付救助资金的要求来看，中央和省级财政应该在上年年底完成拨付，以便地方政府支付第二年上半年所需的救助经费，或在当年7月份之前完成拨付以便地方政府支付下半年的救助经费。

（三）建立财政投入动态调整机制。各省级政府可以根据本地经济社会发展的情况来确定救助目标和救助水平，制定具体的救助政策。随着当地经济发展水平的提高，应及时调整社会救助支出比例和提高社会救助待

遇，以使农村居民共享经济社会发展的成果。

（四）健全财政支出的监督机制。为保证救助款发挥真正的作用，也为了防止救助款被挪用或被贪污，按照规定，凡中央、省级财政下拨款及其开支情况都要报告同级人大，同时接受有关职能部门和社会的监督检查。

解决社会救助的资金问题，除了要加大各级财政投入之外，还需要做好救助资金的社会募集工作，这也是社会救助资金来源的重要渠道和有力补充。同时，要大力发展慈善福利事业，动员社会各界人士积极参与，不断完善社会救助资金的筹措体制。

三　完善社会救助工作的管理体制

在现行农村社会救助制度的管理过程中，存在着诸多体制上的弊端，例如农村最低生活保障制度中的资源浪费和分配不合理现象、救灾款、社会募集资金的使用混乱不堪、款物违规分配等问题。为此，要进一步加强和完善社会救助工作的管理体制，促进工作的顺利开展和保持良性运行。

从管理体制的横向维度看，应建立农村社会救助工作委员会。委员会隶属于省级政府领导，由省级主要领导任主任，由民政、财政、人社、农业、扶贫、教育、卫生、红十字和慈善协会等部门的领导为成员共同组成委员会。农村社会救助工作委员会的职责是及时掌握救助对象的全面信息，了解各方面的救助情况，促进各项救助措施的配套衔接，整合或协调各部门的救助资源，负责对社会救助工作的监督和信息发布。

从管理体制的纵向维度看，应建立省、市、县、乡镇、村五级为一条线的纵向救助管理系统。每级设领导小组，实行层层领导，每一级领导小组都对上一级领导小组负责。

横纵交错的管理体系一经形成和确定，将有利于做到农村社会各个层面上救助信息的沟通、救助经验的交流和救助资源的协调，从而大大提高基层社会救助工作的效率和实效。

四　建立官民救济相结合的救助机制

由建立社会救助制度的目的决定了政府是社会救助的第一责任主体，也是最终责任主体。政府财政投入是社会救助资金的重要来源，但是，依靠政府单方面提供的资金则是远远不足的。为此，要探索建立多元筹资体制，大力发展民间救济与官方救助相结合的筹资模式，扩大救助资金的来源渠道，民间救助的主要形式就是社会互助，在现阶段，中国的社会互助主要有慈善事业的救助、捐赠救助、希望工程救助和党群组织开展的"送温暖、献爱心"活动等救助形式，这些都是民间救济的表现形式。民间救济具有灵活性和自发性特征，但同时也有主观性较强和稳定性较差等不利因素，因此，民间救济只能作为一种社会救助体系的辅助形式，只有建立起官方和民间救济相结合的救助体制，才能优势互补、扬长避短。对于现有的社会捐助要认真整顿和严格规范，切实落实相关慈善捐赠优惠政策，完善社会捐助的社会化服务网络，积极探索社会捐助的市场化运作模式，探索建立社会捐助与"慈善超市"的长效机制，让民间救助真正成为官方救助的有益补充。而且应积极探索发展慈善产业，慈善产业是一个全新的理念，是宁夏人民开创的一个创新发展的概念。慈善事业突出的是公益性，强调无偿的公共扶助，是一种公益事业；慈善产业突出的是效益，强调的是建立在企业盈利基础上的扶贫济困功能，既赚钱，又搞慈善。发展慈善产业将有利于创新发展慈善事业，有利于企业更好地承担社会责任，有利于改善民生，这与慈善的宗旨是一致的。

五 强化社会救助资金的监督管理机制

（一）强化和完善救助资金的日常监督管理

第一，明确监管责任，确保监管及时到位。日常管理要有专人负责，通过合理分工，形成长效的监督管理机制。在确定资金管理岗位时，要明确岗位职责，形成相互配合、相互制衡的机制；制定并完善相关的配套制度，规避资金管理风险。救助资金的监督管理要接受本级人大、审计、监察以及社会各界的监督，通过多元化监督主体、内容和方式来确保救助资金的安全有效存储、使用。明确和规范救助资金监督管理的范围和内容。救助资金日常监督管理的范围和内容主要包括：资金是否实行专户、专账、专人管理；资金运行是否安全并全程公开；资金投入是否符合国家法律和地方法规规章；资金拨付是否及时足额，有无延误拨付、滞留闲置、财政资金转移支付和地方配套资金不到位；有无截留、挤占、贪污、挪用、串用、虚列、套取骗取、冒领或私存私放行为；是否账外设账；对于国家有关政策规定必须实行政策采购的社会救助资金项目,是否办理了政府采购,对于达到公开招标要求的,是否采取了公开招标等。

第二,建立健全监管制度,创新监管机制。建立健全救助资金的监管制度首先要使资金管理公开透明,建立健全救助资金管理的公示制度。对于通过各种合法途径筹集到的救助资金的存储、发放等管理过程和结果,应通过文件、会议、公告等方式,向社会进行全面公示,并接受全社会的监督,设立监督举报电话,接受群众投诉和监督。而且,要建立健全违规责任的追究处罚制度。首先要科学合理地划分责任,特别是县(区)以下救助资金管理机构要清楚地划分和界定救助资金保管、发放等方面的职责;其次要明确各级救助资金主管单位一把手为第一责任人,直接经办人为第二责任人;最后要以制度执行绩效为导向,建立综合的考核、奖惩和问责机制,实施责任追究制度。

第三,改进管理方法,提高资金管理的安全性和有效性。各级社会救助主管机构在资金管理中应避免过去只管资金忽视救助成效的做法,切实做好救助资金的跟踪管理和绩效考核。特别要注意的是"闲置"资金的管理,主管部门要主动向下级救助项目的提供单位和救助对象提供规定范围内的信息,使救助资金在一定的时间内发挥最大的救助效率,实现最大的救助效益。

(二)要完善救助资金的保值增值机制

由于社会救助资金是公共财政的一部分,性质特殊,实践中往往有较大金额的资金处于闲置状态,造成救助资金救助机会成本的上升。因此,救助资金除了进行日常的有效、安全管理外,其保值、增值也是最基本的管理内容。在农村救助制度的资金管理机制下,要允许一定比例的闲置资金投入到资本市场,这是救助资金增值保值管理的重要内容和方式。任何投资都是有风险的,没有风险的投资在市场经济条件下几乎是不存在的。建设西部地区农村社会救助制度,一定要转变观念,发挥优势,依靠社会力量构建救助资金投资的抗风险机制,从而提高投资效益。尽可能地请专业人才参与理财,聘请专业人才担任顾问,努力把握好投资机会,降低投资风险,实现投资收益。

坚持救助规范管理、强化社会监督是社会救助工作健康开展的重要保证。实行专户管理,封闭运行,确保专款专用。强化民政、财政、审计部门的监管，加强社会监督，严格执行民主评议、聘请社会救助监督员、公示、与新闻媒体协作等制度，确保社会救助工作的健康顺利开展。要提高救助管理的网络化、信息化程度，建立救助管理信息系统，建立救助对象档案，实现信息共享。建立对救助资金运作和管理的监控和预警机制，形成科学预算、规范使用、及时发放，监管有力的资金管理方式。

六　完善西部地区专项救助

一些发达国家社会救助制度发展较为成熟，体系完备，专项救助项目也较为丰富多样。也有一些发展中国家，诸如很多东南亚国家，在社会救助体系不太完备的情况下，格外重视专项救助，比如把医疗救助、就业援助和教育救助作为社会救助的重点。从我国实行的最低生活保障制度来看，内容显得比较单一，只能保障社会公民最基本的生活需求，保障水平极低，与贫困人群的脱贫需求相比则远远不足。为此，在保障基本生活的基础之上，更需要有更多配套的专项救助措施和优惠政策，例如法律援助、教育救助、就业援助、住房救助等。以西部地区最低生活保障制度为基础，进一步探索和完善专项救助制度，是当前完善我国西部地区社会救助的迫切需要。除了保障基本生活，因病致贫、因病返贫现象是目前西部地区农村救助群体面临的最常见的难题。所以，在专项救助当中，农村医疗救助显得更为重要，它无条件地资助救助对象通过参加合作医疗项目享受到合作医疗待遇。新型农村合作医疗制度实行的是报销制，前提是先发生医疗费用，超过起付线后才可以报销，而农村这些救助对象很可能因为起付线高而享受不到相应的待遇。因此，一方面要实现医疗救助与新型农村合作医疗制度的有效衔接；另一方面要在提高医疗救助的封顶金额的同时，相应降低医疗救助的起付线。通过二者的协调互补，共同解决西部地区贫困人口看病难的问题。

七　坚持分类、分层指导，缩小社会救助制度的区域差异性

从一个国家或地区长远发展的需要来看，建立完善的城乡一体的新型社会救助体系具有促进城乡协调发展和促进经济与社会和谐发展的作用。简单来说，城市和农村都必须建立统一的制度就是新型社会救助体系的最鲜明特征。根据具体情况，应充分考虑我国城乡、区域之间经济发展水平

的实际，尽力而为，量力而行。根据民族经济平等权理论，对西部地区给予一定的政策优惠是促进民族经济"结果平等"的重要手段，也是政府的责任。因此，对于分类指导，应该坚持从当地实际出发的原则，逐步扩大救助的覆盖范围，逐步提高救助水平和层次，以保证社会救助体系建设持续稳定协调发展。农村社会救助制度建设还应实施分类分层施救的原则。在西部地区农村社会救助制度建设中，应以现有的农村最低生活保障制度为基础，进一步建立和完善专项救助工作，使救助覆盖面扩大到所有的困难人群。进一步规范、细化分类施保的方法和程序。建立分类分层的救助机制，使不同的人群、家庭、区域救助对象能够享受到不同类别的综合性社会救助。

八 做好西部地区农村社会救助体系的制度衔接

科学、合理、有效的制度衔接不仅能更加全面、具体地保障农村弱势群体的各种权益，而且也有助于救助资源的整合利用，避免制度设计的重复，从而提高救助资源的使用效率。

西部地区农村社会救助体系的制度涉及农村贫困居民的基本生活、医疗、教育、就业以及法律援助等各方面的救助，用以保障其基本生存权和发展权。然而，救助内容的重合设计一方面能起到制度间的互相补充以更加全面地保障弱势群体的相关权益，也给实施该救助内容的单一救助项目减轻了资金等方面的压力；另一方面，通过有效的制度衔接，将提供同一救助内容两项或多项救助制度，经过体系内的协调分工，规避不必要的重合的救助内容，从而可以节约有限的救助资源，减轻救助事业的压力。通过社会救助体系内各项目之间的制度衔接，有助于实现救助效益最大化。

九 完善急难常态形势下的临时救助

我国对于长期的、稳定的救助，已经有一套成熟的体系，但是在面对西部地区突发的、临时的、家常的救助上处理得还不够及时，因为社会救助过去是制度化的、长期的救助，机动性不高、审批烦琐，无疑增加了事件的风险性，给救助者带来更多的损失。因此，在西部地区积极开展"救急难"综合试点，在试点的基础上，将成功的经验推广其他地区，以利于有效应对紧急事件带来的后果。

第七章 西部地区农民工与失地农民的社会保障异地转移接续问题研究*

社会保障制度是保障和改善民生的基本制度。西部地区农村社会保障是我国社会保障体系中的薄弱环节。特别是在国家工业化、信息化、城镇化、农业现代化同步推进的过程中，必然会出现两种现象，一种是有大量的农村富余劳动力走出农村外出打工；另一种是有越来越多的农民失去农业土地，这部分人就形成了农民工和失地农民这两大特殊群体。这些农业转移人口的社会保障问题倍受关注。目前，随着我国社会保障政策的调整，正在逐步地把农民工和失地农民的社会保障问题纳入到体制内解决。但是，长期以来，农民工和失地农民的社会保障政策表现出明显的地区差异，特别是农民工和失地农民的流动和迁移在加快。根据国家统计局发布的数据显示，2014年全国人户分离的人口为2.98亿人，其中流动人口为2.53亿人[①]。随之而来的是社会保障的转移接续问题还不能顺利地解决，在很大程度上降低了这部分群体参保的积极性和主动性，导致大量退保和停保现象的发生，这直接影响农民工和失地农民的生活保障。西部地区由于其特殊性，农民工和失地农民面临的这一问题更加普遍和突出。因此针对西部地区农民工与失地农民的社会保障异地转移接续问题的研究，具有现实紧迫性和重要性。

---

* 本章的研究框架是在我国颁布《转型接续暂行办法》之前确立的。由于在研期间，国家相继出台了《暂行办法》，本章将研究重点调整为在《暂行办法》实施过程中存在的主要难点、问题及对策建议，特此说明。

① 国家统计局：《中华人民共和国2014年国民经济和社会发展统计公报》，2015年2月26日。

第一节 研究背景和研究对象

一 研究背景

农民工和失地农民是我国城乡二元结构和工业化、城镇化进程中的产物,是我国在特殊的历史时期出现的特殊的社会群体,我们必须高度关注他们的基本生活和社会保障问题。

(一)我国农民工现状

农民工是指具有农村户籍,但在城镇从事非农产业或外出从业6个月及以上的劳动者[1],这一群体的产生是我国工业化快速推进与传统户籍制度冲突的现实结果。农民工有其特殊性,主要体现在三方面:一是农村户籍。农民工虽然进城务工,但其户籍仍然为农村人口,大部分城镇居民把农民工视作农民。二是边缘职业。农民工受自身素质的原因所限,在城镇从事的都是非正式工作或是城镇居民所不愿做的边缘职业,主要集中在工业、建筑业、餐饮业、服务业和个体经营等领域。三是社保缺失。当农民工在城镇就业、生活遭遇风险时,大部分农民工都没有相应的社会保障项目为他们提供基本的保障,只能依靠自己和亲友的力量来承受风险。

随着工业化、城镇化进程的加快,农民工总量规模不断增加。根据国家统计局每年发布的《全国农民工监测调查报告》显示,农民工的数量逐年递增。2012年全国农民工总量为26261万人,2013年增加到26894万人,比上年增加633万人,增长2.4%,2014年农民工总量达到27395万人,其中,本地农民工10574万人,外出农民工16821万人。[2]

按输出地看,东部地区农民工比上年增长2.0%,占农民工总量的38.9%;中部地区农民工比上年增长1.2%,占农民工总量的34.5%;西部地区[3]农民工比上年增长2.5%,占农民工总量近三分之一,而且西部地区农民工增长速度比东部和中部地区都要高[4]。

---

[1] 国家统计局:《2014年全国农民工监测调查报告》。
[2] 同上。
[3] "西部地区"包括内蒙古、广西、重庆、四川、贵州、云南、西藏、陕西、甘肃、青海、宁夏、新疆12个省(自治区),涵盖了本书的"西部民族地区"范围。
[4] 国家统计局:《2014年全国农民工监测调查报告》。

按农民工的流向分布看,西部地区吸纳能力不断增强。在全部农民工中,在西部地区务工的增速是东部地区、中部地区的近2倍。其中,西部地区务工农民工就地转移增长较快,与上年相比,西部地区本地农民工增长4倍之多。[①]

按农民工流动范围看,跨省流动比重有所提高。外出农民工中,跨省流动农民工占46.8%。东部地区有18%、中部地区有62.8%、西部地区有53.9%的农民工跨省流动。[②]

在外出农民工中,参加"五险一金"的比例明显提高。参保率分别为:工伤保险26.2%、医疗保险17.6%、养老保险16.7%、失业保险10.5%、生育保险7.8%、住房公积金5.5%。[③]

从以上监测数据可以看出,农民工群体已经越来越成为我国经济社会建设的重要组成部分,他们的生存和发展状况关系着全国的民生问题,关系着全国的社会稳定问题。从农民工的输出、流向、范围来看,西部地区都有明显增长的趋势,而西部地区,又恰恰是我国各少数民族集中的地区,是农民工的主要输出地。随着西部农民工跨省流动的下降、本地农民工的增加,意味着农民工返乡比例在不断提高。随之而来的问题,就是社会保障的转移接续工作成为一项常态化的内容。如果解决不好的话,势必影响农民工的生活保障。

(二) 我国失地农民现状

失地农民是指国家因法定原因而征用、征收农村集体土地所造成的无地或少地的农村居民。根据国务院办公厅转发劳动保障部《关于做好被征地农民就业培训和社会保障工作的指导意见》(国办发〔2006〕29号)的规定,失地农民又称被征地农民,是指"因政府统一征收农村集体土地而导致失去全部或大部分土地,且在征地时享有农村集体土地承包权的在册农业户口,具体对象由各地确定"。失地农民作为城镇化进程中产生的特殊社会群体,也有其特殊性,主要表现在三方面:一是非农户籍。农民的土地被政府征用后,户口会"农转非"。二是弱势主体。征地是按照

---

① 国家统计局:《2014年全国农民工监测调查报告》。

② 同上。

③ 同上。

国家的意志进行的国家行为，征地办法的制定与执行主要从国家利益出发，失地居民利益的保障相对处于弱势地位。三是社保缺失。政府用"货币安置"的办法来补偿被征地农民的生活，但是补偿标准低，难以保障失地农民的持续发展能力。

在经济转轨、社会转型的今天，随着我国经济的高速发展和城镇化进程的加快，全国建设用地需求持续增加，农村土地会被大量征用，失地农民的数量将放量增长。《国家新型城镇化规划（2014—2020年）》中确定的我国五年城镇化发展目标是，常住人口城镇化率要达到60%左右，户籍人口城镇化率达到45%左右，努力实现1亿左右农业转移人口和其他常住人口在城镇落户。[①]

农民为我国工业化和城镇化的发展发挥过重要作用，然而随着土地的流失，他们被迫做出巨大牺牲。随着我国城镇化步伐的加快，会有越来越多的失地农民，他们也成为新的社会问题群体。由于我国城乡二元社会结构造成的二元社会保障体系，国家政策取向存在明显的非均衡性，使失地农民的权益保障出现了诸多问题。失地农民的补偿安置等相关问题一直是近年来各方面关注的焦点和热点，为失地农民提供稳定的可预见的制度化保障，已经被广泛认同为解决失地农民可持续发展问题的必然选择。然而，随着失地农民身份的变化，他们原来以农民身份参加社会保障的转移接续问题也直接进入社会保障政策的范畴之内，并受到广泛且高度的关注。

二 研究范畴和研究对象的界定

（一）研究范畴的界定

转移接续是社会保险工作中的一项重要内容，关乎参保者的权益是否得到维护。"转移接续"，顾名思义，就是"转移"+"接续"，即从一个地方转移出来，再接续到另外一个地方。社会保险关系的转移接续主要包含两个内容：一是权益记录的转移接续，就是说不论参保人身处何地，其保障权益记录都能够得到顺利转移和接续，参保年限也能够得到接入地

---

① 国家统计局：《中华人民共和国2014年国民经济和社会发展统计公报》，2015年2月26日。

的认可和累计。二是保障基金能够转移和接续，就是说不论参保人身在何处，其保障基金中的统筹部分和个人账户部分都能够随其转移。社会保险关系的转移接续包括三种类型：一是跨制度的转移接续；二是跨区域的转移接续；三是既跨区域又跨制度的转移接续。鉴于课题研究的需要，本章主要研究跨制度和跨区域两种类型的接续。

我国农村社会保障制度主要包括四个方面的内容：农村社会保险、农村社会救助、农村社会福利和农村社会优抚。由于农民工和失地农民的特殊性，在社会保障方面需要办理转移接续手续的主要集中在农村社会保险当中。目前，涉及面最广、范围最大、最急需解决的问题有两个：一个是基本养老保险的转移接续问题，另一个是基本医疗保险的转移接续问题。因此，本书主要以农民工和失地农民的基本养老保险和基本医疗保险的转移接续问题展开。

基本养老保险关系转移接续，是指参保人员所缴纳的养老保险关系能够从一个经办机构转出到另一个经办机构接续，在转入地能够继续缴纳，使两地累计计算。更通俗地讲，就是参保人员跨地区流动就业时，其基本养老保险关系需要由原参保地转移到新参保地经办机构管理，这时，就需要两个经办机构配合把其养老保险关系做一个交接：由转出地结清并转出，然后由转入地接收并记录好转入信息。社会养老保险关系转移接续有广义和狭义之分，从广义上来说，包括单位和个人社会养老保险关系的转移；从狭义上来说，就是单指个人社会养老保险关系的转移接续，本章主要是讲狭义的个人社会养老保险关系转移接续。

基本医疗保险关系转移接续，是指参保人跨统筹地区就业时、跨统筹地区迁徙户籍时或同一个统筹地区跨制度参保时，将参保人的基本医保关系从一个统筹地区转接到另一个统筹地区或者由一种制度转接到另一种制度的情形，包括已参加城镇职工基本医疗保险、城镇居民基本医疗保险，由于劳动关系终止或其他原因，在不同险种之间进行医疗保险关系转移接续，以及跨统筹地区的医疗保险关系转移接续。

（二）研究对象的界定

本书研究的对象是农民工与失地农民，这两个概念与农民相互之间都有一定的内在联系和区别。因此，有必要先对这三个概念的边界进行界定。

对"农民"的定义有很多种,从不同的视角出发,有不同的答案。《辞海》中对"农民"的定义是指,占有或部分占有生产资料并且靠农业劳动为生的人。在《中华人民共和国户口管理条例》中,具有农村户口的居民就是农民。

农民工和失地农民因其出身均为农民,所以他们之间有着天然的共同点,即收入来源多样且不稳定、生活水平和质量相对较低、生活发展的压力大、抵御风险能力差等。

第二节 社会保障转移接续的重要性

一 转移接续能体现社会保险的权利与义务对等原则

社会保障制度中的权利与义务对等是社会保险制度存在的前提条件。伴随着农民工和失地农民的流动,社会保险关系转移接续的问题也应运而生。农民工和失地农民的流动既可能发生在本地社保统筹的范围内,也可能发生在不同统筹地区之间,由此也就产生了社会保险账户的变动。由于我国当前社会保险还没有实行全国统筹,所以,在社保转移中,只能把个人账户转移带走,而账户中的统筹基金不能随同保险关系转移。在现行体制下,社保保险关系的转移意味着责任转嫁给劳动力的输入地、利益留在输出地。由于制度上的这种差异性,必然导致社会保险关系的转移接续困难重重,严重影响和阻碍着劳动力的流动,不利于经济社会协调发展。因此,做好社保的转移接续工作,是实现社会保险工作中权利与义务对等原则的必然要求。

二 转移接续能够切实维护农民工和失地农民的合法权益

随着我国工业化、城镇化进程的不断推进,部分农民离开农村走进城市,部分农民失去了赖以生存的土地,他们构成了农民工和失地农民两大社会群体。按照国家政策规定,农民工要与劳动单位建立养老保险关系,让农民工像城市职工一样享有社会保险待遇。但是实际情况并不乐观,由于农民工流动性大和办理转移接续手续较烦琐,一度出现大量农民工的退保、断保,其权益受到严重损害。由于失去了土地的保障,而征地赔偿并不能根本解决失地农民的生活保障,那么就有必要为这部分人群建立基本的社会保障。因此，如何顺利地实现农民工和失地农民跨区域、跨制度的社保关系的转移接续，就成为切实维护农民工和失地农民合法权益的必然要求。

三 转移接续能够进一步完善社会保险制度

我国建立社会主义市场经济体制的时间很短，所以现代社会保障制度建设起步晚、起点低，还存有很多问题，主要表现在社会保障制度的"碎片化"问题。由于我国地域广阔，东中西部经济发展水平差距大，因此，保障水平难以整齐划一，这就造成了地方性的社保政策的差异比较大。因此，当劳动力在保障水平和政策不一致的区域内流动时，必然会影响到社保关系的顺利转移接续。因此，加快建立和完善农民工和失地农民社保关系的转移接续机制，也是完善社会养老保险制度的必然要求，也关乎我国社会保障制度的长远发展。

四 转移接续有利于完善劳动力市场

随着我国社会主义市场经济体制的建立和不断完善，市场体系的建设也在不断完善。其中，劳动力市场已经建立，市场在劳动力配置方面起着重要作用。然而，由于我国长期形成的城乡二元经济结构，导致了城乡二元的社会保障制度的存在。随着农民工和失地农民在城乡之间流动，遇到社会保障关系的转移接续难题，在一定程度上挫伤了其积极性，不利于劳动力资源的优化、合理配置。因此，实现社保关系的顺利转移接续，能够帮他们解除后顾之忧，有利于培育和完善劳动力市场。

五 转移接续有利于顺利推进新型城镇化建设

新型城镇化的提出是针对过去我国城镇化建设过于注重"物"的城镇化，而忽视了"人"的城镇化。城镇扩张的速度快于农民变市民的速度，很多农民工虽然生活工作在城市，但身份仍然是农民，他们处于一种游离于城乡之间的"两栖"式生活状态。农民的市民化过程，受很多因素的影响，其中的一个重要原因就是，因为社保转移接续不畅而影响了农民工和失地农民的自由流动与市民化。所以，解决好社会保险转移接续问题，将利于解决新型城镇化进程中的难点问题。

六 转移接续有利于维护社会和谐稳定

深化改革需要有和谐稳定的社会基础，当前我国的改革开放正处于攻坚阶段，必将触及各方面的利益，因而处理好各种矛盾是深化改革的重要前提，西部地区农村尤为关键。农民工和失地农民是一个涉及亿万人口的庞大群体，在传统的家庭保障和土地保障弱化的情况下，没有完善的社会保障就会影响社会稳定。因此，解决好农民工和失地农民的社会保障问题，既有利于农村社会的和谐稳定发展，也有利于全社会的和谐稳定发展。

第三节 基本养老保险转移接续的现状、问题与对策

一 基本养老保险转移接续的实质及必然性

当劳动者工作发生变动时，养老保险关系就会发生改变，转移接续则成为其中重要的一环。养老保险关系转移接续并不是看上去的那么简单，表面上是转移资金和信息，实则是劳动者养老权益保障的转移接续，不能因工作地点和工作性质的变动而损害其退休时所能享受的养老权益。

随着我国经济体制改革不断深化，市场化水平逐步提高，劳动力跨地区、跨行业流动成为常态，并且流动的规模越来越大。因此，养老保险制度也应该适应劳动力流动的需要而进行适时的调整和完善。

一是从劳动力资源配置的角度看，市场经济在配置资源中起决定性作用的一个重要前提就是要有开放性。对于劳动力资源的配置而言，当然是需要建立一个统一开放的劳动力市场，这必须要求打破地区之间和部门所有制之间的障碍，打破城乡二元户籍制度，使劳动力资源能随市场发展的需要实现顺畅有序地配置。因此，作为化解劳动力年老时生活风险的养老保险制度也应该适应市场经济开放性的要求，确保劳动者养老权益不因工作变换而受到损害，从而为促进劳动力合理流动提供保障。

二是从市场风险性的角度看，市场经济在一定程度上讲，就是竞争性经济，有竞争，就会有优胜劣汰，企业在市场竞争中会面临不同的风险。而在不同企业中的劳动者就有可能面临下岗、失业和贫困的风险，为了更好地保障劳动者的权益，就必须做好社保工作，而通过完善养老保险制

度，则可以增强劳动者抵御社会风险和年老风险的能力。

二　农民工和失地农民基本养老保险关系转移接续的政策梳理

（一）农民工养老保险及转移接续制度的确立

关于农民工的养老保险制度的确立，经历了曲折的过程。我国先后于2009年和2011年，启动实施新农保和城居保试点。许多农民工在离开农村之前，在家乡农村基本上都参加了新农保。农民工进城后，面临着生活工作环境的变化，养老保险关系变得更为复杂。

随着社会经济的快速发展，农民工作为城市建设的生力军发挥了重要的促进作用，国家非常重视农民工养老保险问题。2009年2月，人力资源和社会保障部根据《劳动法》《社会保险费征缴暂行条例》和《国务院关于解决农民工问题的若干意见》（国发〔2006〕5号）的规定，针对农民工的就业特点，按照低费率、广覆盖、可转移和能衔接的要求，制定了《农民工参加基本养老保险办法》和《城镇企业职工基本养老保险关系转移接续暂行办法》（以下简称《办法》），向社会公开征求意见。在原有的体制下，在同一个地区的不同县市流动都会带来社会保险关系的接续困难问题，更不用说农民工在全国各地频繁流动了。从这个意义上说，《办法》第一次在全国层面规定了农民工参加基本养老保险的转移接续办法，明确了全国统一的农民工养老保险关系转移和权益累计、接续的政策，有利于增强制度的便携性，矫正了原有体制下的制度性缺陷。但是，对于是否在原本就已经是"碎片化"的社会保险制度中再单独出台一个专门针对农民工的养老保险制度，理论界和实际工作部门存在着很大的争议，最终《办法》没有正式出台。在各种争议意见背后，渐占主流的意见是将农民工养老保险制度糅入养老保险的转移接续办法中解决转移接续难题，进而促进建立统一的社保制度。

为此，2009年12月28日，国务院办公厅转发《人力资源和社会保障部、财政部关于城镇企业职工基本养老保险关系转移接续暂行办法的通知》（国办发〔2009〕66号），第一条规定"为保证参保人员跨省、自治区、直辖市流动并在城镇就业时基本养老保险关系的顺畅转移接续，制定本办法"。第二条规定"本办法适用于参加城镇企业职工基本养老保险的所有人员，包括农民工"。第三条规定"未达到待遇领取年龄前，不得终止基本养老保险关系并办理退保手续"。第九条规定"农民工中断就业或返乡没有继续缴费的,由原参保地社保经办机构保留其基本养老保险关系,保存其全部参保缴费记录及个人账户,个人账户储存额继续按规定计息。农民工返回城镇就业并继续参保缴费的,无论其回到原参保地就业还是其他城镇就业,均按前述规定累计计算其缴费年限,合并计算其个人账户储存额,符合待遇领取条件的,与城镇职工同样享受基本养老保险待遇;农民工不再返回城镇就业的,其在城镇参保缴费记录及个人账户全部有效,并根据农民工的实际情况,或在其达到规定领取条件时享受城镇职工基本养老保险待遇,或转入新型农村社会养老保险"。2009年12月30日,人社部下发《关于贯彻落实国务院办公厅转发城镇企业职工基本养老保险关系转移接续暂行办法的通知》(人社部发〔2009〕187号),提出了落实国办发〔2009〕66号文件要求,明确了转移接续工作的重要问题和经办规程。中共中央宣传部、人社部还于2010年1月12日,联合下发《印发关于城镇企业职工基本养老保险关系转移接续暂行办法宣传提纲的通知》(中宣发〔2010〕3号),就职工养老保险转移接续办法宣传工作提出了要求。同年10月28日《中华人民共和国社会保险法》正式颁布,第十条规定"职工应当参加基本养老保险,由用人单位和职工共同缴纳基本养老保险费"。第九十五条规定"进城务工的农村居民依照本法规定参加社会保险"。这就明确了在企业就业的农民工参加企业职工基本养老保险,标志着农民工参加养老保险有了法律的依据。

关于企业职工养老保险制度,早在1991年,《国务院关于企业职工养老保险制度改革的决定》(国发〔1991〕33号)就规定:随着经济的发展,逐步建立起基本养老保险与企业补充养老保险和职工个人储蓄性养老保险相结合的制度。1997年,《国务院关于建立统一的企业职工基本养老保险制度的决定》(国发〔1997〕26号)中更进一步明确:各级人民政府要把社会保险事业纳入本地区国民经济与社会发展计划,贯彻基本养老保险只能保障退休人员基本生活的原则,为使离退休人员的生活随着经济与社会发展不断得到改善,体现按劳分配原则和地区发展水平及企业经济效益的差异,各地区和有关部门要在国家政策指导下大力发展企业补充养老保险,同时发挥商业保险的补充作用。根据国家现行的社保养老制度,退休后领取的养老金由三部分组成:基础养老金、个人账户养老金和过渡性养老金。2005年12月3日,《国务院关于完善企业职工基本养老保险制度的决定》(国发〔2005〕38号)规定,从2006年1月1日起,养老金个人账户中由原来本人缴费工资的11%调整为8%,并且全部由个人缴费,单位不再为个人账户缴费。

2014年2月21日,按照党的十八大精神和十八届三中全会关于整合城乡居民基本养老保险制度的要求,依据《中华人民共和国社会保险法》有关规定,在总结新型农村社会养老保险(以下简称新农保)和城镇居民社会养老保险(以下简称城居保)试点经验的基础上,国务院决定,将新农保和城居保两项制度合并实施,标志着在全国范围内建立起了统一的城乡居民基本养老保险制度。

至此,农民工养老保险关系转移接续就意味着城镇职工基本养老保险与城乡居民养老保险之间的衔接。2014年2月24日,人力资源社会保障部和财政部印发了《城乡养老保险制度衔接暂行办法》。人力资源社会保障部副部长胡晓义表示,《办法》主要解决在城镇化过程当中推进城乡统筹的养老保险制度体系建设,尤其是以农民工为主要群体的累计性、延续性养老保险的关系衔接的问题。

《办法》规定了两种转移接续的情况:一是由城乡居民养老保险转入城镇职工养老保险的,将城乡居民养老保险个人账户储存额全部转移到城镇职工养老保险个人账户中,其参加城乡居民养老保险的缴费年限不折算为城镇职工养老保险缴费年限。二是由城镇职工养老保险转入城乡居民养老保险的,将城镇职工养老保险个人账户储存额全部转移到城乡居民养老保险个人账户中,其参加城镇职工养老保险的缴费年限,可合并累计计算为城乡居民养老保险的缴费年限。

《办法》还规定了参保人员办理异地城乡养老保险制度衔接手续时,由参保人员本人向待遇领取地社会保险经办机构提出养老保险制度衔接的书面申请,待遇领取地社会保险经办机构受理并审核后,对符合条件的,在15个工作日内,向参保人员原城镇职工养老保险、城乡居民养老保险关系所在地社会保险经办机构发出联系函,参保人员原养老保险关系所在地社保经办机构在接到函的15个工作日内,完成制度衔接的参保缴费信息传递和基金划转手续。待遇领取地社保经办机构收到转移过来的资金后,应在15个工作日内办结有关手续,并将情况及时通知申请人。

(二) 失地农民养老保险及转移接续的措施

我国失地农民问题由来已久,但是在不同的历史时期,形成了不同的解决方式。在计划经济时期,政府采取"以土地换就业"的安置方式,征地单位按指标录用被征地劳动力,为失地农民办理"农转非"手续,将他们纳入到城镇职工队伍进行管理,并且能够享受到与城镇职工同等的工资福利和养老保险待遇,较好地解决了失地农民就业和社会保障问题。随着国家经济体制改革的深化,政府不断地调整征地补偿制度,并制订了相关的法律。

为了更好地解决失地农民的生活保障问题,1999年,国土资源部选择了粤浙闽苏沪进行征地制度改革,探索具体的安置方式,以更好地维护其权益。鉴于失地农民的养老和生活保障需求问题,从中央到各级政府高度重视,陆续出台了一系列政策、文件,要求各地做好失地农民的生活和养老保障工作。2014年国土资源部继续选择部分地区进行征地制度改革试点工作,提出征地补偿"建立兼顾国家、集体、个人的土地增值收益分配机制,合理提高个人收益"的工作要求,探索征地补偿多元化的基本路径,即除征地货币化补偿外,还可以探索采用"留地""换地""留物业""入股"等方式,为征地制度改革积累经验,切实解决失地农民存在的问题。

在政府和社会各界的共同努力下,失地农民社会保障范围不断扩大,关于失地农民的养老保险工作和相关的配套措施也不断完善,弥补了我国工业化、城市化进程中社会保险制度的缺失,加快了社会保障制度体系的完善。全国各地关于失地农民养老保险有六种不同的典型模式,包括有独立的失地农民养老保险、纳入城镇或城镇职工社会保险、纳入小城镇社会保险体系、纳入农村养老保险、纳入基本生活保障、投保商业保险。[①] 其中,包括宁夏在内的6个民族地区实行了独立的失地农民养老保险制度。

以宁夏为例,2014年6月,宁夏回族自治区政府第23次常务会议审议通过《关于鼓励被征地农民参加养老保险的意见》(以下简称《意见》),将全区22.3万名被征地农民纳入城乡养老保障体系。《意见》规

---

① 冼青华:《中国失地农民多层次的养老保险体系研究》,博士学位论文,西南财经大学,2013年。

定，具有自治区户籍，并且承包土地全部被征收，或者人均耕地川区在0.5亩以下、山区在0.8亩以下，没有参加职工基本养老保险的16周岁以上农业人口（不含在校学生），可在企业职工养老保险和城乡居民养老保险中自由选择参加。①

凡参加职工养老保险的，按照青年、中年、老年3个年龄段，一次性分别缴纳5年、10年、15年养老保险费。以后年度属于灵活就业人员的，由个人继续参保缴费，在用人单位就业的，由用人单位和个人按规定参保缴费，一次性趸缴年限与实际缴费年限合并计算为养老保险参保缴费年限。被征地农民参加职工基本养老保险的一次性趸缴费用，由实施征地的市、县人民政府以征地时自治区上一年度城镇在岗职工平均工资的60%为基数，按12%的缴费比例承担缴费补贴并计入统筹基金，其余8%由被征地农民个人承担并计入个人账户。年满70周岁的被征地农民，个人承担的养老保险费用按照个人应缴纳费用的50%缴纳。征地时男年满60周岁、女年满55周岁的，从办理参保手续并一次性趸缴15年费用的次月起，享受职工基本养老保险待遇，其个人一次性趸缴费用不再计入个人账户。

凡参加城乡居民基本养老保险的，由实施征地的市、县人民政府按照参加职工基本养老保险的同年龄段被征地农民缴费补贴标准给予一次性补贴，全部计入其养老保险个人账户。

在失地农民养老保险的政策衔接方面，宁夏分为两个时间段。在2012年1月1日起产生的被征地农民自愿选择参加职工基本养老保险或者城乡居民基本养老保险，享受政府一次性缴费补贴。征地前已参加城乡居民基本养老保险，征地后参加职工基本养老保险的，按照《人力资源社会保障部、财政部关于印发〈城乡养老保险制度衔接暂行办法〉的通知》（人社部发〔2014〕17号）有关规定办理转移接续手续。征地后继续参加城乡居民基本养老保险的，个人账户合并计算。在2011年12月31日前，各地原被征地养老保险制度中的参保人员，既可以继续按照原办法参保缴费，养老保险待遇仍由原当地支付，也可以按照新规定自愿选

---

① 乔永平：《宁夏出台被征地农民养老保险办法》，《中国劳动保障报》，2014年6月16日。

择参加职工基本养老保险或者城乡居民基本养老保险,具体衔接办法由各市、县人民政府制定。意见公布后,各地原被征地农民养老保险制度不得再纳入新的被征地农民。对在 2011 年 12 月 31 日前因各种原因历史遗留的被征地农民养老保险问题,由各市、县人民政府参照本意见并结合本地实际逐步统筹解决。

三 农民工和失地农民基本养老保险关系转移接续存在的问题

在实际工作中,由于失地农民的身份变化有多种可能性,或者成为灵活就业者,或者成为企业职工,或者成为失业者,所以,在他们流动的过程中,养老问题大多被归到职工基本养老保险制度或者城乡居民养老保险制度当中了。在社会养老保险关系的转移接续方面,主要属于跨制度的转移接续,其余的情况大体上与农民工流动中遇到的问题相类似。因此,这里姑且把失地农民的养老保险转移接续存在的问题与农民工合并分析。

由于农民工的工作与生活具有流动性和不稳定性特征,他们与用人单位终止、解除劳动关系后,其养老保险关系应该怎样保留和转移,能否实现顺利转移接续,成为农民工是否继续参保的重要影响因素。目前,农民工在调换工作岗位后转移接续方面存在的问题主要集中在以下方面。

(一) 养老保险统筹层次低,尚未实现全国统筹

我国的社会养老保险统筹一直都是部分省级统筹和县级统筹为主,这样就带来了参保政策及待遇的不一致,以及社保基金核算各自独立。按照《城镇企业职工基本养老保险关系转移接续暂行办法》相关规定,单位以20%的缴费比例计入到统筹账户;农民工个人以8%的缴费比例计入到个人账户。跨地区转移接续时,个人账户资金全部转移,统筹账户只能转移12%。统筹账户转移12%的原因是农民工养老保险转出地与转入地之间的利益博弈的结果。目前我国的社会保险统筹单位基本上以市、县为单位运行,由各地方财政兜底。又由于区域间的差异性,导致各统筹单位之间的保险政策不统一,缴费基数和比例不统一,所以,各地区之间难以互联互通。虽然国家规定任何地方都要无条件接纳个人养老保险关系,但因为养老保险关系转移人员转入资金少,后续缴费时间短,当地财政负担重,接收单位往往设"卡"拒收,养老保险关系难以随农民工顺畅转移,无法接续。因此,农民工辞工退保、断保就成了无奈的选择。

(二) 制度性不统一，农民工参保权益不能累加

当前，各省市对农民工的养老保险问题认识上并没有达成统一，各地区的进展相对不平衡，各种各样的参保模式出现，这样对农民工养老保险关系的转移造成了根本的制度上的影响。即使实行的养老保险模式一致，由于各地区经济发展的不一致，也会导致缴费率和养老保险待遇的差异。农民工在城乡之间、区域之间进行迁移流动的原因主要是为了追求高于农村土地的收入。从社会保险的权益保障的要求来看，理应要求农民工在跨制度或跨区域的流动中所发生的养老保险权益记录具有可积累性，但在实际操作当中，仍然是由于各地的养老保险的不统一，特别是当农民工发生跨统筹区域流动的时候，农民工养老保险各段的参保缴费年限得不到有效承认和正常接续，参保权益不能累加。现行的养老保险制度规定，必须在法定退休年龄前，实际缴费年限累积满15年，才能享受退休后的基本养老保险待遇，农民工重新参保时不能累加上次参保的缴费期限，即使多次参保累计参加缴费时限超过15年，到达退休年龄时也不能享受按月领取养老金的待遇。

(三) 缴费门槛高难实现持续性

根据现行规定，参保者累计缴费满15年才能享受养老保险待遇。农民工解除劳动合同后可保留养老保险关系，重新就业时可以接续，也可以将个人账户部分一次性支付给本人，同时终止养老保险关系。由于农民工流动频繁，居无定所，所以几乎没有固定在一个地方打工15年以上。因为农民工在城乡之间打工主要集中在工厂、餐饮、建筑等服务行业，其平均工作周期也就在2—6年左右。对于那些无法转移15年连贯的养老保险关系，且跨省、跨地区流动的农民工来说，很难达到享受养老保险权益的要求。如此矛盾，导致众多农民工失去继续维持社会养老保险关系的积极性。

(四) 农民工养老保险的政策保障乏力

我国的农民工社会养老保险问题存在有二十多年的时间，然而，国家至今没有出台一部专门针对农民工的全国性的养老保险法律法规。尽管2009年在《城镇企业职工基本养老保险关系转移接续暂行办法》中把农民工的养老保险纳入到城镇企业职工基本养老保障制度当中，但是在具体工作中，仍然面临着许多难以操作的问题，如各地出台的农民工养老保

的地方性法规也多是从本区域利益出发,因而出现各地农民工保障政策不统一,发展不平衡,表现在参保方式、缴费水平、保障水平等方面都不尽相同。由此,必然造成地区之间、省份之间和城乡之间缺乏转移衔接的共同基础,导致农民工养老保险关系和养老保险基金转移困难。此外,操作环节上缺少统一规定,也影响着转移接续。外来务工人员如果要办理跨省转移,由于在"年限互认"等方面国家没有统一规定,所以社保经办机构基本上采取"搁置"的方式处理。目前,我国对职工养老保险和"新农保"如何衔接尚未做出详细规定,直接影响农民工持续参保。

(五) 转移接续不畅,参保者无奈停保

社会保险关系转移接续,既包括统筹地区社会保险关系的转移接续,也包括不同制度间的社会保险关系的衔接,如城乡社会保险制度间的衔接。2014年,我国有2.74亿农民工,其中外出农民工中,跨省流动农民工占外出农民工总量的46.8%,达到1.28亿人。无论是哪一种流动,都涉及社保转移接续的问题。《社会保险法》第十九条从法律层面明确了跨地区就业劳动者基本养老保险权益及关系转接的原则,即"个人跨统筹地区就业的,其基本养老保险关系随本人转移,缴费年限累计计算"。政策规定得很清楚明白,但在实际操作中,参保者的转移接续却难上加难。一些地方出于利益考虑,对参保人员设置了诸多限制条件。有的大城市不允许非户籍人口以灵活就业人员身份办理养老保险,有的大城市以种种借口拒绝承接大龄劳动者的养老保险关系。人力资源和社会保障部社保中心统计数据显示,2011年,全国开具基本养老保险参保缴费凭证用于转移接续的人中,成功转移的人仅占20%,约八成的人员流动后,要么没有就业,要么就业后没去办理或没办理成功。转移接续不畅,对农民工群体的影响很大。以前退保还可以领取个人账户资金,现在既不允许退保,又因为转移接续难等原因断保,个人缴纳的钱长时间不能用,享受不到应有的待遇。这样,社会保险不仅不能成为农民工的"安全网",反而成为剥夺农民工群体应有权利的制度。

(六) 参保人员的投机心理形成转移障碍

由于各统筹地区经济发展的差异以及实行的养老保险制度的不同,导致参保的缴费基数、缴费率和养老待遇等方面的差异,而且每个参保者都是"理性人",都以追求自身利益最大化出发,这就必然导致在高工资水平地区的参保者,在变换工作单位时,不愿将自己的养老保险关系转移到低工资水平的地区;而临近退休人员就会设法将养老保险关系转移到高工资水平的地区,正是这种"投机性养老"给农民工养老保险关系转移设置了障碍。

(七)管理手段落后,操作口径不一致

全国各统筹地区养老保险参保信息管理操作系统不统一,业务信息网络没有与其他统筹区域实现连接。另外,有些社保经办机构的管理手段相对落后,对于养老保险关系的转移只能通过多环节的人工办理,费时费力,也因为转接的环节过多的人工办理致使部分信息丢失。同时,养老保险关系转接全国,没有统一的操作办理程序和查询信息系统,无法满足接续关系和计算养老待遇的需要。各统筹区域社保经办机构缺乏必要的协调,导致农民工为了转移养老保险关系奔波于转出转入两地,费时费力。

四 农民工和失地农民基本养老保险关系转移接续难的原因分析

养老保险的权益是参保者及其单位依法履行缴纳养老保险费义务后形成的。而这种权益的实现,则要等到退休时根据退休地的工资水平测算所领取的养老金才得以实现。正是由于养老保险权益的形成与实现在时间与空间上存在错位,这可能引发养老保险难以转移接续问题。具体来说,养老保险关系转移接续难的症结,主要是由于"新人"的基础养老金和过渡性基金因游动而无法到退休时兑现以及兑现量的大小失当造成的,因而出现转移接续难的障碍就在于以下两个方面:一方面,对参保者来说,养老金权益的形成及其实现的错位,就可能使其在跨统筹区流动时造成养老金权益损失,或者出现投机养老行为;另一方面,对于地方财政来说,在"分灶吃饭"的财政体制下,当养老保险关系在统筹区间发生转移时,各地的利益关系也随之变化,各地政府对参保者的养老保险责任也随之改变,接收转入参保者越多,其财政承担的责任越大,而转出地转出的参保者越多,则截留的统筹基金就越多。因而,各地纷纷采取措施来维护本地的利益,进而阻碍养老保险关系转移接续。

五 农民工和失地农民基本养老保险关系转移接续的对策建议

纵观我国当前各种养老保险关系转移接续类型,其中最突出的表现为跨统筹区流动人员的转移接续、跨城乡流动人员的转移接续和跨单位流动人员的转移接续。农民工和失地农民的流动包括了以上的三种可能性，但在跨统筹区和跨城乡养老保险关系转移接续中农民工和失地农民是最有代表性的群体。

在不改变我国现行养老保险制度的情况下，依据《城乡养老保险制度衔接暂行办法》解决我国劳动者养老保险关系转移接续问题，还需要采取"修补"式对策，才能切实保障劳动者的养老保险权益，平衡各地方的养老压力。

（一）统筹基金全部转移

《城乡养老保险制度衔接暂行办法》规定了跨省、跨区域流动就业需要转移养老保险关系时，个人账户储存额全部转移；同时，按各年度实际缴费工资基数的12%的总和转移养老保险资金，但是，统筹基金按12%总和转移的规定明显不妥，且《转移接续暂行办法》中也没有具体说明其依据。如果按照社会保险的权利与义务相对等原则的要求，当参保人员转移到流入地后，就意味着流入地政府应为其今后的养老承担责任，如果其在其他地方参保时的统筹基金尚未随之转入，那么当地政府承担的责任远高于其享有的权利；同时，对于转出地而方，当参保人员转出后，当地政府就不再承担其今后的养老责任了，而要截留部分统筹基金据为己有，显然有悖于权利与义务的对策性原则。因此，转出地理应将全部统筹基金随之转移。

（二）明确政府间责任

为避免养老保险关系转移接续给转入地或转出地造成不同的财政负担，要依据"谁受益、谁负责"的原则确定养老责任，厘清各地利益与责任的均衡。具体来说，当个人达到法定退休年龄时，基本养老金分段计算、统一支付。所谓"分段计算"，是指参保人员以本人各年度缴费工资、缴费年限和待遇取得地对应的各年度在岗职工平均工资计算其基本养老金。"统一支付"，即无论参保人员在哪里退休，退休地社会保险经办机构应将各统筹地区的缴费年限和相应的养老保险待遇分段计算出来，将养老金统一支付给参保人员。

（三）养老保险关系与户籍脱钩

为了避免因户籍所带来的投机行为，养老保险关系要避免与户籍挂钩。借鉴欧盟采用"工作地缴费，分段记录；统一发放，全国结算"的思路，参保人员无论在任何国家工作并按时足额缴纳社会保险费，都可以在当地进行权益记录。将来在任何一个国家退休，都可以通过相关凭证就地享受养老保障，这样可以有效地避免参保者因户籍问题而形成的投机行为，更好地体现了公平与公正。由于我国各省市之间基金封闭运行以及政策不一与欧盟各成员国都是独立的国家以及社保情况不统一具有很强的相似性，所以可以借鉴欧盟的经验和做法，以解决参保者流动时养老保险关系转移接续问题。

（四）设立基本养老全国调剂基金

按《转移接续暂行办法》的规定，参保人员需要跨省就业时，除了可以转移个人账户储存额之外，还可以转移12%的单位缴费额。这个规定是为了平衡转出地和转入地的利益关系，但从长远来看，经济发达地区与经济欠发达地区的利益仅靠这12%根本难以平衡。为此，可以设立基本养老保险全国调剂基金，以弥补其设计缺陷。这个调剂基金由中央财政投入和一部分养老保险统筹基金组成，用于弥补因养老保险关系转移接续而出现的地区利益失衡。

（五）建立全国统一信息平台，提高转移接续效率

在全国建立一个统一的社会保险信息平台系统，让每个社会成员都纳入到这个系统之内。通过省、市、县三级或两级业务联网，最终实现全国联网，实现社保信息共享，可以有效解决重复参保、多重账户的难题。对于养老保险经办机构来说，重要的是简化转移手续，提高办理转移接续的工作效率。

（六）加强对农民工和失地农民的宣传工作

加强对农民工的宣传工作，是为了农民工养老保险转移接续提供良好的外部条件。转移接续工作的顺利推行有赖于各方主体的相互配合，首先，政府加大宣传力度，使农民工和失地农民群体认识到养老保险对保障晚年生活的巨大作用和意义，在收入一定的情况下，尽量投入一定的资金参加养老保险。其次，吸纳农民工和失地农民就业的企业应认识到他们为企业带来的利益，提高社会责任意识，承担起为农民工和失地农民缴纳社会保险费用的职责。再者，农民工和失地农民流入地的地方政府要从大局出发，认识到这个特殊群体为当地做出的巨大贡献，减少地方保护主义和

人为障碍,为农民工和失地农民养老保险关系转移接续提供便利。最后,国家也应该加大对农民工和失地农民流入较多的地区进行补贴,缓解地方利益冲突。

(七)加强法制建设,推进立法监督工作

我国在社会保险立法这方面虽然已经有了很大的进展,新的《社会保险法》已于 2011 年 7 月开始正式实行了,但是相关的转移接续方面的统一的法规条例仍比较缺乏,为此建议制定相关转移接续方面的法律条文,以促进转移接续工作的科学性。

第四节 基本医疗保险转移接续的现状、问题与对策

一 基本医疗保险转移接续的实质及其必然性

基本医疗保险包括职工基本医疗保险和居民基本医疗保险,在医疗保障体系中处于重要地位。医疗保险关系转移接续,是指为参加医疗保障制度的公民在不同地域都能纳入相关的医疗保险范畴,在不同的医疗保险制度间可以顺利衔接。也就是说,当参保人因工作地变更或身份发生变化时,可以在不同参保地或不同医疗保险制度间产生的医疗保险关系进行参保权转移和待遇权接续。医疗保险关系转移接续的实质(目的)是保障参保人的医疗保险权益,使其参保资格和所获待遇不受损失。

医疗保险关系转移接续主要有三方面的含义:一是医保制度在不同地域的城乡间转移时没有障碍。二是不同身份人群的医保制度实现无缝对接,公民改变身份时,制度无障碍转移。三是不同区域和医保制度在缴费年限的互认上没有障碍。

随着我国工业化和新型城镇化的深入推进,城乡之间、东中西部之间农民工的流动日益频繁,在此情况下医疗保险关系转移接续成为必然。

首先,农民工群体的固有特性要求医疗保险关系顺利转移接续。农民工的流动性强、收入低且不稳定等特点十分突出。一旦患病后,到地县级以上医院就医者不到 70%,选择回老家治疗的近一成。但是由于存在着区域政策的差异,只有近 30% 的参保人员表示可报销部分医疗费,超过 70% 的人员仍需全部自己支付。可见,现行基本医疗保险制度未能对农民工发挥应有的保障功能,流动人口的基本医保需求没有得到满足。

其次，实现转移接续是保证制度持续运行的内在要求。流动人口（包括农民工和失地农民）退保、停保的一个重要原因在于医疗保险关系无法跨地区转移接续，尤其是无法顺利实现跨省转移接续。可见，医疗保险关系跨地区转移接续的范围扩展程度将直接影响参保人数的增长和覆盖面的扩展程度，从而影响基本医疗保险制度的持续发展。特别是在我国医疗保障体系面临城镇化、就业形式多样化和劳动力流动日益频繁等诸多因素挑战的形势下，实现流动人口医疗保险关系转移接续对制度持续运行的重要性愈发突出。

最后，转移接续是实现城镇化发展目标的迫切需要。我国正在实施的新型城镇化建设，必然有大量农村富余劳动力从农村转移出来。但医疗保险关系转移接续机制的缺失严重阻碍着城乡之间劳动力的合理流动，从而延缓了城镇化进程。因此，建立和完善医疗保险关系转移接续制度，维护流动人口的医疗保险权益，成为医疗保险制度建设的一项重要内容。

我国典型的城乡二元结构直接影响了农民工医疗保险转移接续的顺利完成。《社会保险法》规定了我国公民的基本医疗保险制度分为职工基本医疗保险、新型农村合作医疗制度和城镇居民基本医疗保险三类。该法的第二十九条第二款规定"社会保险行政部门和卫生行政部门应当建立异地就医医疗费用结算制度，方便参保人员享受基本医疗保险待遇"。第三十二条规定，"个人跨统筹地区就业的，其基本医疗保险关系随本人转移，缴费年限累计计算"。但由于各地经济发展水平不一致，具体政策和细化制度各有差异，配套办法尚未完善，致使农民工医疗保险转移接续水平仍然比较低，尤其是跨统筹区域转移转移接续时，显现出较差的便携性。

二　农民工和失地农民基本医疗保险关系转移接续的政策梳理

基本医疗保险关系是基本医疗保险参保人与基本医疗保险举办人之间形成的权利义务关系。参保人有依法缴纳基本医疗保险费的义务和按规定享有基本医疗保险待遇的权利，举办人有按规定支付基本医疗保险待遇的义务和依法收取社会保险费的权利。

基本医疗保险关系转移接续是指参保人跨统筹地区就业时、跨统筹地区迁徙户籍时或同一个统筹地区跨制度参保时，将参保人的基本医保关系从一个统筹地区转接到另一个统筹地区或者由一种制度转接到另一种制度的情形[1]，包括已参加城镇职工基本医疗保险、城乡居民基本医疗保险，由于劳动关系终止或其他原因，在不同险种或者跨统筹地区的医疗保险关系转移接续。

（一）农民工医疗保险及转移接续制度的确立

1.我国医疗保险制度的确立

1998年12月，为了加快医疗保险制度改革，保障职工基本医疗，我国颁布了《国务院关于建立城镇职工基本医疗保险制度的决定》（国发〔1998〕44号），决定在全国范围内进行城镇职工医疗保险制度改革。《决定》中提出，基本医疗保险原则上以地级以上行政区（包括地、市、州、盟）为统筹单位，也可以县（市）为统筹单位，北京、天津、上海3个直辖市原则上在全市范围内实行统筹（以下简称统筹地区）。所有用人单位及其职工都要按照属地管理原则参加所在统筹地区的基本医疗保险，执行统一政策，实行基本医疗保险基金的统一筹集、使用和管理。铁路、电力、远洋运输等跨地区、生产流动性较大的企业及其职工，可以相对集中的方式异地参加统筹地区的基本医疗保险。基本医疗保险费由用人单位和职工共同缴纳。用人单位缴费率应控制在职工工资总额的6%左右，职工缴费率一般为本人工资收入的2%。随着经济发展，用人单位和职工缴费率可作相应调整。[2]

2002年10月，我国明确提出各级政府要在农村建立以大病统筹为主的新型农村合作医疗制度，简称"新农合"。新型农村合作医疗，是由政府组织、引导、支持，农民自愿参加，个人、集体和政府多方筹资，以大病统筹为主的农民医疗互助共济制度。2003年1月，国务院办公厅转发了《关于建立新型农村合作医疗制度的意见》（国办发〔2003〕3号），提出到2010年在全国建立基本覆盖农村居民的新型农村合作医疗制度，减轻农民因疾病带来的经济负担。2007年7月，我国开展了城镇居民基本医疗保险试点工作，采取个人缴费、集体扶持和政府资助的方式筹集

---

[1] 褚福灵：《基本医疗保险关系转移接续的若干理论问题》，《中国医疗保险》2014年第10期。

[2] 《国务院关于建立城镇职工基本医疗保险制度的决定》，http://www.gov.cn/banshi/2005—08/04/content_ 20256。

资金。

城镇居民基本医疗保险主要是以未参加城镇职工医疗保险的城镇未成年人和没有工作的居民为主要参保对象的医疗保险制度。它是继城镇职工基本医疗保险制度和新型农村合作医疗制度推行后，党中央、国务院进一步解决广大人民群众医疗保障问题，不断完善医疗保障制度的重大举措，它主要是对城镇非从业居民医疗保险做了制度安排。

2. 流动就业人员基本医疗保险关系转移接续办法的确立及其内容①

2009年12月，为了保证城镇职工基本医疗保险、城镇居民基本医疗保险和新型农村合作医疗参保（合）人员流动就业时能够连续参保，基本医疗保障关系能够顺畅接续，保障参保（合）人员的合法权益，根据《中共中央国务院关于深化医药卫生体制改革的意见》（中发〔2009〕6号）的要求，人力资源和社会保障部、卫生部和财政部联合制定了《流动就业人员基本医疗保障关系转移接续暂行办法》（人社部发〔2009〕191号），对流动就业人员基本医疗保障关系的转移接续问题分类做了规定。

（1）城乡基本医疗保险之间的转移接续

农村户籍人员在城镇单位就业并有稳定劳动关系的，由用人单位按照《社会保险登记管理暂行办法》的规定办理登记手续，参加就业地城镇职工基本医疗保险。其他流动就业的，可自愿选择参加户籍所在地新型农村合作医疗或就业地城镇基本医疗保险，并按照有关规定到户籍所在地新型农村合作医疗经办机构或就业地社会（医疗）保险经办机构办理登记手续。

新型农村合作医疗参合人员参加城镇基本医疗保险后，由就业地社会（医疗）保险经办机构通知户籍所在地新型农村合作医疗经办机构办理转移手续，按当地规定退出新型农村合作医疗，不再享受新型农村合作医疗待遇。

由于劳动关系终止或其他原因中止城镇基本医疗保险关系的农村户籍人员，可凭就业地社会（医疗）保险经办机构出具的参保凭证，向户籍

---

① 注：因为城乡居民基本医疗保险还未完全整合实施，所以本书所研究的医保关系的转移接续问题主要是指在整合之前的三大医疗保险制度中存在的问题。

所在地新型农村合作医疗经办机构申请，按当地规定参加新型农村合作医疗。

人力资源和社会保障部社保中心印发了《流动就业人员基本医疗保险关系转移接续业务经办规程（试行）》（人社险中心函〔2010〕58号），该规程明确了城镇职工基本医疗保险和城镇（城乡）居民基本医疗保险参保人员流动就业时跨制度、跨统筹地区转移接续基本医疗保险关系的经办流程。

（2）城镇基本医疗保险关系之间的转移接续

城镇基本医疗保险参保人员跨统筹地区流动就业，新就业地有接收单位的，由单位按照《社会保险登记管理暂行办法》的规定办理登记手续，参加新就业地城镇职工基本医疗保险；无接收单位的，个人应在中止原基本医疗保险关系后3个月内到新就业地社会（医疗）保险经办机构办理登记手续，按当地规定参加城镇职工基本医疗保险或城镇居民基本医疗保险。城镇基本医疗保险参保人员跨统筹地区流动就业并参加新就业地城镇基本医疗保险的，由新就业地社会（医疗）保险经办机构通知原就业地社会（医疗）保险经办机构办理转移手续，不再享受原就业地城镇基本医疗保险待遇。建立个人账户的，个人账户原则上随其医疗保险关系转移划转，个人账户余额（包括个人缴费部分和单位缴费划入部分）通过社会（医疗）保险经办机构转移。

3. 整合新农合与城镇居民基本医疗保险制度

我国三项基本医保制度（职工基本医疗保险、城镇居民基本医疗保险、新农合）覆盖人数已经超过了13亿人，全民医保体系已经基本形成。但是，由于城乡、地域发展水平以及职工与居民身份等差异，形成了割裂的强制性职工基本医保制度和自愿性城镇居民基本医保制度以及新农合制度，待遇差别依然很大。当前这三项基本医疗保障制度间既有交叉又有断裂，管理部门的分散也带来了财政的重复投入和管理上的相互掣肘，存在着重复建设、信息不兼容的问题，管理层面也存在协调上的困难。为了消除机构、制度之间的隔阂，更好地解决不同的医保之间难以建立信息共享机制、重复参保现象增加、导致财政负担和管理成本增大、转移接续困难等障碍，整合三项基本医疗保险制度的管理势在必行。

2016年1月，国务院印发《关于整合城乡居民基本医疗保险制度的意见》，整合城镇居民基本医疗保险和新型农村合作医疗两项制度，建立统一的城乡居民基本医疗保险制度。整合城乡居民医保制度是推进医药卫生体制改革、实现城乡居民公平享有基本医疗保险权益、促进社会公平正义、增进人民福祉的重大举措，对促进城乡经济社会协调发展、全面建成小康社会具有重要意义。《意见》明确提出整合城乡居民医保制度政策的"六统一"要求：一要统一覆盖范围。城乡居民医保制度覆盖除职工基本医疗保险应参保人员以外的其他所有城乡居民。二要统一筹资政策。坚持多渠道筹资，合理确定城乡统一的筹资标准，现有城镇居民医保和新农合个人缴费标准差距较大地区可采取差别缴费的办法逐步过渡。三要统一保障待遇。逐步统一保障范围和支付标准，政策范围内住院费用支付比例保持在75%左右，逐步提高门诊保障水平。四要统一医保目录。由各省（区、市）在现有城镇居民医保和新农合目录的基础上，适当考虑参保人员需求变化，制定统一的医保药品和医疗服务项目目录。五要统一定点管理。统一定点机构管理办法，强化定点服务协议管理，建立健全考核评价机制和动态的准入退出机制。六要统一基金管理。城乡居民医保执行国家统一的基金财务制度、会计制度和基金预决算管理制度。《意见》还明确，城乡居民医保制度原则上实行市（地）级统筹，鼓励有条件的地区实行省级统筹。《意见》强调，整合城乡居民医保制度是深化医改的一项重点任务，各省（区、市）要于2016年6月底前对制度整合作出规划和部署，各统筹地区要于2016年12月底前出台具体实施方案。①

（二）失地农民医疗保险及转移接续制度的确立

在城镇化进程中出现了"失地农民"这个社会群体。失地农民是介于农村农民和城市居民之间的特殊群体，他们失去土地后，成为种田无地、就业无岗和低保无份的"三无游民"，其中还包含有大量的完全或部分没有劳动能力的年老体弱者和未成年人。失地农民的基本医疗保障问题如果不能得到解决，势必会影响稳定。我国没有专门针对失地农民参加医疗保险的统一政策。在各地实践中，通常有这样几种做法：一是参加城镇职工基本医疗保险，如哈尔滨市。二是参加新型农村合作医疗，如成

---

① 国务院：《关于整合城乡居民基本医疗保险制度的意见》，新华网，2016年1月12日，http：//news.xinhuanet.com/fortune/2016—01/12/c_1117747677.htm。

市。三是自愿参加城镇居民基本医疗保险或新农合，如浙江省。四是建立失地农民医疗保险，如上海、江西、浙江、苏州。五是参加城乡一体的医疗保险，如宁夏回族自治区。

2010年10月，我国颁布的《社会保险法》中明确了被征地农民的社会保险问题，强调被征地农民到用人单位就业的，应当参加全部五项社会保险；未就业，转为城镇居民的，可以参加城镇居民社会养老保险和城镇居民基本医疗保险，继续保留农村居民身份的，可以参加新农保和新农合。被征地农民参加基本医疗保险，可以有效地解决特殊病种医药费和发生疾病住院的医疗经费问题，旨在消除因病致贫、因病返贫现象。《社会保险法》还规定了个人跨统筹地区就业的，其基本医疗保险关系随本人转移，缴费年限累计计算。

三 农民工和失地农民医疗保险关系转移接续存在的问题

农民工和失地农民的医疗保险关系的转移接续共同体现在《暂行办法》和《社会保险法》当中。但是从《暂行办法》和《社会保险法》中的相关规定来看，内容表达得较为原则。在实践中，当参保人流动就业和转换身份时，其基本医疗保障关系的转移接续并不顺畅，存在转出容易转入难的问题。具体表现为：

（一）同一医保制度内的缴费年限不能接续，损害了参保人的正当权益

1998年《国务院关于建立城镇职工基本医疗保险制度的决定》规定职工参保可以享受当期权益和退休权益，但是，各地区的医保政策却规定只有职工参保缴费达到规定的年限，才能享受退休权益。这样的话，当职工跨医保统筹地区就业需要转移医保关系时，就面临着原来的缴费年限是否能够得到转入地的认可，也就是说原来的缴费是继续延续还是要重新计算。如果参保人原来的缴费年限不被认可的话，那么参保人只能在转入地重新参保，重新开始计算缴费年限，这样就有可能达不到转入地有关缴费年限的最低条件而无法享受退休医保待遇。在《暂行办法》颁布以后，虽然大多数省、市、自治区都按照《办法》的要求，对参保人在省内跨统筹地区转移的可以相互认可缴费年限。但是，对跨省转移医保关系的，则会设定在本地缴费达到一定年限的条件，才可以

享受退休医保待遇。

（二）不同医保制度之间的缴费年限难以转续，削弱了参保的积极性

一种情况是：新农合、城镇居民医保的参保缴费年限不能转换为职工医保的缴费年限。在原来的制度下，居民没有退休的概念，新农合、城镇居民医保只有当期待遇而不享受退休待遇。然而，随着工业化和城镇化进程的推进，部分农民工的医保关系就会由新农合医保制度转入职工医保制度当中，也有可能最终以职工的身份退休。但是，从各地的实践来看，对于需要从新农合、城镇居民医保转入职工医保的，除了少数个别地方允许年限折算以外，多数地方对原来的制度下的缴费年限不予认可。显然，这部分参保人员则无法享受到退休后的医保待遇。这种情况直接影响到参加新农合、城镇居民医保的积极性。

另一种情况是：参加职工医保的缴费年限无法转换为新农合的缴费年限。按照《暂行办法》第 5 条的规定，由于劳动关系终止或者其他原因中止城镇基本医疗保险关系的农村户籍人员，可凭就业地社会（医疗）保险经办机构出具的参保凭证，向户籍所在地新型农村合作医疗经办机构申请，按当地规定参加新型农村合作医疗。① 但是对于职工医保的缴费年限能否转换为新农合的参保缴费年限，《暂行办法》没有做出具体而详细的规定，各地的实施意见对此也未予明确。如果这个疑问不解决的话，势必会影响外出务工的农民工参加职工医保的积极性。

（三）统筹基金不能全部转移破坏了地区之间的平等关系

《暂行办法》规定，城镇基本医疗保险参保人跨统筹地区流动就业的，个人账户原则上随其医疗保险关系转移划转，个人账户余额通过社会（医疗）保险经办机构转移。但是，对于统筹资金是否划转，《暂行办法》没有作出规定。以城镇职工医保为例，按照现行政策规定，城镇职工医保的统筹基金由用人单位缴费构成，个人账户由职工本人缴费构成。由于这种地方统筹模式，形成了各统筹地区要为医保基金承担兜底责任，因而出现了转出地政府为了维护本地区的利益而不愿意转出统筹基金，转入地政府则在没有得到统筹基金转入的情况下却要承担转入人员退休后的医保待遇，从而形成转出地与转入地之间的利益不平衡。

---

① 人力资源社会保障部和财政部：《城乡养老保险制度衔接暂行办法》，2014 年 2 月 24 日。

(四) 医保待遇衔接不畅，存在待遇空档

无论是从理论还是从出台《暂行办法》的初衷来讲，都是想要实现医保待遇的无缝衔接，然而由于规定笼统，政策不明导致各地在操作中存在着缴费方式、地方财政补助政策等方面的巨大差异，参保人就会在转移医保关系时出现待遇空档。

四 农民工和失地农民基本医保关系转移接续难的原因分析

造成流动就业人员基本医疗保障关系转移接续难的原因较为复杂，但主要原因有以下三个方面：

（一）统筹层次低导致的地区利益不平衡

这是医保关系转移接续难的最根本原因。按照国家的相关规定，我国城镇职工基本医疗保险原则上实行地（市）级统筹（京津沪除外）、（县）市级统筹。可以说，我国基本医疗保险制度的统筹层次低。由于各个统筹地区的筹资方式、筹资水平、待遇水平参差不齐，在基本医疗保险实行属地化管理的模式下，各个不同统筹地区之间为了确保本地区医疗保险基金的收支平衡，就会想办法阻碍外地医保关系的转入而减轻政府的财政压力，特别是对那些年龄较大的、退休的参保人员转入医疗保险关系时表现出强烈抵制的态度。

（二）制度分设导致的权益差异大

虽然我国医保制度实现了全覆盖，但是存在着不同医保制度之间的权益差异，从而使得制度间的转移接续存在障碍。此制度存在则是根据户籍和就业状况的不同而分设成立的。比如，职工医保主要覆盖城镇企业、事业单位、机关、社会团体、民办非企业单位及其职工；城镇居民医保主要覆盖城镇非就业居民；新农合主要覆盖农村居民。三项制度特别是职工医保与城乡居民医保之间在许多方面存在着重大差异：

1. 享受医保待遇的时限不同。职工医保不仅享受当期待遇，也能享受退休待遇；城乡居民医保只享受当期待遇；不缴费不享受待遇。

2. 缴费来源不同。职工医保基金由用人单位与职工个人缴费构成，城乡居民医保基金则由各级政府财政补贴和家庭缴费构成。

3. 参保单位不同。职工医保随用人单位参保，城乡居民医保则以家庭为单位参保。

4. 筹资模式不同。职工医保实行统账结合，城乡居民医保则无个人账户。

5. 参保的自由度不同。职工医保实行强制参保，城乡居民医保则实行自愿参保。

6. 缴费水平和待遇水平不同。职工医保的缴费水平和待遇水平明显高于城乡居民医保。

（三）管理分割导致沟通协调难

我国现行基本医疗保障管理体制存在的一个明显问题就是部门分割，即职工医保和城镇居民医保由劳动保障行政部门管理，新农合则主要由卫生行政部门管理。这种部门分割的管理体制产生的消极后果，一是造成机构和人员的重复配置，既浪费人力资源，又增加了运行成本；二是存在部分居民重复参保，政府重复补贴，财政资金配置效率低；三是各部门之间缺乏沟通和资源共享，难以统筹协调；四是管理部门既当运动员，又当裁判员，难以实现有效的监督管理。

五　农民工和失地农民医疗保险关系转移接续的对策建议

从以上分析可以看出，影响农民工和失地农民参加城镇医保的主要原因是区域利益的分割与医保关系无法顺畅地转移接续。各地在探索建立统筹城乡的社会保障体系中的做法和思路上又各有不同，所以在一片"统筹"声中犯了"不统筹"的大忌。在我国目前的经济与社会条件不太成熟的前提下，城镇职工医保、城镇居民医保与新农合三项制度衔接，有利于解决流动人口的参保问题。城乡医保制度并轨通过化解各项制度之间的无序竞争，化解条块分割和多部门管理导致的部门利益矛盾与冲突，为不同区域之间的利益对接奠定了基础。为了更好地实现农民工和失地农民医保关系的转移接续，提出以下对策建议。

（一）逐步提升医保基金的统筹层次

现行统筹层次低下的状况是农民工医保关系转移接续的主要障碍。统筹单元越小，异地就医需求越强。当前不同统筹地区医疗保险政策差异大、转移接续困难、多头开发计算机系统成本大等诸多问题都因统筹层次低所致。根据我国现实条件，应当尽快实现地级市统筹，逐步提高统筹层次。一是尽快建立全国的电子信息数据库。实现医保信息的网络化管理，可以在社保机构之间、社保机构与医保定点医院之间实现联网。当农民工异地流动时,只需提供电子信息账号就能够顺利实现社保手续的转移接续。此外,在医保中心建立异地就医信息系统中心平台,实现全国联网,农民工异地就医时可以直接刷卡结算。二是合理确定费率、统筹层级和管理权限。由国家在总体基金收支测算的基础上,首先提出指导各省确定费率的测算方法,然后由各省(市)根据本省(市)实际情况测算出本地执行费率和支付水平,并以此进行风险评估与管理。各地(市)社会医疗保险经办机构则负责费用征收并按一定比例上缴省级社会医疗保险经办机构。在管理权限方面,省级社会医疗保险风险管理机构承担全省缴费比率的制定和医疗保险筹资再分配的功能;地(市)级机构承担社会医疗保险缴费筹资外的缺口弥补责任,并承担相应财务责任。三是根据我国地区梯度化、板块化发展特征,东部地区农民工流动最频繁、经济水平也比较接近,初步具备了实现跨省区域性统筹的基本条件,可以首先进行跨省(区)区域性统筹,为全国统筹打好基础。四是鼓励农民工在户籍所在地和工作地同时参加城镇社会医疗保险和新型农村合作医疗。

(二)推进城乡医保制度的整合

城乡医疗保障制度整合包括两个层面:一是推进城镇居民医保和新农合的整合。这主要源于以下的考虑:首先,从保障模式看,两类参保者都没有雇主缴费,它们实际上都是政府资助下的互助互济性合作医疗保险;其次,从基金统筹层次看,新农合实行县级统筹,而城镇居民实行的是地(市)统筹,统筹层次的整合可以提高风险分担的效率,增强保险方对医疗费用的控制能力。最后,两类参保者自身的经济状况和社会地位比较接近,都属于中低收入阶层和困难群体,都享受来自于政府财政补贴。二是推进农民工大病医疗保险与城镇职工基本医疗保险的衔接与整合。从发展趋势看,农民工大病医疗保险与城镇职工基本医疗保险的整合势在必行,主要是基于户籍制度改革及城镇化进程的加快会使农民工问题得到解决。根据新的医改方案,签订劳动合同并与企业建立稳定劳动关系的农民工,都要纳入到城镇职工基本医疗保险制度当中,而实现农民工大病保险与城镇职工基本医疗保险不失为一种较为便捷的途径。

(三) 鼓励商业保险和补充医疗保险参与农民工医疗保险

商业保险公司经营健康保险业务的重要探索为我国农民工医疗保险商业化的动作积累了宝贵的数据和经验。实践证明，商业保险与社会医疗保险合作的模式，为解决农民工的医疗保险问题提供了新的思路。另外，结合农民工的医疗需求，还可以大力发展农民工补充医疗保险。补充医疗保险往往依据特殊需要设立、根据权益享受相应待遇、依法独立承办、自负经营风险，因此，发展补充性医疗保险可以在更大范围满足不同层次的农民工的医疗保险需求。

(四) 强化政府在农民工社会保险中的责任

农民工权益保障问题是在社会转型过程中政府面临的一大重要问题，必须重视。政府在农民工社会保险中的责任包括：一是立法与监管责任。政府通过立法来规范劳动合同，明确规定用工者必须为农民工办理工伤保险和医疗保险。劳动监察部门要加大监察督促力度，实行"一票否决"。二是财政扶持责任。政府应从财政上对农民工社会保险予以支持。对于低收入农民工，应制定保费的减免政策，由政府财政进行补偿。三是宣传责任。农民工的文化程度普遍较低，对医疗保险知识和政策掌握得不够全面、准确和及时，因而存在着相当多的农民工心存疑虑，甚至不信任社会保险制度，这种心态导致一些农民工即使参保后还要退保。应该加大对农民工的医保知识和政策的宣传范围和力度，不断提高农民工的保障意识，变被动参保为自主投保。四是落实管理责任。当前流动农民工医保管理实际上处于管理缺位的状态，要采取有效的措施，将农民工医保管理落实到位。针对农民工流动性强且工作单位与居住地普遍分离的特点，可以将农民工完全纳入居住地社区管理的范畴。

(五) 实施流动居住模式下的灵活保障

为了全面实现小康社会的目标，"十三五"时期关于居住证的实施，使得户籍制度为基础的其他制度发生相应的改变。对西部地区来说，实施居住证之后，农民工流动性会进一步增加。因此，在西部地区实施更加有弹性、有活力的社会保障，将当地的保障福利全面覆盖到当地城乡居住者和就业人员身上，这样才能更有利于民族地区社会保障制度的可持续发展。

通过以上分析，我们可以看出，在构建和谐社会中，西部地区农民工与失地农民的社会保障异地转移接续问题，需要通过完善相关制度安排和采取切实有效措施加以解决，高度重视农民工与失地农民问题，理性思考解决农民工与失地农民社会保障异地转移接续问题，已成为党和国家值得关注的重要问题之一。

第八章　西部地区农村特困民族社会保障制度研究

加快西部地区经济社会的发展，提高城乡居民生活水平，缩小与发达地区的差距，是西部民族工作的重要任务。在完善农村社会保障制度中，除建立普遍覆盖农村地区的相关制度以外，还应针对不同西部民族地区的少数民族进行特殊的制度安排，特别是对少数民族中的特困群体，应从特殊的角度进行考虑。

第一节　特困民族的范围与现状

在民族贫困地区，人口较少民族、"直过民族"和居住在边境一线的少数民族所占的比重最大，是当前贫困程度最深的群体，这就是我们所指的特困民族的范围。

一　人口较少民族

人口较少民族是指全国总人口在30万人以下的28个民族，这些民族是：珞巴族、高山族、赫哲族、塔塔尔族、独龙族、鄂伦春族、门巴族、乌孜别克族、裕固族、俄罗斯族、保安族、德昂族、基诺族、京族、怒族、鄂温克族、普米族、阿昌族、塔吉克族、布朗族、撒拉族、毛南族、景颇族、达斡尔族、柯尔克孜族、锡伯族、仫佬族、土族。人口主要分布在我国内蒙古、辽宁、吉林、黑龙江、福建、江西、广西、贵州、云南、西藏、甘肃、青海、新疆等13个省（区）和新疆生产建设兵团人口较少民族聚居区，包括2119个人口较少民族聚居的行政村、71个人口较少民族的民族乡、16个人口较少民族的自治县、2个人口较少民族的自治州。

根据全国第五次人口普查，28 个人口较少民族总人口为 169.5 万人。① 我国云南省是少数民族种类最多的省份，在 28 个人口较少民族中，云南有布朗族、阿昌族、普米族、怒族、德昂族、独龙族、基诺族等 7 个少数民族，占全国人口较少民族数量的 31.8%。

党中央、国务院高度重视人口较少民族发展问题，先后批准实施《扶持人口较少民族发展规划（2005—2015 年）》，重点扶持人口较少民族经济社会全面协调可持续发展。对全国总人口在 10 万以下的 22 个民族聚居的 640 个行政村给予重点扶持，共投入各项资金 37.51 亿元，实施项目 11168 个，基本实现了"四通五有三达到"的规划目标，人口较少民族面貌发生了新的历史性变化。人口较少民族聚居区基础设施显著改善，结构调整步伐加快，人民生活明显改善，社会事业稳步推进，发展能力逐步增强，呈现出生产发展、生活提高、生态改善、民族团结、社会和谐的良好局面，为全面实现小康社会奠定了坚实基础。

二 "直过民族"

"直过民族"，是我国 56 个民族中的特殊成员。他们从原始社会或奴隶社会跨越几种社会形态，直接进入社会主义社会。在 20 世纪 50 年代初全国绝大部分地区进行土地改革的民主运动背景下，如云南省边疆沿国境线的 28 个县、220 万少数民族人口（包括少部分汉族）中，对于处在封建领主制和奴隶制的 160 多万人采取了和平协商的土改政策，但对于当时分布在怒江、德宏、西双版纳、思茅、临沧和红河等地州的 23 个县主要居住在山区的独龙、怒、傈僳、景颇、德昂、布朗、基诺、佤等 8 个民族和部分苗、瑶、拉祜等族以及克木人和芒人约 60 万人，采取了"直过"政策。

新中国成立以来，虽然国家在"直过民族"扶持上做了大量工作，取得了明显成效，但因"直过民族"生产方式落后、贫困面积大、贫困程度深，基础设施滞后，整体发展水平仍然偏低。如云南有 9 个少数民族的全部人口和 10 个少数民族的部分人口生活在"直过区"，其中列入全省建档立卡的贫困人口就有 111.6 万人。"直过区"集边疆、民族、贫

---

① 安宁宁：《人口较少民族发展需要更多关注》，《中国民族报》，2016 年 3 月 10 日。

困、山区于一身，是实现全面建成小康社会的难点和短板。① 因此，加大财政、金融、行业等各方面投入，突出抓好重点，打好新一轮"直过民族"脱贫开发攻坚战，实施精准扶贫，加快"直过民族"脱贫奔小康，确保"直过民族"与全国同步全面建成小康社会迫在眉睫。

三 居住在边境一线的少数民族

中国有 2 万多公里的陆地边界线，与 15 个国家接壤，有 34 个跨境民族与国外的同一民族沿边境线相邻而居，如云南省文山壮族苗族自治州面积达 3.1 万平方公里，边境线长 438 公里，居住着壮族、苗族、瑶族、彝族等少数民族，山区面积和岩溶地区面积分别占 97% 和 53.4%，是典型的集"老、少、边、穷、山"为一体的特殊贫困地区。自中央做出实施精准扶贫部署以来，文山州对深度贫困人口实施了"三项扶贫"攻坚战。从 2013 年至 2015 年，用 3 年时间解决全州 10 万深度贫困人口温饱问题，实施了 1102 个深度贫困村整村推进新农村建设和 3 万户农村危房改造。延边朝鲜族自治州是吉林省脱贫攻坚重点地区。2015 年 12 月，延边州正式出台了《延边州全面推进脱贫攻坚实施方案》，提出了脱贫路径 6 个精准，即扶贫对象精准、项目安排精准、资金使用精准、措施到户精准、因村派人精准、脱贫成效精准。"十三五"期间，延边州共有 304 个贫困村列入整村推进计划，占全省的 20%。截至 2015 年年底，延边州共有 8.5 万贫困人口，约一半为低保人口。

四 特困民族的自然环境与经济社会状况

从整体上看，人口较少民族、"直过民族"和边境一线民族聚居地区的自然环境、经济社会状况有其共同的特点。

（一）居住在边疆和山区

特困民族绝大多数聚居在边境沿线和偏远山区，交通阻隔不便，环境相对闭塞。由于紧临边境，同境外各国的经济不发达地区接壤，长期处于贫困状态，既有地理环境方面的原因，也有历史文化方面的根源。一方面，特困民族绝大多数居住在地形复杂、气候恶劣的高山峡谷，沙漠戈

---

① 尹瑞峰、马开贤：《给"直过民族"更多帮扶》，《云南日报》，2016 年 3 月 11 日。

壁，这种封闭式的地理环境，使得生产力水平低下，经济基础薄弱。如江西、广西、贵州、云南、西藏、甘肃、青海、新疆等省（区）的人口较少民族聚居区，自然条件恶劣，水土流失严重，地下饮用水资源奇缺，农业生产条件差，抵御自然灾害的能力弱。受自然条件制约，这些地区产业结构单一，经济发展缓慢。长期的人口压力和经济贫困压力互相作用、互为因果，导致人口、资源、环境关系严重失衡，贫困面广，贫困程度深，是国家扶贫开发的重点和难点。另一方面，这些地区的特困民族，在长期的历史发展过程中形成了自己独特的文化特征、生活习俗和宗教信仰，甚至有些跨境民族与国外边民之间在经济、文化、亲属关系和宗教信仰诸多方面，世代保持着密切的交往关系，其传统文化中的一些消极因素和风俗习惯不太适应市场经济的发展。

（二）社会发育程度低

由于自然的、社会历史因素的长期制约，这些民族中的个别民族在20世纪50年代初还处于原始社会末期的父系家庭公社和农村公社的历史阶段，同时长时期受到邻近地区其他民族的多重政治统治与压迫，生产力发展水平低下、生产方式落后，自然经济比重高，主要从事结构单一的种植业，手工业与商业尚未从农业中分化独立，经济社会基础结构较为脆弱；劳动力负担沉重；就业构成单一，就业门路狭窄，多限于集中在本乡、本土的第一产业。

（三）贫困程度深

目前我国特困民族农村绝对贫困状况不仅表现为经济贫困，还表现为环境贫困、文化贫困、体制贫困并存的一种贫困综合征，形成经济贫困与环境贫困互为因果的恶性循环。就其表现形式来看是低收入、低生产率与低物质供给，绝大部分民族的聚居地区都属于省级和国家级的贫困县，贫困户集中且比重很高，贫困面大、程度亦深。由于一直处于生产生活物质匮乏较为典型的"短缺社会"当中，其农民年人均纯收入普遍低于全省年平均水准，如独龙族、怒族和德昂族等基本上都处于整体贫困状态。部分贫困人口居住在生产生活条件较差的自然"障碍区"，行路难、饮水难、住房难、上学难、增收难等问题十分突出。

（四）经济发展水平低

贫困区域主要深处边远山区，干旱少雨，水资源短缺，区域内退耕还林工程区生态环境总体上仍然十分脆弱，第一产业占据绝对比例，退耕农户大多缺乏稳定的增收门路，退耕农民长远生计问题还没有得到有效解决，缺乏具有明显区域特色的优势产业。部分地区农田水利等生产基础设施严重不足，人畜饮用水困难，文化教育、医疗卫生和科学技术事业十分匮乏。

（五）返贫问题难以得到有效遏制

一些民族贫困人口本来就没有脱贫，只是出于完成脱贫任务指标而被归入已经脱贫范围；一些贫困地区虽然达到了脱贫标准，但由于生产、生活条件尚没根本改变，自然生态环境十分脆弱，社会保障体系尚不健全，抗御自然灾害的能力比较差，没能从根本上改变靠天吃饭的局面，尤其是"直过区"少数民族教育发展落后，劳动者素质低，现有的卫生医疗条件达不到基本需要，因病致穷、因病返贫的现象时有发生，民族文化流失严重，产业发展潜力不足。

第二节 村民意愿与访谈分析

西部民族地区农村特困民族社会保障制度的保障主体是广大的乡村居民，在制度选择和相关政策制定过程中，均不能脱离实际。因此，有必要了解和倾听村民的心声，对村民意愿和访谈进行分析。

一 调查点基本情况

为了客观了解民族地区农村特困群众的愿望，2014年9月，我们对云南怒江傈僳族自治州泸水县老窝白族乡、福贡县石月亮乡和贡山独龙族怒族自治县独龙江乡（镇）村民进行了问卷调查和访谈。

怒江傈僳族自治州位于云南省西北部，怒江中游，因怒江由北向南纵贯全境而得名。怒江州是中缅滇藏的结合部，有长达449.5千米的国界线。北接西藏自治区，东北临迪庆藏族自治州，东靠丽江市，西南连大理白族自治州，南接保山市，州政府驻泸水县六库镇。怒江州少数民族人口比例占总人口的92.2%，其中傈僳族占51.6%。辖泸水县、福贡县、贡山独龙族怒族自治县、兰坪白族普米族自治县两个县和两个少数民族自治县。怒江州是中国民族族别成分最多和人口较少民族最多的自治州。

泸水县老窝白族乡是怒江州三个民族乡之一，地处怒江东岸，碧罗雪山南缘，处于六库镇与漕涧镇之间，北连兰坪，东接云龙县旧州、表村，南与云龙县漕涧镇接壤，是怒江通往内地的重要交通枢纽之一。全乡辖荣华村、中元村、崇仁村、老窝村、银坡村、云西村6个村民委员会，67个自然村，95个村民小组，总面积312.33平方公里。

石月亮乡地处怒江峡谷，位于福贡县北部。原名为利沙底乡，利沙底乡因乡人民政府驻利沙底村而名，"利沙底"一名系怒傈混合语，"利沙"为怒语，一怒族头人名；"底"为傈僳语，意为小平地，含义为怒族头人利沙居住的小平地。全乡辖利沙底、拉马底、石门登、米俄洛、左洛底、资古朵、亚朵、知洛、扎利9个村委会，86个村民小组。境内以傈僳族、怒族为主体民族，现已实现通水、通电、电视、通电话、通路。

贡山独龙族怒族自治县独龙江乡地处缅甸北部和中国云南、西藏交界结合部，国境线长91.7千米，是我国较少民族独龙族的唯一聚居区。辖马库、巴坡、献九当、迪政当、孔目6个村民委员会，41个村民小组，共有920户3900人农业人口。

二　调查样本内容与村民意愿

本次调研采用了随机抽样问卷调查和个别访谈的方法，共发放问卷400份，其中收回有效问卷368份。调查样本中傈僳族、白族、怒族、独龙族等少数民族占90%，汉族占10%；男性占56.7%，女性占43.3%；在年龄结构上，涵盖了从18岁到65岁各年龄的人群。其中年龄在18—30岁的占15.3%，31—50岁的占40.7%，51—59岁的占31.4%，60岁以上的占12.6%；村民家庭人口数3人的占16%，4人的占42.6%，5人的占30.6%，6人的10.8占%。调查主要围绕村民最需要建立的社会保障制度，村民参加养老保险、医疗保险情况，村民受教育情况，所在村基础设施情况、惠农政策落实情况和村民的主要诉求等方面进行。

（一）村民最需要建立的社会保障制度

在调查样本中，对于"您认为最需要建立的社会保障制度是什么？"这一问题的回答，有60.1%的村民选择了养老保险制度，39.9%选择了医疗保险制度。当问及"您年老时最希望采取哪种方式来养老？"，有51.3%的村民选择子女养老，有40.7%的村民选择社会保险养老，有8%

的村民选择了集体养老等其他养老方式。60岁以上的村民最主要生活保障来源是依靠子女的占59.8%，依靠自己储蓄19.4%，依靠国家提供基础养老金的占20.8%。

（二）村民参加养老保险情况

在三个乡（镇）368名被调查村民中，有320人参加了基本养老保险，参保率为86.9%，有48人没有参加基本养老保险，占调查样本的13.1%。在被调查者中，由于"自己觉得挺划算"而参保的占70.6%，"看到大多数人都参加了，一定是件好事，自己就跟着参加了"的占20.4%，由于其他原因的占9%。没有参保的被调查中，有43.5%的村民担心政策有变化；有30%的村民是因为对城乡居民基本养老保险政策不太了解，处在观望徘徊中；有26.5%村民因收入水平低，交不起而放弃。

（三）村民参加医疗保险情况

在三个乡（镇）368名被调查村民中，有318人参加了新型农村合作医疗保险，参保率为86.4%，有50人没有参加新型农村合作医疗保险，占13.6%。由于新型农村合作医疗保险是一种由政府主导的自愿性医疗保险制度，尽管绝大部分村民参加了医保，但还有小部分村民没有参加。在50位没参保的被调查者中，有21人因经济困难没有能力缴纳医疗保险费，说明调查点乡村经济收入低导致村民无法参加医保。不了解医疗保险政策的有16人，说明政策宣传不到位也是影响村民不参加医保的重要原因之一。认为自己年轻身体健康，没有必要参加的有13人。从中可以看出，由于经济困难是村民没有参加新型农村合作医疗保险最为重要的原因。

（四）受教育状况

在被调查的村民中，具有小学文化程度的占24.6%，初中文化程度的占44.6%，高中（含中专）文化程度的占20.3%，大专以上文化程度的占5%，不识字的占5.5%。

（五）基础设施情况

近年来，随着中央和省级财政继续加大对连片特困区域基础设施、教育、医疗、卫生等社会事业的投入，云南怒江傈僳族自治州农村基础设施大为改善。在被调查的三个乡农户中，电力、电视信号全覆盖，90%以上的家庭使用手机通信。居住房屋砖瓦结构的村民占34%，土木结构的占

33%，土坯房占 18.5%，危房占 14.5%。

（六）惠农政策落实情况

在回答"您的家庭享受过哪些农业补贴？"问题时，有 78% 的家庭享受过粮食直补，46% 的家庭享受过良种补贴，73% 的家庭享受过农资综合补贴；有 4% 的家庭成员不了解国家农业补贴的具体项目。在回答"据您了解，村里都搞过哪些扶贫项目"问题时，81% 的回答有扶贫经费用于村级道路开发，46% 的回答用于电力通电，41.5% 的回答用于村级安全饮用水。

在三个乡（镇）368 名被调查村民中，有 63% 的村民参加过国家支持的短期技能培训，35% 的村民参加过国家支持的农业技术培训，2% 的村民没有参加过国家支持的任何培训。在物资和资金扶持方面，91.5% 的家庭使用过扶贫贷款或互助资金，8.5% 家庭没有得到物资和资金扶持的支持。

（七）村民的主要诉求

在回答"您家目前最大的困难是什么？"问题时，有 54% 的家庭认为缺少产业扶持，32% 的家庭认为缺少农业技术指导，8% 的家庭认为交通不便，7% 的家庭认为饮水困难，13% 的家庭认为看病不方便。在回答导致贫困的原因时，55% 的家庭认为是除农业以外没有其他经济收入来源，26% 家庭认为是缺乏劳动力，19% 的家庭认为经济收入低负担过重。在回答目前解决贫困问题最有效的办法时，43% 的家庭认为是加大脱贫政策扶持力度，37% 的家庭认为是外出打工，15% 的家庭认为是通过科技手段提高生产收入，5% 的家庭认为是生态移民。

三 访谈记录与分析

调研地点：云南怒江傈僳族自治州扶贫办

1. 访谈人：zrg，男，傈僳族，45 岁，大学文化程度。

我认为综合整个农村经济情况进行分析，按现行政策民族贫困地区推行农村养老保险还有一点难度。一是由于民族地区特困农民人均纯收入水平偏低，大多数家庭仅能维持当前基本生活的必要支出，部分困难群众甚至还有困难，无经济能力考虑预期养老的问题；二是特困农民群众普遍有注重现实的思想，土地和家庭等传统保障还发挥着一定作用，部分有缴费能力的人对今后的政策存在疑虑，不愿参保；三是由于集体经济薄弱，现行政策的集体补助难以落实,部分农民的参保积极性不高,农保政策的内容还需要进一步完善和补充。

调研地点:泸水县老窝白族乡崇仁村

2. 访谈人:bzf,男,白族,65岁,半文盲。

新农保制度在我们村实施以来,我们村的大部分村民觉得挺划算就参保了,我们老两口由于收入低缴纳不起,就没有参保。

访谈地点:福贡县石月亮乡利沙底村

3. 访谈人:mhw,男,傈僳族,50岁,高中文化程度。

我家人口多,老伴残疾,老小7口人,不够住,我申请自建房5间,共花费6万多元。这样三个儿子的房子就有着落了,因此欠下很多债。以前家没搬下来时,大儿子在沟口打工,那时和现在生活的差别就是,最低生活保障制度的实施在很大程度上保障了困难村民的基本生活。搬迁之前我就动员他把妻儿都接下来住,孩子上学也方便些,他多次回去商量,媳妇就是不愿意搬下来,后来政府给了低保和搬迁政策,媳妇也就同意搬来了。我觉得以农户生计资产作为基础,能够反映咱农民整体生活状况,也能够识别低保对象标准,比如那些农户家中有人残疾和人口过多缺乏劳动力的家庭,最有可能获得低保。

调研地点:贡山县独龙族乡巴坡

4. 访谈人:hnm,女,独龙族,36岁,小学文化程度。

我是四个孩子的妈妈,大女儿已经在乡饭馆打工,其余孩子分别就读移民中学初一,小学四年级,最小的在上一年级。我的小儿子怀在肚子八个月都不知道,没例假也没去医院检查,还在吃避孕药,可孩子就出生了。我丈夫一个人挣钱,我身体也不好,不能干体力活。新型农村合作医疗制度实施以来,在解决农民"看病难"和"看病贵"问题上起到了关键作用,托靠政府我们能享受医疗保险,这些保险都是娃娃他爹交的,具体交多少我也不清楚。

调研地点:云南怒江傈僳族自治州泸水县人社局

5. 访谈人:gxw,男,怒族,56岁,大专文化程度。

我认为养老保险制度在山区推行较为困难,虽然云南省规定了十二个缴费档次,但是泸水县农民去年交100元档次的人数占到总缴费人数的70%—80%。农民的参保积极性不高,一方面是农保刚试点一年,农民对农保的认识还没有到位；另一方面缴费周期相对来说太长，而我们百姓比较现实。政策规定农村养老参保范围为16—59岁，但是从参保实际情况来看，16—45岁农村居民养老意识不强，参保积极性不高。而政策规定的参保范围较广，其考核标准要求参保率高，这给当地的经办机构造成很大的压力，我建议政府提高参保的年龄到18岁或者20岁，而不是现在的16岁。

调研地点：云南怒江傈僳族自治州贡山县人社局

6. 访谈人：wj，男，汉族，46岁，大学文化程度。

我认为现在的社保项目多，村民参保需要缴纳的各种费用较多，既需要交养老，又需要交医疗，费用支出超出了家庭的可支配收入，在家庭人口规模大的家庭这个就更为明显。虽然村民在思想上、意识上愿意参保，但是受家庭经济困难条件的限制，有心无力啊。

通过以上的调查、访谈，我们可以看出，民族地区农村社会保障制度实施以来，为特困民族提供了基本养老保险、医疗保险和最低生活保障，在改善民族地区特困民族生活状况、促进民族地区经济社会发展方面起到了重要的作用。但是，在现有的条件下，我国的社会保障制度，还无法承担起社会保障的全部职能，尤其是民族地区农村特困民族所处的自然环境恶劣、经济基础薄弱、民间习俗特殊、生活水平较低，这就决定了民族地区农村特困民族社会保障制度，应遵循统一性与差异性相结合的原则。允许民族地区农村特困民族在全国统一的制度框架内，根据自身经济社会发展的实际情况，建立与之相适应的保障机制，做到二者相互结合，互为补充，是当务之急。

第三节　特殊扶持政策与保障措施

全面建成小康社会，离不开少数民族和民族地区的全面小康。"十三五"时期是全面建成小康社会的最后一个规划期，对于西部民族地区来说意义重大。如何打赢西部民族地区农村特困民族扶贫攻坚硬仗是党中央最关注，也是少数民族干部群众最担忧的问题之一。[①] 要从根本上解决贫

---

① 毛立军：《少数民族界委员热议民族地区扶贫攻坚　知行合一共谋福祉》，人民政协网，2016年3月13日。

困问题，必须建立和完善民族地区特困民族农村社会保障体系，发挥社会保障制度在反贫困中的基础性作用。

从目前的情况来看，民族八省（区）贫困人口占全国贫困人口的比重呈下降趋势。根据《中国农村扶贫开发纲要（2011—2020年）》提出的"两不愁、三保障"的扶贫目标，中央扶贫开发工作会议决定，将扶贫标准线从2010年的农民人均纯收入1274元升至2300元，比2009年1196元的标准提高了92%。新的国家扶贫标准将更多低收入人口纳入到扶贫范围。2011年是新《纲要》实施的基线年。根据农村居民生活消费价格指数推算，2010年不变价的农民人均纯收入2300元相当于2011年的2536元。为此，国家统计局、国家民委经济发展司2012年11月28日发布的对全国31个省（自治区、直辖市）7.4万农村居民家庭的抽样调查显示，按新的国家扶贫标准，全国农村扶贫对象为1.22亿人，占全部农村户籍人口的12.7%。其中，西藏、新疆、内蒙古、广西、宁夏、云南、贵州、青海民族八省（区）的农村扶贫对象为3917万人，占八省（区）农村户籍人口的26.5%，占全国农村扶贫对象的32%，是其农村户籍人口占全国比重15.3%的1倍多。

纵向来看，民族八省（区）的贫困发生率从2009年的40.3%逐步下降到2011年的32%。但新标准实施后，2011年民族八省（区）的贫困发生率比2010年高出17.8个百分点，达到26.5%，与全国平均水平的差距也在拉大，比全国平均水平高13.8个百分点。在八省区中，广西、贵州、云南三省区有农村扶贫对象3113万人，占八省（区）农村扶贫对象的79.5%（见表8-1）。在扶贫开发的新阶段，少数民族地区仍是我国扶贫开发工作的重点和难点地区，西南、西北少数民族地区的扶贫开发任务更为繁重。

表8-1　民族八省区与全国分年度贫困人口及贫困发生率

指标		2009年	2010年	2011年
贫困标准（元）		1196	1274	2536
贫困人口（万人）	民族八省区	1451.2	1034	3917
	全国	3597.1	2688	12238
	八省区占全国比重（%）	40.3	38.5	32.0

续表

指标		2009 年	2010 年	2011 年
贫困发生率（%）	民族八省区	12.0	8.7	26.5
	全国	3.6	2.8	12.7
	八省区与全国对比	高 8.4 个百分点	高 5.9 个百分点	高 13.8 个百分点

资料来源:《中国民族报》,2012 年 11 月 30 日第一版

由表 8-1 我们可以看出,贫困人口和贫困状况有了新的变化,扶贫政策需要进行调整和完善。从区域来看,绝对贫困人口主要分布在扶贫重点县与西部民族地区。从生活条件看,贫困人口主要居住在深山区、荒漠地区、边疆民族地区,自然环境恶劣,缺乏必要的生存条件。

按人群划分,主要有以下几类:一是不具备基本生存条件,开发和发展受到极大限制的群体;二是教育科技水平低下,人口素质不高,缺乏自我发展能力的群体;三是五保户、残疾人等社会保障对象;四是因家庭成员特别是主要劳动力疾病致贫和返贫,因自然灾害或其他突发事件致贫。贫困人口大多数居住在边疆地区、"直过区"和人口较少民族地区、藏区及内地深山区。如云南全省 25 个边境县,有 17 个是扶贫工作重点县;大多数"直过"民族生活在贫困县,涉及"直过"地区的 25 个县中,有 17 个贫困县;7 个人口较少民族分布的 31 个县中,有 21 个贫困县。7 个人口较少民族中有 5 个是"直过"民族,除普米族外,其他 6 个民族都居住在边境沿线,与境外同一民族跨境而居。在边疆地区、"直过区"和人口较少民族聚居地区,经济发展水平整体落后,社会发育程度整体低下,大多数群众处于贫困状态的特困少数民族地区,其贫困类型可归结为由于居住地环境恶劣或边远闭塞等原因带来的"地缘性贫困"和由于受教育程度低等因素造成的整体素质低下的"素质性贫困"。

因此,构建针对西部民族地区农村特困民族的社会保障制度,使社会保障在反贫困中发挥基础制度的作用,既要充分考虑我国社会保障体系建设的发展进程,又要结合贫困群体的实际。

一 特殊保障政策

我们党对民族地区的特殊政策,从新中国成立初期的 20 世纪 50 年代

就已经开始实行。当时，各民族都面临实行民主改革、向社会主义过渡的历史阶段，针对不同民族地区、不同民族的实际，采取了三种不同的方式，多数经济文化发展水平较高的内地民族地区，基本上采取了同汉族一样的土地改革政策；对处于封建领主制和奴隶制的民族，采取"和平协商"的土改方式；对处于原始公社末期，土地占有不集中，阶级分化不明显的边疆民族地区，采取了不分土地、不划阶级的"直接过渡"政策。同时在"直过区"设立生产文化站，管理"直过区"的行政、生产和生活，在经济和社会发展方面也给予了特殊扶持，包括专设"直过"经费，实行税收减免，加强民族贸易，组织信贷合作，设立民族教育专项补助，培养民族干部等方面。对"直过区"民族的生产生活，给予补助和扶持，加强基础设施建设，无偿提供农具、籽种、粮食、食物和衣物；对在该地区经商者，酌情减免营业税；在农业生产上，减免农业税；发展贸易机构，对民族贸易和互助合作给予贷款支持；发展中小学教育，对中学生提供助学金，试办供读学校，采取保送培养大中专学生，选送班干部进修培养；实行免费医疗、送医送药等政策。

除对农村实施的普遍的保障政策措施之外，党和政府对边疆少数民族的特殊保障也采取了相应的特殊保障措施。新中国成立以后，中央和有关省区制定了"慎重稳进"和"团结、生产、进步"的边疆民族工作方针，之后的土地改革，也采取了有别于内地的特殊方式进行。针对少数民族地区的特殊情况，对边疆民族的救济，采取了较之内地更为宽厚的政策。

二 加快发展的政策扶持

进入新时期以来，党和政府进一步制定了一系列的政策措施，加快和扶持西部民族地区和少数民族的发展，主要包括民族专项照顾，实施综合扶贫开发，民族贸易照顾，沿边开放政策，支持民族教育、文化、卫生事业发展，培养民族干部等，并在民族地区安排了一批重点建设项目。如针对边境贫困地区和人口较少民族专门制定的特殊的扶持政策。2000年，经国务院批准，正式启动国家民委发起的"兴边富民"行动，并于2002年8月制订了《全国兴边富民行动规划纲要（2001—2010）》，围绕基础设施、特色经济、群众生活三个方面，以加快边境地区经济社会发展为着眼点，加大对边境地区的投入，使边境地区尽快发展起来，各族人民尽早富裕起来，并提出了近中期重点抓好加快基础设施建设，促进优势产业发展，改善生态环境，促进对外开放，发展科技教育，促进文化、卫生等社会事业发展等六项任务，还提出了交通、农业、水利、生态环境等专项行动计划。2005年为扶持人口较少民族发展，国家民委等五个部门于同年8月下发《扶持人口较少民族发展规划（2005—2010）》，按科学发展观和全面建设小康社会的目标要求，充分利用国家实施西部大开发和新阶段扶贫开发的机遇，以人口较少民族群众为基本对象，以改善人口较少民族聚居村基本生产生活条件和增加农牧民收入为重点，从而使人口较少民族聚居的行政村基础设施得到明显改善，群众生产生活中存在的突出问题得到有效解决，基本解决了现有贫困人口的温饱问题，经济社会发展基本达到当地中等或以上水平。

进入"十三五"新的发展起点上，为了促进西部民族地区和人口较少民族的发展，确保到2020年民族地区和人口较少民族与全国人民一道同步进入全面小康社会。2016年3月24日，由国家民委牵头，国家发展改革委等部门共同参与编制，经国务院同意《"十三五"促进民族地区和人口较少民族发展规划》纳入国家"十三五"重点专项规划，充分体现了党中央、国务院对民族工作的高度重视，对民族地区和人口较少民族的特别关怀。

三 特困民族的现有保障政策评析

虽然党和国家"富民兴边"行动计划和扶持人口较少民族发展规划对促进特困民族的发展，起到了关键作用。但是，在社会保障方面，除了在资金的安排上给予了一定的倾斜以外，缺乏相应的制度安排。一是从农村社会保障制度建立的情况看，同城镇社会保障体系有较大的差距，以社会保险制度为标志的现代社会保障制度在城镇已经全面建立，城镇劳动者都已纳入了制度保障范围，至于在实践中还存在的参保面过窄等问题，主要是需进一步完善制度和操作层面的问题，社会救济制度也已比较规范，只要家庭平均生活水平低于当地最低生活保障线，均可得到低保的救济。而在广大的农村，社会救济制度，只有五保户、灾民和其他特殊人群能够享受，标准偏低，难以真正保证基本生活，而且，除五保户供养制度外，其他救济措施尚未形成规范的制度。以新型农村合作医疗为代表的农村医疗保险制度，虽然已有初步规范的制度安排，但特困地区的部分农村居民还未享受到该项制度所带来的实惠。二是在现行各种农村社会保障的政策措施中，除边境一线农村居民看病就医补助外，主要针对农村居民进行设计，还没有针对边疆地区、"直过区"和人口较少民族的特殊保障安排。例如，相对规范的新型农村合作医疗制度，政府对参保农民的补助水平一致，参保农民的缴费标准相同，再加上自愿参保的模式设计，必然带来收入水平较低的特困民族参保困难。

四 进一步完善特殊保障的政策建议

随着我国经济建设的快速发展，关于"贫困""特困"的概念和人群已经发生了变化。一方面，"吃穿困难"的绝对贫困和特困人员在不断减少，而相对贫困的范围随着收入差距的拉大也在不断扩大，所以今后一个时期的贫困更多的不是传统概念里的绝对型贫困，而是收入型贫困；另一方面，收入型贫困人员在减少但是其队伍依旧庞大，同时中低收入者也会因突发灾难、高额医疗支出、教育负担大、住房成本高等因素陷入支出型贫困，由此看来，"十三五"期间的收入型贫困依旧有待解决，而支出型贫困也需要开始重视。所以我国在实施针对民族地区收入型贫困和绝对贫困人群的精准扶贫政策的同时，也要推进兼顾收入型贫困、支出型贫困、绝对贫困、相对贫困这四类人群的精准救助制度，将社会救济和扶贫开发之间有效衔接起来，让政策和制度结合起来共同促进脱贫和全面建设小康社会的工作。[①]

对于西部民族地区特困民族农村社会保障制度，无论是目前正在实施的城乡基本养老保险制度、新型农村合作医疗保险制度，还是农村最低生活保障制度，都应以特困民族实际需求为导向。在最低生活保障制度调整方面，构建更加科学完善的目标瞄准机制，选择边疆地区、"直过区"及人口较少民族地区为突破口，不仅是必要的，中央和地方财政也是完全可以负担的。在低保范围的界定、低保对象的识别，补助水平的确定，应以国家划定的贫困线为标准，凡家庭人均年收入达不到该标准的特困民族人

[①] 何辉、卢艳子：《"十三五"时期中国社会保障制度可持续发展研究》，《社会保障研究》2016年第3期。

口，按实际差额计算，据实进行补差，确保这项惠民政策真正落实到实处。而建立特困民族特殊基本养老保险制度、医疗保险制度，不仅可以使特困地区农村居民老有所养、病有所医，基本生活得到保障，而且为消除贫困，改善民生，逐步实现全体人民共同富裕奠定了基础。

在制度模式上，按照中央关于"加快建立覆盖城乡居民的社会保障体系，要以社会保险、社会救助、社会福利为基础，以基本养老、基本医疗、最低生活保障制度为重点，以慈善事业、商业保险为补充，加快完善社会保障体系"的要求，结合特困民族经济、社会和文化发展的实际，制定和完善相关特殊政策。关于这一制度的模式结构体系，可用四个层次来表述：第一层次是全国统一的法定基本保障，包括城乡基本养老保险、医疗保险、最低生活保障制度、社会救助等制度。第二层次是除中央统一规定外，西部民族地区各省（区）级根据经济社会发展水平和财政收支情况统筹制定和完善符合特困民族社会特殊保障的具体实施办法。第三个层次是充分吸收特困民族传统养老方式、医疗方式和社会救助方式的有益成分。第四个层次是针对西部民族地区特困民族的扶贫，要克服过去输血式的扶贫或者是救济式的扶贫方式，按照"精准扶贫"的工作要求，打好扶贫开发"整体战"，着重解决特困民族农村居民最为关心的问题。

第四节　建立特殊保障的重要意义

习近平同志曾多次强调："保障和改善民生是一项长期工作，没有终点站，只有连续不断的新起点。""没有贫困地区的小康，就没有全面建成小康社会。"消除贫困，改善民生，逐步实现全体人民共同富裕，是社会主义的本质要求。尤其是在全球动荡的今天，关注西部民族地区农村特困民族社会保障问题即是关注社会问题，客观判断西部民族地区农村特困民族贫困状况和分布特征，探索西部民族地区扶贫政策的基本方针、重点和难点，才能确保民族地区特困民族社会保障制度目标的顺利实现。

党的十八届三中全会通过的《中共中央关于全面深化改革若干重大问题的决定》提出"要完善社会保险关系转移接续政策，扩大参保缴费覆盖面，适时适当降低社会保险费率"的目标要求。李克强总理2016年3月5日，在十二届全国人大四次会议《政府工作报告》中强调指出：中华民族是一个大家庭，促进各民族和睦相处、和衷共济、和谐发展，是各族人民的根本利益和共同责任。要坚持中国特色解决民族问题的正确道路，坚持和完善民族区域自治制度，严格执行党的民族政策，深入开展民族团结进步创建活动，推动建立各民族相互嵌入式的社会结构和社区环境，促进各民族交往交流交融。落实促进民族地区发展的差别化支持政策，保护和发展少数民族优秀传统文化及特色村镇，加大扶持人口较少民族发展力度，大力实施兴边富民行动，让全国各族人民共同迈向全面小康社会。

从这个意义上，要建立新时期团结、平等的新型民族关系，正确处理民族问题和民族矛盾，建立和完善西部民族地区特困民族农村社会保障制度，具有重要现实意义。

一　实现各民族共同繁荣发展的需要

目前，我国已整体进入全面建成小康社会的关键时期，实现各民族共同繁荣进步，已成为当今民族工作的主题。这就需要我们从解决人民群众最关心、最直接、最现实的利益入手，注重社会公平，加大调节收入分配的力度，妥善处理不同利益群体的关系，努力缓解地区之间和部分社会成员收入分配差距扩大的趋势。西部民族政策和社会保障都属于社会公共政策的范畴，公平优先，是选择和制定公共政策的前提和标准。贫困民族多为人口较少民族，通过特殊保障政策解决和改善他们的现实问题。按照李克强总理强调的"落实促进民族地区发展的差别化支持政策"，可以有效地解决西部民族地区少数民族的发展问题。事实上，近年来我国已经出台了许多针对性很强的政策。例如，保护和发展少数民族优秀传统文化及特色村寨、扶持人口较少民族发展、兴边富民行动等，在相当程度和意义上已经体现了这种"差别化支持"的理念。因此，无论是在历史上还是在现实工作中，"差别化"都是民族政策和民族工作的灵魂所在。党的民族平等政策和民族区域自治制度之所以充满活力，正是因为它们所体现的公平、正义理念和符合国情的政策措施，始终与西部民族地区的实际相结合，充分展现了"差别化支持政策"的精髓。而只有"差别化支持政策"，才能保证全国各族人民共同实现小康梦想。

二 维护国家安全的现实需要

居住在边境一线的少数民族,有很多属于跨境民族,与国外的民族同族同宗,同一民族在两个国家边境沿线相邻而居,其宗教、民族地区农村社会保障研究文化、语言、生活习惯等都相同或相通,具有天然联系。如云南有 25 个世居少数民族,其中有 12 个民族与缅甸、泰国、菲律宾等国家属于同一个民族,拥有同一种语言和文字。这些国家的一些思想、观念,经常会通过电视、广播等传入云南,这对国家安全存在隐患。因此,制定《中国少数民族语言文字法》和在边境沿线使用少数民族语言文字,对维护国家统一、边境稳定、促进民族团结至关重要。

三 缩小差距的政策选择

社会主义的本质是解放和发展生产力,一切问题都要靠发展来解决。加快发展是解决当代中国民族问题的核心,因此,加快少数民族和西部民族地区的经济发展,促进各民族的共同繁荣是我国民族工作的基本任务。在边疆地区、"直过区"和人口较少民族聚居地区,经济发展水平整体落后,社会发育程度整体低下,大多数群众处于贫困状态的特困少数民族地区,其贫困类型可归结为"地缘性贫困"和"素质性贫困"。"十三五"期间,实现全面脱贫是党对人民所做出的承诺,目前我国仍有 14 个集中连片特困地区、12.8 万个贫困村、7000 多万贫困人口,根据扶贫效应递减规律越往后扶贫难度越大。因此,从改善基础设施条件、扶持生产发展等方面对边疆地区、"直过区"和人口较少民族进行扶持帮助不仅是必要的,而且是很紧迫的。尽管通过多年的扶贫开发,条件较好的少数民族贫困人口已有很大一部分摆脱了贫困,剩下的大多是脱贫难度最大的特困群体,依靠开发式扶贫无法让所有的贫困人口脱贫,必须从社会保障的角度进行研究,对他们采取特殊的保障措施,直接提高他们的生活保障水平,解决绝对贫困的问题。同时,在发达地区发展更快的前提下,相对贫困的问题将长期存在,只有采取特殊的社会保障政策,才能够更快地促进边疆地区、"直过区"和人口较少民族发展经济,提高教育、科技、文化水平,从而实现各民族共同繁荣发展的愿景目标。

附录 民族地区农村社会保障和民生改善问题调查问卷

尊敬的农村居民朋友：

您好！

为了解民族地区农村社会保障和民生改善现状以及您的真实需求，希望您能够如实填写本问卷。针对调查问卷中的问题，请您在选择的题号上打勾，我们将按照国家法律、法规和原则，对您的填写内容严格保密，并且只用于课题研究，不会泄露您的任何个人信息。

感谢您的合作和支持！

填写说明：请您在所选择内容的序号上打"√"，也可以在划有横线的空格上填写相应的内容。

问卷编号：（　　　　） 调查员姓名：_____

调查点_____省_____县（市、区）_____乡（镇）_____村
姓名_____民族_____联系电话_____电子信箱_____

A. 农户基本信息

A1. 您的性别：A. 男　B. 女

A2. 您的年龄：A. 20 岁以下　B. 21—30　C. 31—40　D. 41—50
　　　　　　　E. 51—59　F. 60 岁以上

A3. 您的民族：A. 回族　B. 汉族　C. 其他民族

A4. 您的学历：A. 文盲　B. 小学　C. 初中　D. 高中　E. 中专

F. 大专以上

A5. 您的政治面貌：A. 群众　B. 中共党员　C. 共青团员　D. 民主党派

A6. 您的户籍所在：A. 本县　B. 本县非本村　C. 本市非本县　D. 外地

A7. 您的户籍类型：A. 农村户口　B. 城市户口　C. 农转非
　　　　　　　　D. 城市暂住人员

A8. 您的婚姻状况：A. 未婚　B. 已婚　C. 离异　D. 丧偶

A9. 您的职业：A. 种地　B. 季节性打工　C. 企业工人
　　　　　　　D. 个体工商户　E. 外来务工人员

A10. 您家庭人口数量：A. 2人　B. 3人　C. 4人　D. 5人　E. 6人以上

A11. 目前您家庭人均年收入：

A. 2000元以下　B. 2500元左右　C. 3000元左右　D. 3500元左右
E. 4000元左右　F. 4500元左右　G. 5000元左右　H. 6000元以上

A12. 目前您家人均年支出约为：

A. 2000元左右　B. 3000元左右　C. 4000元左右　D. 5000元左右

A13. 您最需要政府提供的社会保障是：

A. 养老保险　B. 医疗保险　C. 农村低保　D. 子女教育　E. 扶贫开发
F. 其他

A14. 您所居住的村地理环境属于：

A. 平原　B. 山区　C. 丘陵　D. 高原　E. 牧区　F. 其他

B. 新型农村社会养老保险与城乡基本养老保险情况

B1. 您对新型农村社会养老保险（简称新农保）与城乡基本养老保险政策：

A. 了解一些　B. 听说过　C. 不完全清楚　D. 完全不知道

B2. 您是通过以下途径了解新农保与城乡基本养老保险政策的：

A. 电视新闻　B. 社保局发放的宣传资料　C. 报纸刊物

D. 家人和亲朋好友

B3. 您是否愿意参加城乡基本养老保险：

A. 愿意　B. 不愿意　C. 看看情况再说　D. 说不清楚

B4. 您是否参加了城乡基本养老保险：

A. 已经参加了　B. 还没有参加　C. 打算去参加

B5. 如果没有参加，请问主要的原因是：

A. 不清楚如何参加   B. 不了解新农保的相关政策   C. 参加社会保险没用

D. 经济情况不允许   E. 政府发给的养老金太少

B6. 如果您已经参加了城乡基本养老保险，您每年缴纳的养老保险费为多少元：

A. 100 元   B. 200 元   C. 300 元   D. 400 元   E. 500 元

B7. 您的养老保险费是通过以下哪种方式缴纳的：

A. 从农业收入中支出   B. 从劳务收入中支出   C. 由子女帮助缴纳

D. 政府帮助缴纳

B8. 您的养老保险费的缴纳方式是：

A. 村干部统一收缴   B. 自己前往乡镇社保中心缴纳

C. 自己前往县市社保局缴纳

B9. 你认为目前缴纳养老保险费：

A. 方便   B. 不太方便   C. 麻烦   D. 手续繁杂

B10. 当您年老不能干活时，您会选择以下哪种养老方式：

A. 靠自己积累的财富养老   B. 靠儿女的家庭养老   C. 社会养老保险金

D. 进入养老院或老年公寓

B11. 您现在是否已经领取了养老保险金：

A. 是   B. 否

B12. 如果领取，您现在每月领取的养老保险金大约为：

A. 60 元左右   B. 70 元左右   C. 80 元左右   D. 90 元左右   E. 100 元左右

F. 120 元左右   G. 150 元

B13. 您现在每月领取的养老金，对您目前的日常生活需要：

A. 满足生活需要略有剩余   B. 基本满足日常生活需要

C. 不能满足基本生活需要

B14. 如果个人缴费越多，政府发的养老金就越多，您能承担的最高金额是每人每年_____元。

B15. 实行城乡基本养老保险，您愿意参加吗？

A. 愿意   B. 不愿意

B16. 如果不愿意参加城乡基本养老保险，不参加的原因是：

A. 虽交得起钱，但是养老金太少   B. 担心将来无法兑现

C. 没有钱交　D. 不了解政策　E. 其他

B17. 您村里大概有多少人参加了城乡基本养老保险？_____人。

(1) 若没有参加，原因是：A. 虽交得起钱，但是养老金太少
　　　　　　　　　　　　B. 担心将来无法兑现　C. 没有钱交
　　　　　　　　　　　　D. 不了解政策　E. 其他；

(2) 若参加，原因是：A. 如果我们不参加，家里的老人就拿不到养老金
　　　　　　　　　　B. 自己觉得挺划算　C. 很多人都参加就跟着参加
　　　　　　　　　　D. 政府替我们交费　E. 其他；

(3) 若参加了，您交纳的费用是____元/人/年，政府共补____元/人/年。

B18. 国家规定累计缴满15年，60岁时才能领取养老金。如果当您60岁时没有缴够15年，您愿意一次性补够15年的钱吗？

A. 愿意　B. 不愿意

C. 新型农村合作医疗保险情况

C1. 新型农村合作医疗保险您：

A. 参加了　B. 没有参加　C. 打算参加

C2. 新农合医疗保险中，您每年缴纳费用：

A. 40元　B. 60元　C. 80元　D. 100元

C3. 大病重病住院后，国家能给您报销药费：

A. 30%　B. 40%　C. 50%　D. 60%　E. 70%

C4. 您认为参加新农合对您的身体健康：

A. 有较大的帮助　B. 帮助一般　C. 没什么帮助

C5. 新农合医疗保险费是：

A. 您自己去缴的　B. 村上统一收缴的　C. 区县医保局来收的

C6. 您一旦生病会选择以下哪个医疗点看病（请用数字排序）：

□村卫生所　□乡镇卫生院　□县级医院　□市级医院　□省级医院

C7. 您认为目前村里的卫生所：

A. 能够解决看病难的问题　B. 基本能解决看病难的问题

C. 不能解决看病难的问题

C8. 您认为目前村卫生所看病收费标准：

A. 偏高　B. 适当　C. 偏低　D. 不知道

C9. 您认为村卫生所有没有"小病大看"的现象：

A. 有　B. 没有

C10. 您对所在地的乡镇卫生院服务满意吗？

A. 满意　B. 比较满意　C. 不满意　D. 非常不满意

C11. 您认为目前的医疗保险报销起付线：

A. 偏高　B. 适当　C. 偏低　D. 不关心

C12. 您认为目前的医疗报销封顶线：

A. 偏高　B. 适当　C. 偏低　D. 不知道

C13. 您和家人的身体情况怎么样？健康的有__人；患病的有__人。

C14. 如果您生病了，治病的钱主要来源于（按顺序由多到少依次填写）：

A. 儿女出钱　B. 个人储蓄　C. 新型合作医疗报销　D. 亲朋好友借钱

E. 依靠村集体　F. 政府救济　G. 其他

C15. 一般情况下，您和家人得病后，会怎么办？

A. 硬扛着　B. 自我治疗　C. 看门诊　D. 住院治疗

C16. 您认为新农合采用哪种补偿方式最合适？

A. 保门诊　B. 保住院　C. 大病小病都保，以门诊为主

D. 大病小病都保，以住院为主　E. 其他

C17. 家里外出打工的人参加新农合了吗？

A. 参加了　B. 没有参加

C18. 参加新农合，有没有减轻家里看病的负担？

A. 明显减轻负担　B. 负担稍微有所减轻　C. 和以前没区别

D. 没有减轻，反而增加

D. 最低生活保障情况

D1. 村里在确定低保户时，村干部有没有优亲厚友的现象？

A. 有　B. 没有

D2. 您认为村里有_____户不应纳入低保户，还有_____户真正的贫困家庭没有纳入贫困户。

D3. 最低生活保障金：A. 您享受过　B. 没有享受　C. 不知道低保

D4. 您若享受过低保待遇，政府每月给您低保金，大约在：

A. 70 元左右　B. 100 元左右　C. 130 元左右　D. 150 元左右

E. 200 元左右

D5. 政府给您的低保金对于维持您的基本生活：

A. 可以维持基本生活　　B. 除过生活略有剩余　　C. 勉强维持基本生活

D. 不能维持基本生活

D6. 您认为目前发放的最低生活保障金：

A. 确实保障了贫困者的最低生活　　B. 基本能够保障贫困者的最低生活

C. 不能够保障贫困者的最低生活　　D. 不了解

D7. 您认为当前的最低生活保障制度：

A. 很公平　　B. 比较公平　　C. 不公平　　D. 不清楚

D8. 社会救助款：A. 您享受过　　B. 从没有享受　　C. 不知道有救济款

D9. 社会救济粮：A. 您接受过　　B. 没有接受过　　C. 不知道有救济粮

D10. 您认为在民族地区有必要建立特困民族的社会保障制度吗？

A. 有必要　　B. 没有必要

D11. 您认为构建特困民族的社会保障制度应考虑哪些因素？（可以多选）

A. 应考虑我国社会保障体系建设的发展进程　　B. 要结合特困民族的实际

C. 在反贫困中发挥基础制度的作用　　D. 其他

E. 农民工与失地农民社会保障情况

E1. 您在城里打工，住的是：A. 政府廉租房　　B. 租住民房
　　　　　　　　　　　　　C. 建筑工地工棚

E2. 您所在的单位给您缴纳了"三险一金：A. 缴纳了　　B. 没缴纳
　　　　　　　　　　　　　　　　　　　C. 不知道

E3. 您家的主要收入来源是：A. 种植　　B. 养殖　　C. 打工　　D. 做生意
　　　　　　　　　　　　　E. 出租收入　　F 政府救济

E4. 您的家庭收入与以前相比有何变化？（只选一项）

A. 增加　　B. 减少　　C. 没有变化

E5. 您家是否还有原籍家乡的各项补贴收入（如农业补助、退耕还林补助等）：A. 有　　B. 没有　　C. 说不清

E6. 失地搬迁后您家的住房状况是否有变化？（只选一项）：

A. 变好了　　B. 没有变化　　C. 变差了　　D. 说不清

E7. 您目前的居住地孩子上中小学方便吗？（只选一项）：

A. 方便　B. 不太方便　C. 非常不方便

E8. 您目前的居住地看病就医方便吗？（只选一项）：

A. 方便　B. 不太方便　C. 非常不方便

E9. 您目前已办理下面哪种社会保险？

	已办理	没有办理	说不清
城乡居民养老保险	A	B	C
城乡居民医疗保险	A	B	C
新型农村合作医疗保险	A	B	C
失业保险	A	B	C
生育保险	A	B	C
工伤保险	A	B	C
企业职工养老保险	A	B	C
最低生活保障	A	B	C
其他，请注明	A	B	C

E10. 您外出打工依靠谁介绍工作？（只选一项）：

A. 亲戚　B. 朋友　C. 邻居　D. 政府信息　E. 自己寻找

E11. 您是否参加过政府组织的相关就业培训？（只选一项）

A. 参加过　B. 没有参加过

F. 民生改善问题

F1. 近年来您们村村民生活条件和生活环境有明显改善吗？（可以多选）：

A. 村民收入水平有了明显提升　B. 生活环境有了明显改善

C. 教育消费已成为村民消费的重点　D. 没有明显改善

F2. 您家是贫困户吗？若是贫困户，属于：

A. 五保户　B. 低保户　C. 特困户　D. 其他

F3. 您认为导致贫困的原因是（可以多选）：

A. 缺乏劳动力　B. 因病致贫　C. 自然灾害　D. 致富无门路　E. 地少

F. 缺乏资金技术　G. 子女教育费太高　H. 其他

F4. 您是否得到过当地扶贫办的资助？

A. 小额贷款　B. 技术培训　C. 提供就业机会　D. 教育补助

E. 危房改造

F5. 您家目前使用的生活用水是：（只选一项）

A. 自来水　B. 井水　C. 河水　D. 窖水

F6. 您现在居住地移民和原居住地的村民是否因用水发生过冲突？（只选一项）

A. 发生过冲突　B. 没有发生过冲突　C. 不知道

F7. 您家目前的用电状况是：（只选一项）

A. 已正常通电　B. 尚未通电　C. 通电设施正在安装过程中　D. 其他

F8. 您现在遇到困难通常会找谁帮忙？（可选 3 项）

A. 亲戚　B. 朋友　C. 同事　C 邻居　D. 村干部　E. 宗教人士

F. 其他

F9. 您目前面临的最大困难是哪些方面？（选 3 项）

A. 生产资金短缺　B. 住房条件差　C. 收入少　D. 看病难，看病贵

E. 子女入学难　F. 交通不方便　G. 其他

F10. 您最希望政府在民族地区农村民生改善方面解决哪方面问题？（可以多选）

A 教育惠民　B. 改善就医条件　C. 制定特殊养老保险、医疗保险政策

D. 提高最低生活保障水平　E. 制定特困民族特殊保障政策

F. 改善道路等基础设施环境　G. 技能技术培训

H. 搞好社会治安、促进民族团结

F11. 您目前最关心的民生问题是：

A. 收入分配　B. 劳动就业　C. 子女教育　D. 医疗保障　E. 住房

F. 养老　G. 其他

F12. 您对富裕乡村和美丽中国的看法是：

A. 充满信心　B. 信心不足　C. 不好说

再次感谢您的合作和支持！

参考文献

著作类

邓大松：《可持续发展的中国新型农村社会养老保险制度研究》，经济科学出版社 2014 年版。

邓大松、刘昌平：《新农村社会保障体系研究》，人民出版社 2007 年版。

邓伟志、徐新：《论民生》，上海人民出版社 2015 年版。

多吉才让：《新时期中国社会保障体制改革的理论与实践》，中共中央党校出版社 1995 版。

多吉才让：《中国最低生活保障制度研究与实践》，人民出版社 2001 年版。

冯英、聂文倩：《外国的社会救助》，中国社会出版社 2008 年版。

国家统计局：《中国统计年鉴（2006—2014）》，中国统计出版社。

黄瑞芹：《民族地区农村社会保障难点问题研究》，人民出版社 2015 年版。

贾洪波：《中国基本医疗保险制度改革关键问题研究》，北京大学出版社 2013 年版。

焦克源：《西部新型农村社会救助制度研究》，中国社会科学出版社 2012 年版。

康晓光：《中国贫困与反贫困理论》，广西人民出版社 1995 年版。

乐章：《社会救助学》，北京大学出版社 2008 年版。

李迎生：《社会保障与社会结构转型——二元社会保障体系》，中国人民大学出版社 2001 年版。

李迎生：《为了亿万农民的生存安全——中国农村社会保障体系研

究》，人民出版社 2006 年版。

廖益光：《社会救助概论》，北京大学出版社 2009 年版。

米红：《农村社会养老保险的模式识别方法技术与政策仿真》，华龄出版社 2006 年版。

米红：《农村社会养老保障理论、方法与制度设计》，浙江大学出版社 2007 年版。

米红、杨翠迎：《农村社会养老保障制度基础理论框架研究》，光明日报出版社 2008 年版。

潘允康：《中国民生问题中的结构性矛盾研究》，北京大学出版社 2015 年版。

乔亨瑞：《构建民族地区县域和谐发展之道》，社会科学文献出版社 2009 年版。

乔亨瑞：《90 年代云南农村社会保障研究》，云南民族出版社 1999 年版。

宋斌文：《当代中国农民的社会保障问题研究》，中国财政经济出版社 2006 年版。

孙文基：《建立和完善农村社会保障制度》，社会科学文献出版社 2006 年版。

唐新民：《民族地区农村社会保障研究》，人民出版社 2008 年版。

庹国柱、王国军：《中国农业保险与农村社会保障制度研究》，首都经济贸易大学出版社 2002 年版。

庹国柱、王国军、朱俊生：《制度建设与政府责任——中国农村社会保障问题研究》，首都经济贸易大学出版社 2009 年版。

汪行福：《分配主义与社会保障》，上海财经大学出版社 2003 年版。

王锋：《当代我国西北地区农村回族社区宗教发展与民生改善调查研究》，宁夏人民出版社 2016 年版。

王国军：《社会保障：从二元到三维中国城乡社会保障制度的比较与统筹》，对外经济贸易大学出版社 2005 年版。

王国军：《中国社会保障制度一体化研究》，科学出版社 2011 年版。

王越：《中国农村社会保障制度建设研究》，中国农业出版社 2005 年版。

王增文：《农村社会救助制度的可持续性研究》，经济科学出版社 2012 年版。

吴晓东：《中国农村养老的经济分析》，西南财经大学出版社 2005 年版。

《习近平谈治国理政》，外文出版社 2014 年版。

谢冰：《贫困与保障——贫困视角下的中西部民族地区农村社会保障研究》，商务印书馆 2013 年版。

杨翠迎：《农村基本养老保险制度理论与政策研究》，浙江大学出版社 2007 年版。

杨翠迎：《中国农村社会保障制度研究》，中国农业出版社 2003 年版。

杨复兴：《新型农村养老保险制度研究——以云南为例》，云南人民出版社 2009 年版。

杨复兴：《中国农村养老保障模式创新研究——基于制度文化的分析》，云南人民出版社 2007 年版。

杨刚：《中国农村养老保障制度研究》，北京师范大学出版社 2011 年版。

杨刚：《最低生活保障政策问答》，中国劳动社会保障出版社 2005 年版。

杨团、毕天云、杨刚：《21 世纪中国农民的社会保障之路》，社会科学文献出版社 2010 年版。

杨燕绥：《政府与社会保障》，中国社会保障出版社 2007 年版。

张一名、米红、王巍：《新型农村社会养老保险仿真实验研究》，经济科学出版社 2013 年版。

郑功成：《社会保障学——理念、制度、实践与思辨》，商务印书馆 2000 年版。

《中共中央关于全面深化改革若干重大问题的决定》，人民出版社 2013 年版。

周秋光、王猛：《中国农村社会保障的理论与实践》，中国社会出版社 2011 年版。

朱德云：《我国贫困群体社会救助的经济学分析》，上海三联文化传播有限公司 2009 年版。

朱合理、谢冰：《新型民族地区农村社会保障研究》，湖北人民出版社 2012 年版。

朱合理、谢冰：《新型民族地区农村社会保障研究》，湖北人民出版社 2012 年版。

论文类

阿布都外力·依米提：《新疆农村社会保障制度建设与发展研究——基于新疆精河县 555 个农民的实证分析》，博士学位论文，武汉大学，2010 年。

白关峰、谢冰雪：《民族地区民生问题解读》，《甘肃民族研究》2010 年第 4 期。

蔡霞：《新型农村社会养老保险理论与政策研究》，博士学位论文，武汉大学，2011 年。

曹信邦、刘晴晴：《农村社会养老保险的政府财政支持能力研究》，《中国人口资源与环境》2011 年第 10 期。

陈锦太、郭忠宁：《西部欠发达地区民生问题的现状与对策探析》，《天水师范学院学报》2013 年第 33 期。

陈敏、崔晓：《城乡统筹视角下我国农村社会养老保险问题研究》，《哈尔滨商业大学学报》2011 年第 1 期。

陈婷婷：《新型农村社会养老保险的问题及对策研究》，硕士学位论文，中央民族大学，2013 年。

陈正光：《我国基本养老保障城乡统筹发展问题研究》，博士学位论文，合肥工业大学，2012 年。

褚福灵：《基本医疗保险关系转移接续探究》，《社会保障研究》2010 年第 5 期。

邓旭东：《贵州少数民族地区新型农村社会养老保险制度研究》，《法制博览》2015 年第 6 期。

丁国峰：《我国民族地区农村低保制度的特殊价值探讨》，《云南民族大学学报》（哲学社会科学版）2015 年第 5 期。

窦金波：《西部农村社会保障制度》，《兰州学刊》2005 年第 1 期。

段庆林:《宁夏农村社会保障研究》,《固原师专学报》(社会科学版) 2002 年第 3 期。

段政明:《直面异地就医》,《中国社会保障》2012 年第 11 期。

苟兴朝、冉巧林:《民族地区新型农村社会养老保险现状及对策分析——以四川马边、峨边彝族自治县为例》,《中共乐山市委党校学报》2014 年第 4 期。

郭海琰、韩旭峰:《我国少数民族地区农村社会保障体系存在的问题及对策》,《黑龙江农业科学》2012 第 2 期。

国家统计局河南调查总队:《河南居民收入倍增计划可行性研究》,国家统计局内部信息网,2013 年 12 月 24 日。

何辉、卢艳子:《"十三五"时期中国社会保障制度可持续发展研究》,《社会保障研究》2016 年第 3 期。

何文炯、杨一心:《医保关系转移接续的困境与对策:基于公平的视角》,《中国医疗保险》2010 年第 4 期。

贺亚曼:《宁夏农村社会养老保险问题的几点思考》,《宁夏社会科学》2008 年第 1 期。

赫凤起:《西部地区社会救助存在的问题及对策——以宁夏为例》,《宁夏社会科学》2009 年第 9 期。

洪凯:《农村最低生活保障制度实施中的难点问题探析》,《经济纵横》2008 年第 4 期。

胡怡:《关于完善农村社保体系的策略分析——以政府职责为研究视角》,《法制与社会》2013 年第 3 期。

黄建明:《浅谈民族地区农村养老保险》,《中南民族大学学报》(人文社会科学版) 2004 年第 5 期。

黄瑞芹、谢冰:《民族地区新型农村养老保险参保意愿及其影响因素分析——基于中西部民族地区农户的调查》,《中南民族大学学报》(人文社会科学版) 2012 年第 3 期。

黄延信:《农民收入倍增意义难点及实现路径》,农博网,http://www.aweb.com.cn。

黄禹康:《关于改善民族地区民生问题的难点及对策》,《贵州民族宗教》2008 年第 2 期。

靳延龙：《包容性发展视角下民族地区农村社会保障政策实施绩效研究》，硕士学位论文，中南民族大学，2013年。

雷金星：《浅论农村社会保障制度的责任主体及其框架建设》，《兰州学刊》2005年第1期。

李海东：《城乡居民基本养老保险在农村实施的问题及对策研究——以山东省为例》，硕士学位论文，山东师范大学，2014年。

李凌峰：《我国农村最低生活保障制度研究——以苏南Q镇为例》，硕士学位论文，华中师范大学，2014年。

李名丽：《民族地区农村社会保障研究——传统、现状与建构》，硕士学位论文，云南财经大学，2010年。

李倩：《民族地区构建和谐社会中的民生问题研究》，硕士学位论文，西北民族大学，2010年。

李伟：《统筹城乡居民基本养老保险制度研究——以河南省郑州市为例》，《社会保障研究》2011年第6期。

李显坤：《建设完善新型社会救助体系的再思考——以边疆民族地区克拉玛依市为例》，《中国民政》2010年第9期。

李艳军：《我国农民参加新型农村社会养老保险影响因素研究——来自宁夏451户农村家庭的调查数据》，《改革与战略》2013年第7期。

梁金刚、唐茹：《医保关系如何无障碍转接》，《中国社会保障》2011年第1期。

梁堃：《民族地区经济发展与民生改善研究——以广西为实证研究样本》，《企业经济》2013年第7期。

林芳兰：《新型城镇化进程中民生改善问题研究》，《科学社会主义》2014年第4期。

刘秀红：《关于完善农民工社会保障立法的思考》，《渤海大学学报》（哲学社会科学版）2007年第2期。

刘玉娟：《医疗保险转移接续问题的思考》，《开放导报》2011年第10期。

刘振亚：《民族地区农村民生服务现状、满意度及需求研究——以宁夏回族自治区为例》，硕士学位论文，宁夏大学，2012年。

刘子操：《城市化进程中的农村社会保障问题研究》，博士学位论文，东北财经大学，2007 年。

吕白羽：《经济欠发达民族地区农村社会保障体系建设——以农村民生问题为视角》，《湖南农业大学学报》（社会科学版）2008 年第 3 期。

马汉贵、惠怀伟：《贫困地区农村民生服务满意度现状及预期需求分析——基于宁夏同心县和甘肃镇原县的调查研究》，《知识经济》2014 年第 8 期。

马妍、王锋：《民族地区统筹城乡居民社会养老保险问题研究》，《学理论》2014 年第 10 期。

马芝君：《甘肃民族地区农村扶贫工作研究》，硕士学位论文，西北民族大学，2014 年。

马忠莲：《宁夏农村养老面临的困境与养老模式的构建》，《宁夏党校学报》2014 年第 7 期。

满忠坤、孙振东：《民族地区教育发展与民生改善的依存问题》，《教育发展研究》2014 年第 2 期。

宁夏党校课题组：《宁夏新型农村社会养老保险制度建设对策研究》，《宁夏党校学报》2009 年 11 期。

宁夏回族自治区人民政府：《政府工作报告》，2013 年。

庞香萍：《优化民族地区新型农村社会保障公共服务的探》，《农业经济》2016 年第 2 期。

祁恒珺：《少数民族地区农村社会养老保险问题思考——以甘肃省甘南州为例》，《开发研究》2006 年第 3 期。

司睿、韩旭峰：《甘肃民族地区农村社会保障体系构建》，《山西农业大学学报》（社会科学版）2011 年第 3 期。

宋丽华、普雁翔等：《云南边疆民族地区农村居民民生改善问题研究——基于对 J 县和 T 县农村的调查及比较分析》，《经济研究导刊》2016 年第 3 期。

宋月萍、陶椰：《融入与接纳：互动视角下的流动人口社会融合实证研究》，《人口研究》2012 年第 3 期。

苏东海、周庆：《新农保试点中的问题及对策研究——基于宁夏新农保试点县的调查分析》，《社会科学》2010 年第 9 期。

苏瑞：《"五保"供养制度调查研究》，硕士学位论文，沈阳师范大学，2014 年。

谭琳玲：《民族地区农村最低生活保障制度研究——以湘黔两省四个民族自治县为例》，硕士学位论文，中南民族大学，2012 年。

汤晓莉：《社会医疗保险可携带性政策研究》，博士学位论文，华中科技大学，2010 年。

唐寅：《云南民族地区民生评价指标体系的构建及评价分析》，硕士学位论文，云南财经大学，2015 年。

唐志君：《多数决策原则的困境与救济》，《中共中央党校学报》2007 年第 3 期。

唐志君：《民族地区构建和谐社会的路径依赖与选择》，《新疆社科论坛》2006 年第 5 期。

田丽：《宁夏盐池县农村居民最低生活保障问题研究》，硕士学位论文，华南理工大学，2014 年。

汪华：《统筹城保、镇保和综保三险兼容与衔接的制度反思与实践创新》，《华东理工大学学报》（社会科学版）2007 年第 4 期。

王川：《基本医疗保障关系转移接续的困境与探索》，《卫生经济研究》2011 年第 9 期。

王东进：《加快基本医疗保险城乡统筹的步伐》，《人民日报》，2012 年 5 月 15 日。

王芳：《西部地区残疾人扶助存在的问题及对策分析——以宁夏中宁县为例》，《南京特教学院学报》2011 年第 3 期。

王锋、何粉霞、杜军：《民族地区农村社会保障和民生改善调查研究——以宁夏平罗、贺兰、华西村民意调查为个案》，《宁夏大学学报》（人文社会科学版）2014 年第 3 期。

王欢：《全民医保目标下医疗保障制度底线公平研究》，博士学位论文，华中科技大学，2009 年。

王洛忠、常慧慧：《中国解决民生问题的基本经验与改善对策》，《学术前沿论丛——科学发展：深化改革与改善民生》，2012 年。

王旭明、王锋：《期望实效下的宁夏居民收入现状与实现倍增难点初探》，《宁夏社会科学》2015 年第 3 期。

王艳、韩旭峰：《甘肃民族地区新型农村社会养老保险面临的问题及对策研究》,《黑龙江农业科学》2011年第9期。

王越:《中国农村社会保障制度建设研究》,博士学位论文,西南农业大学,2005年。

卫松:《新型农村社会养老保险研究述评》,《改革与战略》2010年第6期。

谢和均、王定俭:《少数民族地区新型农村养老保险模式选择——来自云南省的实证研究》,《云南行政学院学报》2011年第5期。

谢宗棠、刘宏霞:《完善甘肃少数民族地区农村社会保障的对策建议》,《陕西农业科学》2011年第6期。

徐琳:《农村五保户供养问题研究》,硕士学位论文,吉林农业大学,2014年。

徐玮:《破解转移接续难点重在制度完善》,《中国医疗保险》2010年第3期。

徐振华:《宁夏自治区统筹城乡居民医疗保险制度研究》,硕士学位论文,长安大学,2013年。

杨德亮、马晓琴:《西北民族地区农村社会保障的现状与问题——以宁夏石湾村为调查个案》,《宁夏社会科学》2009年第5期。

杨绍辉:《民族地区农村社会保障发展与反贫困研究——以大理州宾川县xx村为例》,硕士学位论文,云南大学,2014年。

杨文顺:《试论云南民族地区突出的民生问题及解决对策》,《中南民族大学学报》(人文社会科学版)2013年第2期。

于慧利、王淑婕、徐学才:《北欧国家社会保障制度及对我国的启示》,《经济研究参考》2006年第32期。

翟娜:《宁夏农村民生状况定量研究》,硕士学位论文,宁夏大学,2013年。

张车伟、蔡翼飞、董倩倩:《日本"国民收入倍增计划"及其对中国的启示》,《经济学动态》2010年第10期。

张宏杰:《甘肃省民族地区农村社会事业发展的现状及改进策略研究——以东乡族自治县为例》,硕士学位论文,兰州大学,2013年。

张会萍、惠怀伟、刘振亚:《欠发达地区农村民生服务需求及其均衡分析——基于宁夏回族自治区的农户调查》,《农村经济》2014年第6期。

张会萍、马茜、刘振亚：《农村民生服务满意度研究——基于宁夏回族自治区的农户调查》，《宁夏社会科学》2013年第1期。

张士斌、梁宏志：《贵州民族地区新型农村社会养老保险制度研究》，《贵州民族研究》2012年第5期。

张艳、易艳玲：《西部地区建立和完善农村最低生活保障制度的特殊困难及解决途径》，《时代经贸》2008年第6期。

张再生：《中国社会保障监督与管理体系完善对策研究》，《社会保障研究》2007年第1期。

赵燕妮：《政府在农村社会养老保险制度中的财政责任》，《保险研究》2012年第3期。

赵玉芬、张悦玲：《新政策下河北省农村社会养老保险问题研究》，《特区经济》2010年第4期。

郑秉文：《中国社会保险"碎片化制度危害"与"碎片化冲动"探源》，《社会保障研究》2009年第1期。

郑惠帆：《贫困地区新型农村社会养老保险问题研究——以石楼县为例》，硕士学位论文，山西财经大学，2014年。

郑军、张海川：《我国农村社会养老保险覆盖面的实证考察与政策建议》，《保险研究》2012年第2期。

郑万玉、褚福灵：《连续性，离我们还有多远——关于医疗保险关系转移接续问题的思考》，《中国医疗保险》2009年第7期。

郑祖梁：《少数民族地区养老保险问题研究——以恩施州为例》，硕士学位论文，湖北民族学院，2014年。

周静茹：《六盘山回族地区反贫困研究》，博士学位论文，兰州大学，2014年。

宗威峰：《民族地区农村养老保险问题研究——以鄂西农村为例》，硕士学位论文，中南民族大学，2012年。

邹丽丽：《基本养老保险统筹层次研究》，博士学位论文，辽宁大学，2009年。

结　语

本书为国家社科基金项目最终成果（结项编号20181314），宁夏大学民族学一流学科出版资助项目，宁夏大学优秀学术著作出版基金资助成果。自课题批准立项后，为确定调查方案的可行性，课题组先后多次召开专家座谈会，就课题研究的总体框架、意义、路径和目标进行了充分的讨论。在确定重点内容的基础上，坚持"三要素"要求，即以"西部地区""社会保障""民生改善"研究为主轴。2012年至2015年课题组成员利用寒暑假赴西藏、新疆、内蒙古、广西、宁夏、云南、贵州、青海八省（区）进行实地调查。重点考察了西部地区新型农村养老保险与城乡居民基本养老保险制度、新型农村医疗保险制度、农村社会救助制度和特困民族社会保障制度的整体运行现状，村民对各项制度的需求和满意度。在实地调查、交流访谈、实证分析的基础上，对西部地区农村社会保障和民生问题面临的重点、难点问题进行了研究。2016年上半年，根据专家的意见和建议，对预期研究成果进行修改、补充和完善。截至目前出版阶段性成果学术著作两部，发表论文若干篇。最终研究成果为中共宁夏回族族自治区党委政策研究室制定《当前民族工作问题研究》《宁夏农村社会保障若干重要问题研究》提供了参考依据，其中有些理论观点和对策建议被采纳。

目前我国西部地区农村社会保障虽然取得了诸如制度实现全覆盖、参保人群覆盖面和基金收入规模的不断扩大、待遇水平持续提高等丰硕的成果，但是在经济新常态、我国老龄化不断加深、区域发展不平衡的大背景下，产生了社会保障资金支出压力大、区域统筹难度大的问题，加上西部地区社会保障学科理论建设相对滞后于实践发展。[①] 因此，在新的历史条件下，及时对西部地区农村社会保障领域的新情况、新问题、新形势做出理性的价值判断尤为重要。

一、推进和完善西部地区农村社会保障制度，对于加快少数民族和西部地区发展、全面建成小康社会，实现各民族"共同团结奋斗，共同繁荣发展"，共享改革成果，实现共同富裕具有重要的理论和现实意义。

我国已进入全面建成小康社会和构建社会主义和谐社会的新的历史时期，"共同团结奋斗，共同繁荣发展"是新时期民族工作的主题。正如习近平总书记所讲的那样：西部地区和少数民族的发展"是关系祖国统一和边疆巩固的大事，是关系民族团结和社会稳定的大事，是关系国家长治久安和中华民族繁荣昌盛的大事"。"全面实现小康，少数民族一个都不能少，一个都不能掉队"，不仅是对当前我国民族工作"两个共同"主题和根本任务的形象概括和具体要求，还是对"社会主义的本质，是解放生产力，发展生产力，消灭剥削，消除两极分化，最终达到共同富裕"贯彻到我国民族关系理论上的集中表达，更是对马克思主义坚持民族平等、民族团结和各民族共同繁荣发展这一问题基本原则的中国化、大众化、通俗化的诠释。

当前，我国正处于全面建成小康社会的决胜阶段。全面建成小康社会，西部地区和农村是发展的重点和难点，全国贫困地区的脱贫攻坚特别是少数民族和西部地区的脱贫是突出的一块短板。因此，要如期达到少数民族和西部地区人民群众的脱贫，就需要按照"四个全面"战略思想的要求，加快农村社会保障建设的步伐，特别是推进和完善西部地区农村社会保障制度，对于坚持以人为本，构建社会主义和谐社会；统筹城乡发展，推进社会主义新农村建设；缩小城乡差距，促进各地区协调发展；建立社会主义市场经济，弥补市场失灵；建立新型民族关系，促进各民族共同繁荣发展都具有重要意义。要实现新时期的发展目标，重点在农村，难点也在农村，没有农村和农民的小康，就不可能有全国和中华民族的小康，没有农村的发展和农民生活水平的提高，就谈不上社会的和谐。由于

[①] 何辉、卢艳子：《"十三五"时期中国社会保障制度可持续发展研究》，《社会保障研究》2016年第3期。

历史和自然的原因，西部地区同发达地区以往社会基础结构不同、起点不同，在以市场为主体的资源配置中，必然处于劣势。我国东西部之间、城乡之间、贫富之间的差距在不断扩大，这些都是同全面、协调、可持续发展不相适应的。市场经济本身并不能解决贫富分化和收入差距扩大的问题，经济的发展，本身并不必然带来公平正义，只是提供了实现公平正义的物质基础，实现各民族共同繁荣发展应该包括各民族共享改革成果，实现共同富裕。在全面建成小康社会的过程中，生产发展是关键，生活富裕是目的，对于经济发展相对落后、人民生活相对困难的地区或民族，更加需要得到相应的保障。

二、推进和完善西部地区农村社会保障制度是长期而艰巨的历史进程，应该合理确定构建原则，正确处理各种关系，确立发展目标、体系模式、建设重点和实施步骤，选准突破口，分步实施，逐步完善。

在推进和完善西部地区农村社会保障制度中，需要遵循与西部西部地区经济发展水平相适应，政府组织引导与群众自愿相结合，统筹规划、分步实施，分类指导、因地制宜，社会保障与民族传统保障方式相结合，低水平广覆盖的原则；正确处理社会保障制度建设与全面建成小康社会和构建社会主义和谐，社会保障制度建设与其他发展和改革措施，城镇与农村社保制度，单项保障制度同社会保障体系建设的关系。全面建成小康社会和构建社会主义和谐社会，是一个逐步实现的历史进程，社会保障制度的建立也应该同小康社会建设及和谐社会的构建过程相适应，既要站在政治和历史的高度加快社会保障制度建设的步伐，又要看到西部地区社会保障制度的建设也是在发展的历史进程中不断建立和完善的，不可能"一蹴而就"，立即实现全国城乡统筹的模式。西部地区农村社会保障制度的建立应确立发展目标、体系模式、建设重点和实施步骤。在目标设置上，应分远期目标和近期目标，远期目标应当坚持全国"一盘棋"、城乡一体化的政策导向，建立城乡一体化的保障体系；但近期内，由于我国农业人口占绝对多数，经济基础薄弱，地区中间、城乡之间差别巨大，土地家庭承包经营是农村基本经营制度的核心，土地仍然是农村最基本的生产资料和农民最基本的经济来源及最重要的保障方式。在坚持土地保障和家庭保障为主的前提下，必须正视土地和家庭保障功能弱化的现实，结合实际，特别是西部地区经济、社会和文化发展的实际，选择有利于城乡保障体系的模式，甚至同发达地区的农村社会保障制度也应有所区别，选择最急需、最有经济保证、人民群众要求最迫切的制度为突破口，分步实施，逐步完善。

三、应该合理建立西部地区农村社会保障的制度框架，把覆盖最广大的人群并对人群的基本生活保障起着基础性作用的制度作为重点，并研究确定各个单项制度中的保障内容。

西部地区农村社会保障制度的总体框架应包括：养老保险制度、医疗保险制度、最低生活保障制度、特困民族保障制度、社会救助制度等。作为制度建设，能够覆盖到最广大的人群并对人群的基本生活保障起着基础性作用的理应成为重点。按照自然法则，每个人都将成为老年人，届时，将丧失劳动能力，需要给予保障，西部地区农村养老保障制度在整个农村经济保障体系中具有重要的地位。因此，建立和完善统一的城乡居民基本养老保险制度尤为重要。疾病是每个人面临的潜在和现实风险，而且，一旦发生疾病特别是严重疾病，将给患者和家庭带来沉重的经济负担，"因病致贫，因病返贫"已成为农村地区，特别是西部地区最主要的贫困原因之一。建立医疗保险制度，行之有效的办法是建立新型农村合作医疗和农村医疗救助制度。最低生活保障制度是对于当地最低生活保障标准之下的人群给予物质帮助，保障其最低生活需要的一种救济制度，是其基本生存权的最低保障，在整个农村社会保障体系中具有"兜底"的作用，是最后一道"安全网"，提高西部地区农村最低生活保障制度标准，对西部地区最具现实意义。针对西部地区农村社会福利大大低于发达地区和城市的实际，全方位提高农村社会福利水平，以教育、卫生福利为重点，同时，针对特殊人群大力兴办民政福利事业，发展农村敬老院，提高"五保户"集中供养比例，并随经济社会的发展逐步提高供养水平，使其生活水平能够得到保障和逐步提高。农村救济制度应以紧急救灾为重点，对农民突发性、临时性的生活困难给予救济，保障群众的基本生活。

按照中央关于"加快建立覆盖城乡居民的社会保障体系，要以社会保险、社会救助、社会福利为基础，以基本养老、基本医疗、最低生活保障制度为重点，以慈善事业、商业保险为补充，加快完善社会保障体系"的要求，大力推进以改善民生为重点的社会建设，加快发展面向民生的公益性社会服务，加强保障和改善民生工作，进一步健全和完善与西部地区经济社会发展水平相适应、覆盖城乡居民、制度协调发展、社保投入多元化、管理服务社会化、公共服务均等化的多层次社会保障体系，使城乡居民人人享有社会保障，实现西部地区社会保障事业健康、协调和可持续发展。

从目标瞄准机制来看，西部地区农村社会保障建设的战略目标，应分近期目标和远期目标。近期西部地区农村社会保障建设，应以制度建设为核心，在逐步完善城乡居民基本养老保险制度、医疗保险制度、最低生活保障制度和西部特困民族社会保障制度的基础上，结合西部地区经济、社会和文化发展的实际，充分吸收少数民族的传统养老方式、医疗方式和社会救助方式的有益成分，选择有别于城镇保障体系的模式，甚至同发达地区的农村社会保障制度也应有所区别，努力填补西部地区农村社会保障的空白点，建立多元化的社会保障制度体系，逐步推进西部地区农村社会保障制度的建设，为下一阶段西部地区社会保障制度的城乡统筹发展奠定基础。远期目标是建立城乡一体化的保障体系。这一阶段，我国已经全面建成小康社会，农村社会保障的发展水平与全国社会保障平均水平的差距基本消失，广大城乡居民老有所养、病有所医，基本生活得到保障，最终实现城乡社会保障制度一体化的愿景。

四、必须从实践层面研究西部地区农村社会保障制度的路径选择，根据现实紧迫程度、群众意愿以及政府和群众的承受能力，探索实践发展进程。

西部地区农村社会保障制度的完善从理论向实践的层面延伸，既要从普惠的角度考虑，又必须充分考虑政府和群众的承受能力，还必须注重群众的真实意愿。制度建设的重点应包括：养老保险制度、医疗保险制度、最低生活保障制度和特困民族社会保障制度。这一制度的路径选择可用四个层次来表述：第一层次是全国统一的法定基本保障，包括城乡基本养老保险、医疗保险、最低生活保障制度，社会救助等制度。第二层次是除中央统一规定外，西部地区各省（区）级根据经济社会发展水平和财政收支情况统筹制定的各种社会保障项目。第三层次是以商业性保障为主的附加保障，即商业保险。第四层次是充分吸收少数民族的传统养老方式、医疗方式和社会救助方式的有益成分。

由于西部地区群众对参加养老保险、医疗保险的愿望非常迫切，具有操作的群众基础，政府投入和群众交纳都基本不会存在问题。农村最低生活保障制度应从小范围和低标准起步，根据经济的发展逐步提高标准，将所有贫困人口纳入最低生活保障，保障方式按补差标准发放现金和实物；资金筹集应以政府投入为主，在增加投入的同时，对存量进行结构调整与整合，将原部分救济资金，救济资金中的口粮款部分，支农、扶贫、民族机动金，福利彩票资金，残疾人保障金等资金用于农村最低生活保障，中央应设立专项转移支付资金并向西部地区倾斜。完善自然灾害救济制度，要统筹规划，做好地质灾害应急预案，完善灾评系统，加大对救灾的投入，并对现有救灾资金进行整合，加大灾后救济和恢复重建力度。社会福利应主要发展教育福利和卫生福利。农村教育应以逐步实现与城市教育水平均等化为目标，以普及九年义务教育为主，全面落实政府为主导承担义务教育经费，主要应从解决办学条件和全面实行"两免一补"措施，提高农村中小学的生均教育经费，全面消除农村中小学存在的危房，继续办好农村寄宿制中小学和边境口岸学校，全面推行农村贫困家庭寄宿学生生活费补助制度，让农村学生，特别是西部地区的学生能够享受到更好的教育福利，切实改变农村上学贵、上学难的状况。卫生福利应以满足农村居民健康需求为导向，优化卫生资源结构，加强农村公共卫生服务和医疗服务体系建设，改善乡镇卫生院和村卫生室的设施条件，实施乡村卫生人员的培训，提高农村卫生人员的总体素质，提高卫生服务的公平性，解决群众"看病难、看病贵"的问题。在坚持土地保障和家庭保障为主的前提下，针对不同的群众建立补充型的养老保障。目前，在西部地区全面推行统一的城乡居民基本养老保险制度的条件已成熟，已经出台和推广的相关制度，在一定程度上解决了一部分农村人口的养老问题。中央应统一制定基金的投资管理办法及银行的优惠存款利率，拓宽投资渠道，确保基金的保值增值。

五、针对当前西部地区农村贫困群众的特殊性和扶贫工作的新特点，确立社会保障在反贫困中的基础制度地位，把解决贫困群众的生活困难作为重要制度安排。

实现中国梦，离不开56个民族、13亿人民戮力同心、团结奋斗。全面建成小康社会，不是中国发展的终点而是建设富强民主文明和谐的社会主义现代化国家的阶段性任务。在此基础上，实现中华民族的伟大复兴才是更大、更高、更宏伟的目标,也是中华民族近代以来最伟大的梦想。中国梦凝聚了几代中国人的夙愿,体现了中华民族和中国人民的整体利益,是每一个中华儿女的共同期盼。中国梦是国家的、民族的、也是每一个中国人的。在实现中国梦的征程中,不让每一个区域落伍,不让每一个民族掉队,既是中国共产党带领全国人民努力实现的发展目标,更需要全国各族人民及每一位公民的不懈努力和奋斗。

在针对西部贫困地区的扶贫方面,要克服过去输血式的扶贫或者是救济式的扶贫现象。输血式的扶贫或者是救济式的扶贫固然也能发挥一定作用,但却只能治标不能治本。因此,扶贫的政策需要进一步完善,确立精准扶贫的基本方针和要求。在整体搬迁脱贫、教育培训脱贫、政策保障脱贫、产业扶持脱贫、自主创业脱贫等各方面多策并举、多管齐下。同时,建立党政一把手负总责的扶贫开发工作责任,加强对挪用扶贫资金等问题的严格监督和严肃追究,保障"扶真贫"。

扶贫同社会保障的本质和目标是一致的,都是为了提高人民群众的生活水平,把人的需要放在了首位,是以人为本的具体体现。对农村贫困人口,在通过精准扶贫的同时,也必须采取相应的生活保障措施,把最急需、最迫切的需要作为切入点。通过贫困人口自己的努力、增强造血机制,其自身生存和发展才有比较好的基础,这样的脱贫才具有可持续性。

六、农民工在务工过程中形成的劳动关系无疑是最迫切需要规范和恢复平衡的社会关系,而失地农民社会保护机制与维权机制的缺失则构成了中国社会和谐发展不可忽视的一个重要现象。

探讨农民工的社会保障问题,必须结合就业服务和户籍制度改革分层次地研究,根据这一特殊群体中的不同情况,制订相应的政策。对实现稳定就业的农民工,直接纳入城镇社会保障体系。流动就业的农民工,受雇于雇主的,应参加工伤保险;可在城镇职工医疗保险的框架内做特殊变通,建立大病住院医疗保险,由用工单位和农民工个人分别负担,鼓励收入较高的农民工提高缴费水平并提高待遇标准,逐步向既保门诊费用又保大病住院费用的基本医疗保险过渡;养老保险可根据城乡居民基本养老保险制度的原则,衔接过渡养老保险。农民工的社会保障应分层次研究,区分实现稳定就业、从事个体经营和劳工的农民工,分别纳入相应的社会保障体系。

对失地农民应坚持分类施保，根据农业安置、就业安置和自主创业安置等不同的安置方式，构建不同的保障体系；同时，应提高征地补偿安置标准，创新安置模式。失地以后的农民分化比较严重，已经不作为独立群体存在，由于安置方式的不同，无法按统一模式将失地农民作为一个统一群体纳入城镇或农村社会保障制度的保障范围，必须进行分类施保。特别需要对失地以后没有稳定就业的群体进行特殊研究，在社会保险特别是养老保险制度上要做出特殊的制度安排。对失地农民的安置主要有三种方式：一是农业安置，失地农民继续保留农村户籍，在当地或异地继续从事农业生产；二是就业安置，由征地单位安排，政府帮助或从征地做预留部分土地以发展集体经济等方式实现就业；三是自主创业安置，由国家或征地单位对失地农民给予货币补偿，并进行必要的政策扶持和培训，由失地农民自主创业和自谋职业。对失去生产资料和劳动对象的失地农民而言，最为迫切的是为他们提供新的就业机会，在提供就业保障的同时，必须把就业保障和社会保障有机结合，构建相适应的社会保障制度。养老保障、医疗保障和以最低生活保障为重点的救助应作为失地农民社会保障制度的基本内容。构建失地农民社会保障制度的前提是应该提高土地征用的补偿标准，创建安置模式，以保证有适应需要的资金来源。

在构建和谐社会中，西部地区农民工与失地农民的社会保障异地转移接续问题需要通过完善相关制度安排和采取切实措施加以解决，高度重视农民工与失地农民问题，理性思考解决农民工与失地农民社会保障异地转移接续问题，已经成为党和政府值得关注的一个现实问题。

七、对人口较少民族、"直过民族"和居住在边境一线的少数民族等特困民族，应构建特殊的社会保障制度。

加快少数民族和西部地区发展是实现固边睦邻和边疆繁荣稳定的重要支柱。我国是世界上边界线最长、邻国最多、边界情况最复杂的国家之一。陆地边境长度约2.2万公里，其中1.9万公里在民族区域自治地方，约占中国陆地边境线总长度的90%。我国陆地边疆与14个国家接壤，涉及到6个民族省区和107个边境民族区域自治旗（县）。边疆地区也是我国少数民族集中聚居地区，少数民族集中、地域广、跨境民族多。跨境民族语言文化宗教信仰相似，国内外交流来往频繁。周边地区是我国维护社会稳定、民族和睦的直接外部屏障。周边环境历来对我国国内形势以及发展战略有直接牵动作用。维护周边安全是周边外交工作的重要内容。一个和平、稳定的周边是我国社会主义现代化建设事业顺利进行的重要条件。边疆西部地区稳定、民族关系和谐则我国陆疆安宁。中国加快少数民族和西部地区的发展，不仅可以促进边疆西部地区的和谐稳定与繁荣发展，而且能够促进中国与周边国家的开放合作，为我国营造一个适合快速稳定发展的周边国际环境。在一定程度上讲，加快少数民族与西部地区的发展，进而带动睦邻安邻富邻，是中国外交战略与周边安全战略的重要基础，也是中国实现自身发展战略的重要组成部分。

特困民族是指人口较少民族、"直过民族"和居住在边境一线的少数民族，这一群体多数从原始社会末期直接向社会主义过渡，实现了历史的跨越。他们共同的特点是居住在边疆和山区，社会发育程度低，社会基础设施建设落后，贫困程度深，劳动者素质普遍偏低。我党对西部地区的特殊政策，从新中国成立初期的1950年代就已经开始。对边境贫困地区和人口较少民族也专门制定了特殊的扶持政策。新时期制定的"富民兴边"行动计划和扶持人口较少民族发展规划对促进特困民族的发展，起到了非常重要的作用。但是，在计划和规划中，除有对缺乏生存条件但为守边固土而不能实施移民搬迁的边民，探索建立最低生活保障制度的原则规定外，没有包括其他社会保障方面的内容，这不能不说是一个缺憾。虽然党和国家对居民在边疆地区和"直过区"等特困民族给予了相应的关心和照顾，但是，在社会保障方面，除了在资金的安排上给予了一定的倾斜以外，缺乏相应的制度安排。只有采取特殊的社会保障政策，才能够更快地促进边疆地区、"直过区"和人口较少民族发展经济，提高教育、科技、文化水平，实现各民族共同繁荣发展的目标。特困民族的特殊保障应从他们的衣食住行和看病的问题进行研究，率先建立特困民族最低生活保障制度，实施相应的特殊养老保险制度、医疗保险制度和社会救助制度。

八、加大对西部地区农村社会保障的投入，支持构建现代公共文化服务体系。

财政收入的增加，为财政加大对社会保障的投入，特别是加大对农村社会保障和西部地区的投入，增设农村扶贫救助专项转移支付资金，重点对边疆地区、"直过区"、人口较少民族等特困地区给予倾斜。同时，充分调动地方各级政府的积极性，按一定的比例要求地方各级政府增加投入。设立社会保障预算，开征社会保险税，为城乡社会保险建立更稳定的资金来源，有利于加大对社会保障的投入。

支持构建现代公共文化服务体系。重点向西部地区特别是西部贫困地区倾斜，扶持西部地区图书馆、博物馆等文化设施建设，保障西部地区基层文化设施有效运转。增加西部地区广播影视基础设施建设投入，支持西部地区主流媒体和新媒体建设，重点加强边疆西部地区广播影视基础设施建设，进一步提高边疆西部地区广播电视覆盖率和影响力。结合实施兴边富民行动，切实有效地推进边疆文化长廊建设等。

九、西部地区农村社会保障制度需要在实践中逐步演进，制定实施的时间表至关重要，既要制定单项制度的时间表，突出实施重点，又要把单项制度纳入整个社会保障体系统筹考虑，整体推进。

推进和完善西部地区农村社会保障制度，应该制定科学合理的发展规划，既需要有宏观目标，又必须加以具体量化，综合考虑各种因素的影响，制定出实施的时间表。从建立有差别的农村社会保障制度开始起步，逐步提高保障标准，扩大保障范围。为此，新形势下西部地区经济社会发展，要紧紧围绕全面建成小康社会的目标，以提高基本公共服务水平、改善民生为首要任务，以扶贫攻坚为重点，以教育、就业、产业结构调整、基础设施建设和生态环境保护为着力点，以促进市场要素流动与加强各民族交往交流交融相贯通为途径，把发展落实到解决区域性共同问题、增进群众福祉、促进民族团结上，推动各民族和睦相处、和衷共济、和谐发展，既要制度单项制度的时间表，突出实施重点，又要把单项制度纳入整个社会保障体系统筹考虑，整体推进，确保到2020年我国所有贫困人口实现脱贫，这是贯彻落实习近平总书记关于扶贫开发的重要战略思想，不让一个地区、一个民族、一个贫困人口掉队的重大举措。

十、保障和改善民生，是一个长期的渐进过程，是党长期执政的基石，民生问题不仅关系到民族团结、社会和谐稳定，而且事关党的执政地位和经济社会的可持续发展。

改善民生，是我们党始终如一的奋斗目标，也是当前促进社会和谐的一项政策要求。在经济发展的基础上不断保障和完善民生，是促进社会和谐的根本之策。胡锦涛同志在党的十八大报告中提出，解决好人民群众最关心最直接最现实的利益问题，在学有所教、老有所得、病有所医、住有所居上持续取得新进展，努力让人民过上更好生活。习近平同志多次强调："保障和改善民生是一项长期工作，没有终点站，只有连续不断的新起点。""没有贫困地区的小康，就没有全面建成小康社会。"彰显了让改革发展成果更多更公平惠及全民的信念和决心。

在经济发展新常态下，西部地区要实现同步小康，必须坚持就业为先、教育为基，走民生型发展之路。当前，西部地区就业存在一些特殊困难和问题。一是由于西部地区地处偏远，加之地理环境比较恶劣、交通不便，使得西部地区民众受教育程度较低。二是受语言、生活习惯和传统就业观念影响，西部地区高校毕业生及其家长普遍存在重机关事业单位轻企业、重国有企业轻非公企业的思想，择业空间狭小，导致就业率和就业质量的降低。三是生态移民转移就业难度大，比如青海三江源地区为生态保护地区，部分牧民退牧还草后，由于当地后续产业发展不足，难以安置就业，由于语言、生活、习惯和技能问题，转移到省内和省外就业更加困难。

教育是立国之本、强国之基。大力发展西部地区教育事业，是全面建成小康社会的一项基础性、长远性的工程。建议进一步深化教育体制改革，优化教育结构，促进教育资源的优化配置和各类教育事业的协调发展。抓好基础教育，才能确保不同民族、不同地区孩子共享社会发展机遇。中央民族工作会议明确指出，要把义务教育抓好；到2020年基本实现县域内义务教育均衡发展；教育投入要加大向西部地区倾斜的力度，加快西部地区义务教育学校标准化和寄宿制学校建设，全面提高入学率，不能让孩子们输在起跑线上。由于西部地区基础教育的发展水平相对较低，党和国家从经济、科技、文化、教育基础的实际情况出发，采取因地制宜、分类规划、分类指导的政策，不断加大对西部地区基础教育的投入。2000年以来启动了西部"两基"攻坚计划、农村中小学危房改造工程、西部地区农村中小学远程教育工程，这些政策措施都向山区、牧区、高原和边远地区倾斜，促进了少数西部地区教育事业加快发展和"两基"目标的实现。考虑到边境地区、西部地区的经济和社会发展状况，国家率先在西部地区推行"两免一补"政策，在安排资金时对这些地区给予了倾斜。新疆、西藏、宁夏、青海等省区的义务教育阶段学生享受"两免一补"政策的范围超过83%。人口较少民族义务教育阶段学生已实现免收学杂费、免收书本费、中央补助寄宿生生活费。"两免一补"政策的实施，使西部地区义务教育阶段上学难的问题正在逐步得到妥善解决。加大对民族教育发展的支持力度，完善保障措施，改善西部地区教育基础设施条件。支持西部地区义务教育学校标准化建设，全面改善农村义务教育薄弱学校基本办学条件，加强寄宿制学校建设，保留必要的村小学或教学点。西部地区幅员广阔，搞好标准化寄宿制学校建设非常重要，寄宿制学校要有一定标准，不达标的要尽快达标。要全面提高入学率，实施好贫困地区学生营养改善计划，让适龄的孩子们学习在学校、生活在学校、成长在学校，不能让孩子们输在起跑线上。加大对西部地区学前教育支持力度，继续实施学前三年行动计划。从小重视双语教育，使各族学生都能熟练掌握国家通用语言文字，能在中华民族这个大家庭里无障碍地沟通与交流，为个人发展赢得更多的机会。加快普及高中阶段教育，支持西部地区教育基础薄弱县改扩建普通高中，扩大办学资源，消除大班额，在师资队伍、实验室、图书仪器设备配备等方面向西部地区和少数民族相对集中地区倾斜。重视搞好内地民族班，提高内地民族班教育质量，加强内地民族班管理服务，深化民族班考试招生制度改革，使西部地区来的学生和当地孩子互学互容，共同成长。

改革开放以来，党领导人民逐步解决了温饱这个最大的民生问题，现在正在领导人民破解发展难题，厚植发展优势，更好地惠及民生的"发展"。民生问题实际上是党和人民的关系问题，对共产党人而言，改善民生就是政治理想和奋斗目标，也是发展经济的始源和归宿。目前，我国已进入全面建成小康社会的关键时期，实现各民族共同繁荣进步，已成为当今民族工作的主题。这就需要我们从解决人民群众最关心、最直接、最现实的利益入手，注重社会公平，加大调节收入分配的力度，妥善处理不同利益群体的关系，努力缓解地区之间和部分社会成员收入分配差距扩大的趋势。按照现行标准到 2020 年全部的贫困县都要摘帽，贫困人口基本脱贫，这两个量化指标能不能完成关键在农村，特别是西部地区和偏远少数农村地区。

从这个意义上讲，西部地区农村社会保障和民生改善问题，无论是理论视角还是操作层面都有诸多的问题需要探索。我们的研究还只是初步的，仅仅是为进一步深入探讨提供了一个新的思考范例，有的研究结论未必完全正确，还有很多问题需要更深入地研究。比如，西部地区农村社会保障和民生改善的基本原则之一在于普遍性，而西部问题更重要的是把握特殊性，如何将二者更好地结合？如何站在新的历史高度，探讨西部地区农村社会保障制度体系建设的重点、难点问题？如何从实践的层面上探索西部地区农村特困民族社会保障制度和民生改善的财政可行性等问题，这些都需要从更高的角度、更宽的领域、更深的层次去研究。

在此需要说明的是，本书从立项到调查研究，始终得到国家社科规划办、国家民委政策法规司、宁夏回族自治区社科规划办、宁夏回族自治区扶贫办、宁夏回族自治区宗教局、宁夏回族自治区人力资源与社会保障厅、宁夏大学科学技术处、宁夏大学发展规划与学科建设处的鼎力支持和帮助。在此，谨向他们表示由衷的谢忱！参与本课题研究的主要有王锋、王莉娜、陈通明、王旭明、朱丽、唐新民、苏东海、陈之曦等学者。我的博士生郑晓婷，硕士生马妍、杜军、胡晓丽同学不辞辛劳，做了很多具体细致的工作。在此，一并记述，以志辛劳。囿于箸者水平有限，对于书中不妥的学术观点和错误，诚请同行专家批评指正，以利于今后进一步修改、补充。